KLETTERSTEIGGEHEN

Eugen E. Hüsler

Klettersteig-gehen

Lehrbuch und Ratgeber für alle Formen des Klettersteiggehens

BRUCKMANN

L'apar

Vorwort

Klettersteig, Via ferrata. Für die einen der Draht in den Bergsteigerhimmel, für andere die Pervertierung eines schönen Sports: Klettern am Drahtseil, geborgtes Glück. Im Feuilletonteil gediegener Tageszeitungen (aber nicht im Sportteil!) würde man von einem Spiegelbild der Gesellschaft reden, die sich dem schnellen Geld und Abenteuern ohne Risiken verschrieben hat, die echte Werte – kein Schweiß ohne Preis! – nicht mehr akzeptiert: Illusionen können schöner sein als die Realität.

Wenn's nur so einfach, so (welt-)bewegend wäre!

Eine Traumroute für Liebhaber großer, alpiner Unternehmungen: die »Strada Sanmarchi« in den Marmarole-Dolomiten

Nichts von alledem: keine Dogmen und Prinzipien, die man um jeden Preis verteidigen müsste. Klettersteige sind ein Freizeit-, ein Sportangebot, und wie bei so manchem, was Vielen gefällt, lässt sich darüber diskutieren, kann man es mögen oder nicht. Akzeptanz ist ein Aspekt, aber keineswegs der einzige. Klettersteige sind relativ umweltverträglich, vergleicht man sie mit anderen sportlichen Aktivitäten im Alpenraum, die Eingriffe durch den Bau solcher Anlagen halten sich durchaus in Grenzen.

Vor allem aber sind Klettersteige mehr als nur Bewegungsgeräte, nämlich ein Weg in die Berge, zur Natur. Und was beim Wanderer, der auf gebahnten Pfaden unterwegs ist, ebenso selbstverständlich erscheint wie bei den Kletterern, die an verbohrten Routen ihren Plausch haben, sollte man den »Ferratisti« ebenfalls zugestehen: Freude an ihrem Tun, am Erlebnis Berg.

Dabei darf allerdings nicht übersehen werden, dass Klettersteiggehen eine anspruchsvolle alpinistische Disziplin ist, also nichts, was man aus dem Stand »einfach mal so macht«. Wer über wenig Bergerfahrung verfügt, braucht kompetente Begleitung, von der richtigen Ausrüstung einmal abgesehen. Am besten fährt, wer gleich bei einer Alpinschule eine »Klettersteigwoche für Einsteiger« bucht, im Frühjahr vielleicht am Gardasee, im Sommer im Stubai oder in den Dolomiten. Learning by doing – aber nur bei Profis!

Zwei, die schon seit langem auf Klettersteigen unterwegs sind …

Dieses Buch soll dabei Anleitung und Ratgeber sein, indem es Erfahrungen aus vielen Jahren mit Klettersteigen weitergibt, Tipps darüber, was zu beachten und was gefährlich ist. Und mehr noch. Denn mir waren Klettersteige stets nur eine von verschiedenen Möglichkeiten, das Naturwunder Alpen zu erleben – eine attraktive, zugegeben. All die Eisenteile, die im Fels weiterhelfen, sollten deshalb Mittel zum Zweck bleiben, nicht zum Selbstzweck mutieren – Schlüssel zu einer neuen Erlebniswelt. Wer die Zwischentexte in dem Ratgeber liest, wird verstehen, was ich meine: das Glück am Berg, mit oder ohne Eisen – aber immer mit ganzem Herzen.

Dietramszell, im Februar 2003
Eugen E. Hüsler

1 Was ist ein Klettersteig?

Der Eisenstift schaut solide aus, gute zwanzig Zentimeter weit steht er vor, oben glatt poliert von vielen Schuhsohlen. Ein kleiner Schritt nur dahin, doch weit genug – zu weit? –, wenn man Schiss hat: »Angst essen Seele auf.«
Wie wahr, und der Blick an der senkrechten Felsmauer hinunter ins Flache hilft da keinesfalls weiter, dann eher schon das Drahtseil, fast daumendick, straff gespannt und in kurzen Abständen verankert.
Adrenalin pur, Nervenkitzel in der Steilwand: Klettersteiggehen. Eine andere Art, Berge zu erleben, am Seil zwar, doch das ist hier aus Eisen und fest installiert. Kletterer (richtige) gucken entsprechend hochnäsig auf die »Ferratisten«, die in ihrem Revier wildern, an Eisenkrücken herumturnen, ohne klettern zu können, und dabei noch jede Menge Plaisir haben.
Der Weg ist das Ziel, die Herausforderung: Da fühlt sich der Klettersteigler ein bisschen wie ein Artist im Zirkushimmel, ein solides Drahtseil ersetzt das Netz. Und die Berge geben eine faszinierende Kulisse ab. Natur erleben, hautnah und spannend, sozusagen in 3D, Tiefe inklusive, das ermöglicht der Klettersteig, der Via ferrata und erklärt zugleich auch die Popularität dieses Sports.

Was ist überhaupt ein Klettersteig?

Die Frage steht am Anfang, und sie ist nicht ganz einfach zu beantworten. In Toni Hiebelers »Lexikon der Alpen«[1] steht es so: »*Klettersteige:* ausgebaute u. gesicherte Steiganlagen mit Eisenleitern, -klammern, -stiften, Drahtseilen u. a. Hilfen für trittsichere Hochgebirgswanderer.«

Das ist kurz und bündig, aber nicht unbedingt ganz zutreffend. So mancher »trittsichere Hochgebirgswanderer« würde sich angesichts moderner Klettersteige ziemlich wundern bzw. total überfordert fühlen. Eine Kletterroute des fünften Schwierigkeitsgrades, aufgerüstet bloß mit einem durchlaufenden Drahtseil, verlangt selbstverständlich weit mehr als einen sicheren Tritt, will man sie mit Anstand (und Genuss! – darauf kommt's ja an) meistern. Und zwei oder drei als »Brücke« zwischen Felszacken gespannte Drahtseile düften sich selbst erfahrenen Alpenwanderern nicht auf den ersten Blick als eine »Via« erschließen. Also bedarf die Definition einer Erweiterung bzw. Präzisierung:

Klettersteige, italienisch Vie ferrate, sind Kletterrouten, deren Schwierigkeit durch den Einbau künstlicher Griffe und Tritte sowie fest installierter Seilsicherungen reduziert wird. Die Anforderungen des Klettersteigs ergeben sich aus der Relation zwischen naturbelassenem Gelände und der Art bzw. dem Umfang der am Fels befestigten Fortbewegungshilfen.

[1] »Lexikon der Alpen« von Toni Hiebeler (Mosaik Verlag, München 1977)

Immer populärer: Klettersteige; hier der Einstieg zum »Braunwalder«

Zwei Beispiele:

Alpspitz-Ferrata im Wetterstein: naturbelassen, eine Kletterführe im Schwierigkeitsgrad II–III; fast durchgehend gesichert mit Eisenbügeln und -stiften sowie Drahtseilen = *leicht*.

Via attrezzata Pisetta am Gardasee: naturbelassen, eine Route im Schwierigkeitsgrad V; ausschließlich mit einem Drahtseil ausgestattet = *extrem schwierig*.

WICHTIG

- Klettersteige sind keine Wanderwege.
- Die Anforderungen auf Klettersteigen sind sehr unterschiedlich.
- Klettersteigler sind fit, schwindelfrei und gut ausgerüstet.

Klettersteig, Via ferrata: Kletterroute oder Steig?

Wer den sechsten Schwierigkeitsgrad beherrscht, wird dieser Frage womöglich nicht einmal ein müdes Lächeln gönnen, doch ganz so eindeutig stellt sich die Situation nicht dar. Wenn Klettern als Fortbewegung im Felsgelände definiert wird, ist der Klettersteigler ein Kletterer. Kein besonders geschickter, könnte man beifügen, doch das tut wenig zur Sache. Er hat mehr Tritte und Griffe zur Verfügung, künstliche auch, was die Schwierigkeit mindert, doch da sei auf eine Zeit verwiesen, als man mit allerlei Kunstgriffen dem Kletterkönnen ebenfalls nachhalf. »Artificiel« hieß das damals elegant-französisch: künstliches Klettern.

Doch was sollen diese Erklärungsversuche? Wer auf einen Apfelbaum steigt, muss kein Kletterer sein (ist es aber per Definition). Wer schlau ist, wird allerdings bald feststellen, dass es an jedem Baum dicke und dünne Äste gibt, manche ganz hoch in den Himmel wachsen. Und da traut sich halt manche/r weiter hinauf bzw. hinaus auf dem viel verzweigten Baum des Bergsteigens.

Der Klettersteigler will nicht ganz so weit hinauf, aber er möchte halt trotzdem dieses luftig verwegene Gefühl hoch in der Wand (und über dem Alltag) genießen. Mag sein Erlebnis auch ein geborgtes sein, weil er auf eisernen Krücken geht: Es macht Spaß.

Aber nur dann, wenn man der Herausforderung auch gewachsen ist (siehe oben). Denn mit simplem Wandern hat die Fortbewegung im Felsgelände wenig zu tun, trotz all der installierten Hilfen: Eine gute körperliche Verfassung ist unerlässlich, dazu gehören etwas Gewandtheit, eine Prise Mut und völlige Schwindelfreiheit. Nicht zu vergessen die Ausrüstung, damit die Sicherheit nicht nur eine relative bleibt.

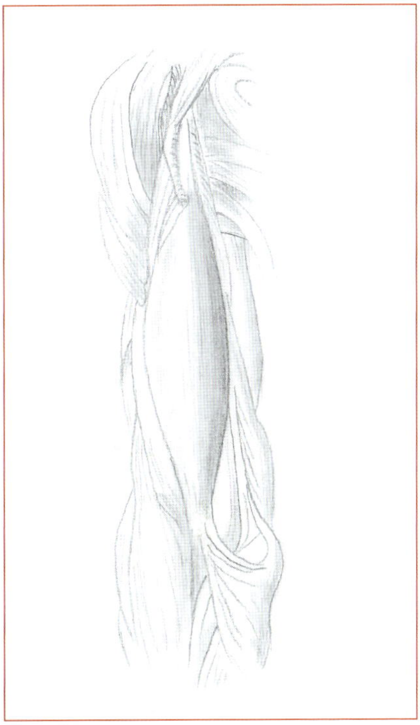

Auf manchen Klettersteigen braucht's einen kräftigen Bizeps.

Einer der schönsten Klettersteige der Seealpen: die »Via ferrata Baus de la Frema«

For Beginners only[1]

Walter ist Anfänger. Nicht am Steuer seines 325er, den Führerschein hat er schon lange, aber vom Berg herab betrachtet gehört er (noch) in die Kategorie der Greenhorns: ein paar Almwanderungen mit den Eltern im schönen Zillertal, eine Hüttenübernachtung und der Schafreuter im Vorkarwendel stehen zu Buch. Nicht gerade viel.

Walter schaut nach oben, sieht die bunten Punkte, die sich im Zeitlupentempo übers Grau der steilen Felswand bewegen, hört das »Klickklick« und hat ein etwas komisches Gefühl. Ihm ist flau im Magen, weshalb nur hat er sich überreden lassen? Der Klettergurt drückt, er engt ein, und mit dem Helm, der etwas schief auf seinem Kopf sitzt, fühlt er sich unangemessen martialisch. Kampf dem Berg?!

Erlebnis Dolomiten, am Klettersteig: Einstieg zur »Via ferrata Pisciadù«

Ein absurder Gedanke, Walter sitzt lieber, und kämpfen muss er vor allem gegen ein paar Pfunde zuviel. Die wird er hier, am Pisciadù-Klettersteig, auch nicht los, er weiß es, nur hilft

WICHTIG

- Sowohl die Alpenvereine als auch Bergführerorganisationen bieten im Frühling/Sommer Kurse für angehende Klettersteigler. In manchen Ferienorten werden geführte Klettersteigtouren angeboten.

Tiefblick vom »Pisciadù-Klettersteig« nach Kolfuschg im Hochabtei

das jetzt gar nichts. Ein Schnürsenkel ist auf, Walter nestelt an dem Schuh, der noch fabrikneu riecht, kaum einen Kratzer hat.

»Kommst du?« Der Frager heißt Kurt und ist AV-Mitglied, aktiv dazu, sehr sogar. Siemens hat ihn in Frührente geschickt, und jetzt hat er viel Zeit fürs Bergsteigen, er organisiert Tourenwochen und hält Lichtbildervorträge. Kurt hat Power, ist nie müde, rastlos unterwegs zwischen Tal und Gipfel.

Walter nimmt Anlauf – tief durchatmen! –, vergräbt den inneren Schweinehund, hängt die beiden Karabiner vorschriftsgemäß ein und packt das Drahtseil. Es wird ihm nach oben helfen, bis zum »Ausstieg« (da, wo alle Mühen enden ...), er braucht es bloß nicht loszulassen. Das erweist sich dann als überflüssig, der Fels ist zum Anfassen, zum Festhalten, zum Drauftreten besser geeignet, er merkt es bald, steigt lockerer, hängt ein und um, es macht Spaß, und bald traut er sich sogar, nach unten zu gucken.

»Steinschlag – Vorsicht!«, schreit da plötzlich jemand mitten in seine heile Bergsteigerwelt. Walter erschrickt, duckt sich, hört ein Pfeifen, dann das harte Aufschlagen: Stein auf Stein.

»Nichts passiert!«, beruhigt Kurt. Jemand schimpft halblaut, die bunte Kolonne bewegt sich weiter. Walter fühlt sich irgendwie zurückgeworfen, als hätte man ihm sein Spielzeug, das erst gewonnene, wieder weggenommen. Er steigt weiter, Tritt um Tritt, seine Gedanken schweifen ab. Ein einziger Stein, er kann dich verletzen, töten sogar, sinniert er, wenn's der Zufall, das Schicksal will, oder du rutschst aus oder dein Herz macht nicht mehr mit. Sicherheit, was ist das denn schon, ein bisschen Seil, zwei Karabiner, ein Helm und die Hoffnung, dass nichts schief geht.

»Machen wir eine Pause?«, fragt die Stimme, die Kurt gehört, und Walter schreckt aus seinen Gedanken, lässt ein Mädchen vorbei, das ihm aufmunternd zulächelt (»Bin ich schon so alt?«). Ein Bergführer hat Kundschaft am Seil, ein Ehepaar, wie sich bei einem kurzen, freundlichen Wortwechsel herausstellt. Beide sind sie echt begeistert, es ist der Höhepunkt ihres Sommerurlaubs, zehn Tage in Gröden und dann auf

WICHTIG

- Klettersteiggehen ist in erster Linie Bergsteigen. Also nicht stur aufs Drahtseil schauen, sondern das »natürliche« Angebot benutzen: Tritte und Griffe, die der Fels bietet.

[1] Leicht gekürzter Beitrag von Eugen E. Hüsler in: »Bergsteiger« 4/2002

WICHTIG

- Eine nicht zu unterschätzende Gefahr bildet – gerade auf viel begangenen Vie ferrate – Steinschlag durch Voraussteigende. Deshalb gilt: Helm auf!

diese Via ferrata! Walter zieht den Bauch etwas ein – ja, er ist Münchner, natürlich geht er gern in die Berge, ist ja nur ein Katzensprung ins Karwendel und zu den Laliderern und so. Die weißblonde Lady aus Bremen fragt, ob er denn schon einmal auf der Marmolada war. Walter zögert, die Versuchung zur kleinen Hochstapelei ist da, vielleicht packt er's ja noch, aber dann schüttelt er den Kopf.

Klettersteiggehen macht Spaß, wie man sieht.

»Mein Schwager«, sagt er, »der rennt immer in den Bergen herum, in den Dolomiten und in der Schweiz.«

Die professionell geführte Dreierseilschaft steigt weiter. Walter nimmt den Rucksack ab, er hat Durst, und vor dem steilen Finale kann etwas »Nachschub« nicht schaden.

»Prost!«, sagt er zu Kurt, der an einem Nestlé-Riegel knabbert und einer größeren Gruppe zuschaut, die mit vielstimmigem »parlando« im Karwinkel unterhalb der Pisciadù-Hütte ankommt. Hier besteht die Möglichkeit, die Übung abzubrechen und über einen ganz normalen Weg zum Rifugio aufzusteigen. Man ist sich offenbar nicht ganz einig, aber schließlich sind wohl alle dafür, auch den zweiten Abschnitt der Ferrata anzugehen. Der soll etwas schwieriger, luftiger und anstrengender sein, steht im Klettersteig-Führer.

Auf dem zweiten Abschnitt nähert sich der »Pisciadù-Klettersteig« der Senkrechten.

Zupacken muss man da, und »viel Luft unter den Sohlen« wird geboten. Das reizt, schreckt aber gleichzeitig ein wenig ab. Kurt lässt seinem Kameraden die Wahl, der schaut hinter den Italienern her und weiß: Ich kann's auch! Die SIGG-Patrone verschwindet im Rucksack, Walter streift sich die Handschuhe über.

WICHTIG

- Klettersteige bieten viel Action, Ablenkung, sind aber auch anstrengend. Deshalb darf man den Energienachschub nicht vergessen: viel Flüssigkeit, dazu leicht Verdauliches in fester Form.

Finaler Gag am »Pisciadù«: die Hängebrücke

»Pack' ma's!« Steil geht es nach oben, immer am Drahtseil entlang, Eisenbügel helfen weiter, wo der Fels keine guten Tritte bereithält, einmal sogar eine kleine Leiter. Dann knickt die Route nach links ab, die Seile leiten um einen Turm herum zum finalen Gag des Klettersteigs: der Hängebrücke. Sie überspannt den tiefen Spalt im Rücken des Exner Turms, wirkt sehr solide, wie Walter erleichtert feststellt. Ein bisschen zögert er dann doch, schaut hinab zu den Kehren der Grödner-Joch-Straße, wo gerade ein dicker Reisebus unterwegs ist: »Da oben links, wenn Sie genau hinschauen, meine Damen und Herren, sehen Sie die berühmte Hängebrücke am Pisciadù! Nur für Schwindelfreie!«

Der Kurt mag noch ein Foto machen, verständlich, und dann haut er den Walter auf die Schulter.

»War doch einfach Klasse – und überhaupt nicht schwierig!?«

Dem Walter hat es gefallen, er ist zwar ziemlich außer Atem, und von all den schönen Bergen rundum hat er nicht viel mitbekommen. Aber schließlich war's das erste Mal, tröstet er sich. Der Klettergurt drückt nicht mehr, auch der Helm sitzt korrekt, und irgendwie sind ihm die Felsen etwas näher gerückt, gefühlsmäßig sozusagen. Immerhin hat er den »Pisciadù« gemacht, und das schafft bestimmt nicht jede/r, oder?

WICHTIG

- Brücken verschiedenster Bauart begegnet man vor allem auf französischen Klettersteigen. Ihre Begehung ist technisch problemlos, kostet aber mitunter etwas Überwindung.

Wetterstein-Gebirge, Oberbayern. 259. Aufnahme Photoglob Co, Zürich. No. 3652.

Partie vom Zugspitz-Aufstieg im Höllenthal: Am Brett.

2 Eiserne Historie oder Una storia in ferro

Auch Klettersteige haben ihre Geschichte, ihre Wurzeln, da lassen sich Entwicklungen ablesen, gelegentliche Irrungen ebenfalls: Drahtseile und Eisenhaken etwa als Symbole für Veränderungen im Alpinismus? Zum Beispiel für den (modernen) Trend zu Fun und Action, also weg vom klassischen Bergsteigen? Hier sind die Ferratisti in guter Gesellschaft, man braucht bloß einen Blick in die großen Alpenwände zu werfen: Das Publikum auf dem Paternsattel oder auf der Kleinen Scheidegg ist immer noch zahlreich, man guckt und staunt, doch die Artisten lassen oft bitten: kein Klopfen und Rufen aus der Vertikale herab auf die nach oben gereckten Köpfe.

Stille an den Drei Zinnen und an der Eiger-Nordwand?

Viele Bergsteiger sind scheinbar abgestiegen, in talnahe »Gärten« aus Stein, wo sie auf den Nachwuchs treffen und – bestens abgesichert – ihrem Sport frönen. Und wenn's dann mal regnet, verzieht man sich halt in die nächste Wirtschaft – oder gleich in die Halle.

Auch bei den Klettersteigen ist – mit zeitlicher Verzögerung – eine ähnliche Entwicklung zu beobachten. Was vor hundertfünfzig Jahren mit der Erschließung großer Berge begann, führt über den »Max-Steig« direkt zu den französischen »Klettersteiggärten«, die mit immer neuen, spektakulären Installationen aufwarten.

Le Roi et il Mons inaccessibilis

Doch der Reihe nach, wie es sich für das Kapitel »Geschichte« gehört. Bis in die »graue Vorzeit« zurück braucht man dabei allerdings nicht zu gehen, ein paar Jahrhunderte schon. Und – erstaunlich! – die Geburtsstunde des Klettersteiges ist sogar bestens dokumentiert, der Auftraggeber zur alpinen Tat war ja immerhin ein König – Charles VIII., Herrscher der Franzosen von 1483 bis 1498. In diplomatischer Mission unterwegs nach Italien, fiel ihm auf dem Weg durch den Dauphiné der unglaubliche Felszahn des Mont Aiguille (2087 m) auf, worauf er – ganz König – den Befehl zur Ersteigung dieses »mons inaccessibilis« erließ. Dass er mit der »misson impossible« einen Angehörigen seiner Armee beauftragte, erstaunt weiter nicht, gleicht der Mont Aiguille doch einer riesigen Festung mit rundum senkrecht abfallenden Mauern. Und so kam dem Hauptmann Antoine de Ville auch gleich die zündende Idee: Sturmleitern. Mit ihrer Hilfe gelang es dem Trupp (zu dem auch ein Pfarrer und ein Notar gehörten) tatsächlich, den

INTERESSANT

Im ausgehenden 15. Jahrhundert wurde auf königlichen Befehl der schroffe Felszacken des Mont Aiguille im französischen Dauphiné mittels hölzerner Sturmleitern erstbestiegen – ein mobiler Klettersteig?

Ein Klettersteig aus der »guten alten Zeit«: der Aufstieg vom Höllental über das »Brett« zur Zugspitze (aus: »Alpine Majestäten«)

Ein Berg mit (Klettersteig-)Geschichte: der Mont Aiguille im Dauphiné

»unbesteigbaren Berg« zu bezwingen. Am 28. Juni 1492 – Kolumbus segelte gerade über den Atlantik – erreichten sie das weite Gipfelplateau. Es wurden drei Kreuze aufgestellt, eine Messe wurde gelesen und ein Bote mit der Siegesbotschaft nach Grenoble geschickt.

Den historischen »Klettersteig« baute man beim Rückzug wieder ab. Ein halbes Jahrtausend später – der Mont Aiguille war längst ein bekanntes Kletterziel – fand die Geschichte ihre Fortsetzung und auch ihr vorläufiges Ende. Zum Jubiläum (1992) erhielt der Gipfel eine richtige Via ferrata, die aber nach Protesten aus Naturschutz- und Kletterkreisen demontiert werden musste. Was nicht einer gewissen Ironie entbehrt, denn gerade dieser Klettersteig ließe sich mit Blick auf die Erstbesteigung sogar historisch begründen ...

Wegbauer

Die Geschichte der Alpen ist ja auch eine Geschichte ihrer Wege: ohne Wege kein Handel, auch kein Fortschritt. Und so mancher Pfad aus früheren Zeiten – mühsam dem felsigen Gelände abgerungen – würde heute locker in die Kategorie »gesicherte Steige« passen. Man denke nur an die »Stiebende Brücke«, ein an Ketten aufgehängter Steg in der Urner Schöllenenschlucht (Gotthard), an kilometerlange Waalwege im Vinschgau und im Wallis. Oder an jenen »Leiternweg», der – heute noch – den Kurort Leukerbad mit Albinen verbindet (Wallis).

Ans Bergsteigen als Selbstzweck dachte damals kaum jemand. Es ging ums Leben, oft auch ums Überleben im Gebirge. Erst an der Wende vom 18. zum 19. Jahrhundert wurde Natur zum Erlebnisraum, erstrahlten Berge durch eine neue verklärende Perspektive (Goethe, Haller, Rousseau und die Romantik) mit einem Mal in neuem, viel schönerem Licht. Hotels entstanden, und bald wurden auch richtige Bergwege angelegt, damit sich die Besucher angemessen an der hehren Alpenwelt delektieren konnten. Die Alpenvereine schrieben die Erschließung der rauen Bergwelt auf ihre Fahnen: Hütten wurden gebaut, und so mancher stolze Ostalpengipfel bekam nun seinen gesicherten Normalweg.

INTERESSANT

Noch heute finden sich im Alpenraum Spuren mittelalterlicher Wege mit teilweise originellen Sicherungsanlagen. Manche dieser erstaunlichen Bauwerke kennen wir allerdings nur noch aus zeitgenössischen Berichten oder alten Stichen.

Relikte aus jener Pionierzeit, als es zwischen dem Wienerwald und der Côte d'Azur noch Neuland gab, kann man beispielsweise am Hohen Dachstein bewundern. Bereits im Jahr 1843 erhielt der Randkluftanstieg erste solide Sicherungen, 1863 dann der Westgrat, und 1878 wurde das »Mecklenburgband« mit 133 Kilogramm Eisen und 500 Meter Schiffstau ausgerüstet, um den Touristen die Besteigung des Fast-Dreitausenders zu erleichtern.

INTERESSANT

Nach ihrer Gründung schrieben sich die Alpenvereine bald die Erschließung der Gipfel auf ihre Fahnen. Dabei wurden oft Stufen aus dem Fels geschlagen und Sicherungselemente wie Eisenstifte und Seile montiert.

Die Zugspitze[1]

In der weiteren Folge spielte auch die Zugspitze eine wichtige Rolle. Einem gewissen Dr. Dietrich, praktischer Arzt aus München und Sommerfrischler in Partenkirchen, erschien es schon 1834 unzweifelhaft, dass, nachdem die Zugspitze endlich bestiegen und mithin das unglaublich Scheinende geleistet worden war, der steile Weg – »wenn von Eisen bearbeitet« – mit der Zeit seine großen Gefahren verlieren werde: »Dann dürfte auch der weniger geübte Bergsteiger im Stande sein, die Spitze dieser ungeheuren Felspyramide zu erklimmen, wo bei einer unermesslichen Fernsicht und im Genusse der reinsten Alpenluft Geist und Gemüth sich erheben und im Menschen Empfindungen aufleben, an die er sich stets mit Hochgefühl erinnern wird.«

Die erste künstliche Weganlage auf die Zugspitze wurde schließlich 1873 von der Knorrhütte aus hinaufgebaut, es folgten 1879 der Klettersteig durchs österreichische Schneekar, 1884 durchs Höllental auf die Riffelscharte, 1893–1897 der kühne Steig übers »Brett« und die Höllentalwand zum Ostgipfel.

Höhenwege

Auch die ersten großen Höhenwege entstanden in jener Zeit, manche mit gesicherten Passagen, wie etwa der »Heilbronner«. Über den ist nachzulesen, dass er »mit einem Kostenaufwand von 8513,77 Goldmark durch die AV-Sektion Heilbronn errichtet wurde« (1899).[2] Und als der lange Grat vom Hochblassen zur Zugspitze – heute als »Jubiläumsweg« bekannt – gesichert werden sollte, sprach man von einer Entweihung der Bergnatur, waren warnende Stimmen zu hören. »Durch Versicherungen werde

Auch der Rotstock im Berner Oberland hatte vor bald hundert Jahren einen gesicherten Anstieg; hinten das Wetterhorn

[1] Arbeitshefte des Bayerischen Landesamtes für Denkmalpflege, Nr. 100: »Klettersteige - Waisenkinder der Denkmalpflege« von Paul Werner (Karl M. Lipp Verlag, München)

[2] »Die schönsten Höhenwege der Ostalpen« von Helmut Dumler und Luis Trenker (Bruckmann, München 1977)

Eine Wiener Spezialität: Steigbäume wie hier am »Haidsteig« in der Rax

den Bergen, soweit es sich nicht um reine Aussichtsgipfel handle, gerade das genommen, was zu ihrer Besteigung anreize: die Schwierigkeit. Die große Masse aber sei auch den Klettersteigen nicht gewachsen. Der Ungeübte werde durch sie auf ein Gelände gelockt, das ihm gefährlich werden könne, Unfälle seien die Folge. Demgegenüber wurde – was zweifellos richtig war – betont, dass gerade der Grat von der Zugspitze zum Hochblassen an hübschen Kletterstellen arm sei ... Wenn auch bindende Beschlüsse über die zum Bau des »Jubiläumsweges« gesammelten Gelder nicht vorlagen, so war es doch stillschweigende Übereinkunft, dass dieser Jubiläumsweg über die Höllentalspitzen gebaut werden müsse.« [1]

Hört sich das nicht recht aktuell an?

Der Weg ist das Ziel

Sehr modern erscheint auch, was um die Jahrhundertwende fast zeitgleich in den »Hausbergen« Wiens und Genfs geschah: Dort – und nicht etwa in den Dolomiten oder in Tirol – wurden die ersten Sportklettersteige angelegt! Und ganz im Osten des Alpenbogens sind noch zahlreiche Relikte aus jener Zeit im Originalzustand zu besichtigen, etwa die soliden, geschmiedeten Eisenteile des »Teufelsbadstubensteigs« im Höllental (Rax), Baujahr 1894, oder am »Hans-von-Haid-Steig«, den der damalige Pächter des Ottohauses, Camillio Kronich, 1913 auf eigene Rechnung errichten ließ (wie übrigens auch den »AV-Steig« im Höllental,[2] ferner an der »Völlerin«, einem kurzen Anstieg durch die Abstürze der Hohen Wand, der 1897 gesichert wurde.

Einigermaßen überraschend ist, dass fast zur gleichen Zeit auch am anderen Ende der Alpen, am Mont Salève, mehrere Routen gesichert wurden. Dieser frühe Ansatz fand aber fast ein Jahrhundert lang keine Fortsetzung – bis Frankreich in den neunziger Jahren vom »Ferrata-Fieber« erfasst wurde.

INTERESSANT

Erste Sportklettersteige wurden keineswegs erst in den letzten Jahren, sondern noch im ausgehenden 19. Jahrhundert angelegt, am Ostrand der Alpen, in den Wiener Hausbergen.

[1] »Geschichte der Alpenvereinssektion München«, Band 2, von Georg Leuchs, München

[2] »Wandern extrem« von Gerhard Schirmer (Niederösterreichisches Pressehaus, St. Pölten/Wien1984)

Gipfelwege, slowenisch gesichert

Im »Hochtourist«[1] konnte man sich schon früh über die gesicherten Steige auf den Triglav informieren: **Triglav** (2863 m), schöne Felsspitze, höchster Gipfel der Julischen Alpen; durch vielfache Verbesserungen jetzt leicht.

Vom Aljaz-Haus im Vratatal, 2½ Std. von Mojstrana, bei mehreren Moosquellen abzweigend, benutzt der bez. Steig einen auffallenden Wandeinschnitt, um in mehreren Absätzen (einer davon »Prag« genannt, d. h. »Schwelle«) die großartige Triglavwand zu überwinden. Südl. der Spitze des Begunjski Vrh erreicht man die Hochfläche des Pekel im Grund eines wüsten (des dritten) Felskessels und gelangt an dessen Rand unter den Wänden des Begunjski Vrh zum (4 ½ Std.) Deschmann-Haus. – Vom Deschmann-Haus meist ein ziemlich steiles Schneefeld querend und am Rande des kleinen Triglavgletschers zum (1 Std.) Kredaricasattel. Vom Sattel mit Griffstangen versicherter Felssteig über die (½ Std.) Ostwand des Kleinen Triglav auf diesen; Vereinigung mit dem Anstieg vom Maria-Theresia-Schutzhaus. Sodann längs des schwindlig aussehenden, aber durch Sprengungen und Drahtseile für Geübte gut gangbaren Grates auf den (½ Std.) Großen Triglav. – Etwas schwieriger, aber landschaftlich vielleicht noch schöner, ist der bez. und versicherte Tominsek-Weg. Vom Aljaz-Haus den Prag-Weg nach 5 Min. nach li. verlassend, führt der Steig steil durch Wald empor bis hoch unter die Wände des Cmir. Dann quert man auf versicherter Steiganlage, stellenweise recht ausgesetzt, r. aufwärts, passiert eine Schneeschlucht mit natürlichem Felsenfenster und erreicht den Prag-Weg im Einschnitt (Quelle) zwischen Begunjski Vrh und einem den Triglavgletscher nö. begrenzenden Turm (3½–4 Std. vom Aljaz-Haus). [...]

Höchster Berg der Julischen Alpen: der Triglav. Auf seinen Gipfel führen mehrere gesicherte Anstiege.

Vom Luknjapass (1758 m) zunächst auf einen rasigen Vorbau unter dem ersten Gratabbruch. Dieser wird an senkrechter Wand auf versicherter Steiganlage ausgesetzt überwunden. Weiter in der Südflanke über steile, rasendurchsetzte Schrofen, bis man wieder die Kammhöhe gewinnt. Einige Grattürme werden auf der Trentaseite umgangen. Teils am Grat selbst, teils r. unter ihm bis zum letzten Grataufschwung, der durch einen Kamin (Stifte) erklettert wird. Über den Kamm des Gratturmes und etwas absteigend in die Einsattelung zwischen ihm und dem Plateau des Flitscher Schnees. [...] Geradeaus weiter über das Geröll in der Richtung gegen den nun r. von der Triglavspitze kenntlichen Einschnitt der Flitscher Scharte. Hier [...] empor über die Flitscher Scharte (Cez Nogo) zur Spitze.

[1] »Der Hochtourist«, 8. Band, Südliche Ostalpen von der Piave ostwärts (5. Auflage 1930, Bibliographisches Institut Leipzig)

Krieg in den Bergen

Mit dem Ausbruch des Ersten Weltkriegs brach der Alpentourismus weitgehend zusammen. Nun standen mit einem Mal Soldaten auf den Gipfeln – an der absurden Hochgebirgsfront, die sich vom Ortler bis zum Isonzo erstreckte. Um den Nachschub zu sichern, wurden auf beiden Seiten Steige gebaut, bis in die Felsregionen und auf manchen Gipfel. Längst wird dieses engmaschige Wegnetz touristisch genutzt, einige besonders kühn trassierte Steige – wie beispielsweise die »Strada degli Alpini« in den Sextener Dolomiten – sind zu echten Attraktionen geworden. Vom Adamellomassiv bis zu den Julischen Alpen begegnet man im ehemaligen Frontbereich rekonstruierten Klettersteigen, so auch am obersten Gardasee, in den Monti Lessini und am Karnischen Hauptkamm.

INTERESSANT

Die Kriegsfront 1915–17 verlief vom Ortler durch das Adamellomassiv zum Gardasee, weiter durch die Vicentiner Voralpen und das Lagorai zur Marmolada, dann durch Tofana- und Cristallomassiv in die Sextener Dolomiten.

Kriegswege und Klettersteige – Ansichten eines Pazifisten[1]

Heulend pfeift ein Windstoß um die Felskante herum, nimmt mir fast den Atem. Ich ducke mich, werde ganz, ganz klein hinter der lächerlichen Deckung, warte auf den nächsten Einschlag. Weg hier, doch wohin!? Felsen rundum, ein Ausstieg auf den Grat undenkbar – viel zu gefährlich. Wieder gleißt der Himmel, ein Lichtblitz, ein Krachen, irgendwo poltern Steine ...

Kein Frontbericht von 1915, nur ein Gewitter, erlebt am Toblinger Knoten, mitten in den Sextener Dolomiten. Kaum einen halben Kilometer entfernt steht die Drei-Zinnen-Hütte; ich sehe sie vor mir, schwöre: Nie wieder gehst du einfach vorbei an diesem Rifugium, mit leicht abschätzigem Blick auf die Ausflügler, denen der Sinn eben mehr nach Schnitzel und Pommes steht. Trocken und wohlig warm ist es da drunten, und einen Blitzableiter hat die Hütte ganz bestimmt ...

Auch am Toblinger Knoten, diesem bizarren Felszacken, den eine Laune der Natur zwischen dem Dreischustermassiv und den Drei Zinnen stehen ließ, gibt es einen Blitzableiter: die Via ferrata, von den rührigen »Dolomitenfreunden« erbaut, auf dass der Homo ludens den Spuren jener Helden folgen kann – mit leichtem Gruseln natürlich –, die hier einst Vaterland und Familie verteidigten. Ganze Kerls wie etwa der Sepp Innerkofler ist einfach jedem ein Begriff, legendär sein Ein-Mann-Angriff auf die italienische Gipfelbesatzung drüben am Paternkofel: Alpinismus selbstmörderisch! Bei Karl Springenschmid2 liest sich das dann so:

»Mitten in dem höllischen Sturm klettert er empor, ruhig und fest, Griff für Griff. So nah jagen von unten herauf die Kugeln gegen den Gipfel, dass der Sepp einmal die Hand ausstreckt und probiert, ob er nicht schon mit den Fingern in den Kugelschwarm greifen kann. Und rundum schlagen die Geller auf und der Fels spritzt und staubt.«

[1] Beitrag von Eugen E. Hüsler in: »Bergsteiger« 10/1990

[2] »Der Sepp« von Karl Springenschmid (Bergverlag Rother, München)

Doch das Schicksal schlägt – unerbittlich – zu: »Und springt hinauf zum Gipfel. Aber mitten im Sprung sieht er drüben einen Wälschen auf der Schutzmauer, das Gewehr im Anschlag, ein schmales, dunkles Gesicht ... Da wirft der Sepp die Arme in die Luft – Christi – und fällt hintüber, wälzt sich im Fallen noch seitab, dass er die andern im Riss nicht niederschlagt. Beim Oppelkamm bleibt er liegen.«

Ein Klassiker unter den gesicherten Wegen der Dolomiten: der »Alpini-Steig« in den Sextenern

Sprache, die mich sprachlos macht – nur mich?

PS: Auch den Paternkofel kann man heute über eine Via ferrata besteigen – den »Innerkofler-De Luca-Steig«.

Eine »Via« ohnegleichen

In den dreißiger Jahren wurde von der SAT, dem Trentiner Bergsteigerverein, ein wegweisendes Projekt in Angriff genommen: die »Via delle Bocchette«. Mit der Namensgebung wollten die Initiatoren gleich klarstellen, dass es ihnen beim Bau ihres Weges nicht um (Kletter-)Gipfel ging. Zutreffender wäre allerdings die Bezeichnung »Via delle Cenge« – Bänderweg – gewesen. Denn die einmalige Haute Route im Brentamassiv folgt vor allem jenen meist schmalen Felsbändern, die sozusagen als erdgeschichtliches Erbe den horizontal geschichteten Hauptdolomit durchziehen: ideale Pfade für schwindelfreie Bergsüchtige, sicher gemacht mit fix verankerten Drahtseilen. Heute, gut ein Vierteljahrhundert nach Fertigstellung des letzten Wegabschnittes, des »Sentiero Benini« (1972), lässt sich die gesamte Brenta-Hauptkette durchwandern, vom Rifugio Peller im Norden bis zur Agostini-Hütte im Süden.

Der erste Boom

Der »Bocchette-Weg« sollte zum Traumziel für deutsche Urlauber werden wie Lago Maggiore und Adria: Nachkriegszeit. Das »Wirtschaftswunder« machte es möglich, rotweiß karierte Hemden auf allen Wegen, natürlich auch in Südtirol und in den Dolomiten. Der Alpentourismus entdeckte die Massen und die Massen fanden den Weg in die Alpen. Rund um Cortina d'Ampezzo entstanden in den sechziger Jahren zwei Dutzend Vie ferrate, heute zählt man zwischen Eisack und Piave etwa hundert gesicherte Steiganlagen.

Auch in anderen Regionen der italienischen Ostalpen wurde nun fleißig gebohrt, gehämmert, wurden Drahtseile gespannt und Leitern montiert, vom Gardasee bis

Vielleicht der schönste (gesicherte) Höhenweg der Alpen: die »Via delle Bocchette«

INTERESSANT

Nach wie vor ein Dorado für jeden Klettersteigler sind die Dolomiten, hier findet jeder seine Lieblingsferrata. Schwerpunkte im »eisernen Angebot« bilden das Fassatal, die Pala und die Gegend um Cortina d'Ampezzo.

zu den Julischen Alpen. Letztere lagen zu zwei Dritteln in Jugoslawien, was den Blick auf das alpinistische Geschehen etwas trübte. Sonst wäre den Eisenfreaks kaum entgangen, dass es in den Juliske Alpe und in den Kamniske Alpe (Steiner Alpen) damals bereits zahlreiche großartige gesicherte Routen gab, sogar einen Sportklettersteig in Talnähe ...

Die zunehmende Popularität der Klettersteige blieb auch diesseits des Alpenhauptkamms nicht verborgen, was in den siebziger und achtziger Jahren vor allem in Tirol ein veritables Baufieber auslöste. So entstanden zahlreiche Routen, die mittlerweile als Klassiker gehandelt werden: »Schlicker«, »Ilmspitze«, »Arlberger«, »Imster«.

Im Westen nichts Neues?

Bloß nach Westen mochte sich das »eiserne Virus« nicht so recht ausbreiten. Zwar hatte ein rühriger Bergführer bereits 1968 (!) im französischen Durancetal, nur ein paar Kilometer von Briançon, einen Sportklettersteig eingerichtet (»Ferrata de Freissinières«), doch dauerte es fast ein Vierteljahrhundert, bis er Nachahmer fand. Im Jahr 1993 wurde der erste Klettersteig Helvetiens eingeweiht – da war die »révolution française« bereits nicht mehr aufzuhalten: Die »wilden Horden« der Firmen Prisme, Le Roc und Sisiphus behämmerten den gallischen Fels, spannten Seile und verankerten tausende von Eisenbügeln und Tritten.

»Vive la France!« In den neunziger Jahren begann der Klettersteigboom in den Westalpen.

Schwedensteige – der ganz besondere Tourentipp

Klettersteige – das hat sich inzwischen herumgesprochen – gibt es nicht nur in den Alpen. Auch andernorts wurde die Lücke zwischen Wandern und Klettern mit Eisen geschlossen: in manchen Teilen Italiens, in den Pyrenäen, in deutschen Mittelgebirgen. Doch wer weiß schon, dass es im hohen Norden, in einem Winkel Europas, wo das an Drei- und Viertausender gewöhnte Auge des Alpenbergsteigers nur wenige Berge entdecken kann, viel näher am Polarkreis als an der Zugspitze, Klettersteige gibt? Angeregt durch mehrere Ausflüge ins Ferrata-Paradies Dolomiten, exportierten zwei Schweden die Idee kurzerhand an den Bottnischen Meerbusen. In den Jahren 1987–89 wurde gebohrt und gehämmert, und nun zieren zwei propere Klettersteige die rund 250 Meter hohe Granitwand des Skuleberget (294 m). Die Ausrüstung kann man mieten, und davon machen die Leute auch regen Gebrauch: über 2000 Mal jeden Sommer – fast schon alpine Verhältnisse ...

PS: Inzwischen gibt es in Skandinavien ein halbes Dutzend Klettersteige. Infos durch Arne Nordin, Skogsvägen 13B, S-83247 Frösön

Ein Superklettersteig in der Tarentaise: die »Ferrata de Tovière« bei Val d'Isère

Immer weiter, immer mehr?

Da zögert der Chronist, denn das Geschehen nähert sich der Gegenwart, verleitet mehr zu Kommentaren. Beinahe scheint es, die Entwicklung wäre jenen entglitten, die sie bisher bestimmten. Die Alpenvereine sehen sich an den Rand gedrängt (»Keine neuen Klettersteige mehr!«), Bergführer sind mancherorts bloß noch (willige?) Vollzugsgehilfen: Bauleiter. Der so lange geschmähte Klettersteig gehört mittlerweile zur touristischen Infrastruktur, er wird längst nicht mehr in Frage gestellt, sondern in Hochglanzprospekten angepriesen. Mit EU-Geldern entstehen Klettersteige (natürlich nicht in der Schweiz!), Seilbahnen – im Sommer tendenziell eher defizitär – werden sozusagen ins Felsgelände verlängert, Tyrolienne möglichst inklusive, wenn's denn geht ...

Dass der Klettersteig dabei teilweise absteigt (auch ideell?), ist vielleicht mehr als nur die eingangs beschriebene Parallele zum Klettersport. Aus großen, hochalpinen Routen werden Parcours für Leute ohne bergsteigerische Ambitionen, aber mit einem leichten Hang zur Akrobatik. Grenoble hat's mit seinem Stadtklettersteig vorgemacht, und als jüngstes Kind dieser Entwicklung ist die City-Ferrata von Salzburg zu nennen: Cosi fan tutte?

Ausblick

Natürlich nicht. Und das tröstet den alten Bergsteiger in mir. So manche Via ferrata der letzten Jahre unterscheidet sich von den großen, großartigen Eisenrouten aus den Sechzigern oder Siebzigern vor allem dadurch, dass sie professioneller angelegt und damit sicherer ist.

Nachahmenswerte Beispiele finden sich vor allem (aber nicht nur) in der Schweiz, so mit dem »Braunwalder«, dem »Leukerbadner« oder dem »Panorama-Klettersteig« am Jegihorn: Erlebnis Hochgebirge am Klettersteig.

Zeittafel

1843 Am Normalweg zum Hohen Dachstein werden die ersten Sicherungen angebracht.
1869 Der Stüdlgrat am Großglockner wird gesichert.
1892 Eröffnung des »Wasserfallweges« in den Gesäusebergen.
1899 Der »Heibronner Weg« wird eingeweiht.
1903 Der Westgrat der Marmolada erhält seinen Klettersteig.
1906 Mit dem »Königschusswand-Steig« wird eine erste Kletterroute in der Rax zur Ferrata ausgebaut.
1915/1917 Im Ersten Weltkrieg entstehen entlang der Alpenfront zahlreiche Felsensteige; manche von ihnen sind inzwischen als Vie ferrate rekonstruiert, vor allem in den Dolomiten (»Strada degli Alpini«), am Karnischen Hauptkamm und in den Julischen Alpen.
1932 Mit dem Bau des »Sentiero Brentari« wird ein erstes Teilstück der legendären »Via delle Bocchette« realisiert.
1936 Der zentrale Abschnitt der »Via delle Bocchette« wird eingeweiht.
1938 Die »Via ferrata Tissi« wird eröffnet.
1952 Mit der »Via ferrata Zacchi« entsteht der erste Schiara-Klettersteig.
1967/1969 Einige der berühmten Dolomiten-Ferrate werden gebaut: die »Lipella« an der Tofana di Rozes, die »Pisciadù« in der Sella und die »Tomaselli« im Fanesgebiet.
1968 Mit der »Ferrata de Freissinières« bekommt Frankreich seinen ersten Klettersteig.
1970 Der Cimòn della Pala erhält zum Hundertsten seiner Erstbegehung eine Ferrata: die »Bolver-Lugli«.
1972 Das letzte Teilstück des Bocchette-Weges, der »Sentiero Benini«, wird eröffnet.
1973 Der »Mittenwalder Höhenweg« wird dem »Verkehr« übergeben.
1974 Die Super-Ferrata der Dolomiten ist fertiggestellt: die »Via ferrata Costantini«.
1976 Mit der Route am Monte Albano wird einer der ersten modernen Sportklettersteige gebaut.
1986 Eröffnung des »Innsbrucker Klettersteigs« und des »Kaiser-Max-Sportklettersteigs«.
1987 Die Ferrata an der Cima dell'Uomo in den Dolomiten wird abgebaut – zu gefährlich.
1987 Der »Jubiläumsweg« von der Zugspitze zur Alpspitze erhält nun auch im westlichsten Abschnitt Sicherungen.
1991 Nach der Eröffnung der beiden Klettersteige von Les Vigneaux im Briançonnais setzt in den Französischen Alpen der Ferrata-Boom ein.

Drahtseil in steiler Wand: an der »Ferrata Tomaselli« (Fanisspitzen, Dolomiten)

1993 Die Schweiz hat ihre erste Via ferrata, den »Tälli-Klettersteig«.
1998 Mit der »Via ferrata de la Tovière« bei Val d'Isère wird der bislang schwierigste französische Klettersteig eingeweiht.
2002 Eröffnung des dritten (und letzten) Teilstücks des »Braunwalder Klettersteigs«.
2002 Einweihung der neuen Super-Ferrata am Hochkönig, dem »Königsjodler«.
2002 Salzburg bekommt einen City-Klettersteig: Mozart and more?

Noch eine Klettersteig-Geschichte: 30 Jahre und mehr[1]

Angefangen hat es ganz harmlos, wie das halt meistens so ist. Du streichst dein Butterbrot, tastest hinter der Zeitung nach der Kaffeetasse – ohne zu wissen, dass sich an diesem Tag dein Leben verändern wird. Jahre später wirst du allen Leuten von diesem »jour spécial« erzählen, an dem sich so Entscheidendes ereignete, manches oder gar alles ganz oder wenigsten ein bisschen anders wurde: Du hast den Job gekriegt, einen Lottosechser getippt, bist der Frau deines Lebens begegnet ...

Oder dem ersten Klettersteig.

Der Klettersteig am Monte Albano ist berühmt für seine maximal ausgesetzten Querungen.

1969

Es war im Sommer der ersten Mondlandung, die wir auf einem Camping in Cortina live miterlebten. Ein Kletterversuch endete im Schlechtwetter und an einem Drahtseil, das von den Felsen der Südlichen Fanisspitze herabhing. Die »Via ferrata Tomaselli« war's, doch davon ahnte ich damals nichts. Klettersteige waren im Lande Tells noch lange kein Thema. Im Ticino wäre jemand, der sich nach einer »Via ferrata« erkundigte, schnurstraks auf den nächsten Bahnhof geschickt worden: ritorno a Zurigo!

1970

Das Wissen kam später, der Führer von Hilde Frass half mir auf so manche Ferrata zwischen Eisack und Piave. Der Boom war ja voll im Gange, es wurde geklopft, gehämmert und einzementiert. Zement, buckelhart, auch in manchen Köpfen: für und wider. Da wurde um jeden Meter Drahtseil auf diesem alpinistischen Nebenschauplatz gerungen, während Baggerschaufeln halbe Berge umpflügten, der Tourismus Milliarden in neue Skigebiete investierte, Natur en masse vor die Hunde ging.

Ich schau' in die Wand, neugierig, suche den »Weg«, den Drahtseile und Haken vorgeben – wie geht's weiter? Dieser prüfend-tastende Blick auf einen Berg, einen Grat

[1] Gekürzter (und bearbeiteter) Artikel von Eugen E. Hüsler, erschienen in: »Bergsteiger« 4/1999

oder in eine Felsflanke, zum Gipfel: spannend, immer noch und immer wieder. Eine winzige neue Erfahrung, jedes Mal.

Ein bisschen verrückt ist es schon: Sommer für Sommer auf Drahtseilen herumturnen, auf Leitern und Eisenbügeln steigen. Dabei wird doch dauernd gepredigt, von der AV-Kanzel herab, aus der Kletterwand und neuerdings vom Wolkenschloss Juval, dass dieses Tun wenig mit Bergsteigen zu tun habe, den Ausübenden eher zur Schande gereiche, die Natur versaue. Kaputte Welten, wohin der solcherart Gescholtene betroffen schaut: auf den Fels, den angebohrten, auf seine Alpinistenseele, die besudelte. Denn jenes abstruse Konstrukt, das Berge als »heil« und den Bergsteiger als ein höchsten Idealen verpflichtetes Wesen versteht, lässt keinen Platz für ihn, den Klettersteigler.

Ja, ja, wir haben es nicht leicht als Randfiguren der Alpinszene, die wir sind, Mogelpackungen im Klettergurt, die dem fingerdicken Drahtseil mehr trauen als dem eigenen Können ...

Wie die berühmte Fliege an der Wand: Klettersteigler an der »Ferrata de la Tovière«

1976

Der Ausblick kann einem schon leichtes Kribbeln unter der Haut bescheren: Das schmale Band, auf dem ich stehe, läuft hinaus in die senkrechte Wand, bald nur mehr schuhbreit, dann kurz unterbrochen. Ein dünner Eisenstift ersetzt den fehlenden Tritt. Der Blick in die Tiefe hilft da kaum weiter, eher schon das Seil, gespannter Stahl, fest verankert und Sicherheit suggerierend. Drunten in Mori schlägt die Kirchuhr zwölf Mal – high noon im Pizza- und Spaghettiland. Ich greife zum Karabiner – klick! –, tue den Schritt. Zwei, drei Meter, dann stehe ich auf der fußbreiten Felsleiste, die sich zum bequemen Geröllband verbreitert. Geschafft!

Der Monte Albano, in den siebziger Jahren Wallfahrtsort der Klettersteigler. Da waren die Dolomiten schon leicht passé, die Brenta gehörte längst zum alten Eisen, buchstäblich. Eine neue Entwicklung zeichnete sich am Fun-Horizont ab: der Sportklettersteig, möglichst talnah angelegt, Gipfel nur mehr Nebensache. Natur auch, vor allem das Erlebnis, das puschende, zählt noch. Und da halt nicht jeder ein Spitzenkletterer ist, man dem Alltag zwischen PC und Kindergroßziehen so seinen Tribut zollt, unausweichlich, darf's auch ein Gummiseil, ein Schlauchboot oder eine Ferrata sein. Am besten haben das wohl unsere »chers amis de France« verstanden: Hochhäuser auf die Alm, noch bevor die letzte Kuh ausgezogen ist, Skizirkus statt Ski fahren, die Kletterwand neben dem Campingplatz und ein paar Slalomstangen im Kajakfluss. Nur Klettersteige gab's im Westen nicht – da war Monsieur Lionel Condemine aus Freissinières lange ein einsamer »Rufer in der Wüste«. Bereits in den sechziger Jahren hatte er die ersten Drahtseile gespannt, der Boom kam aber erst eine Generation später. Doch mittlerweile schießen sie zwischen Chamonix und Nizza überall aus dem Boden, pardon: aus den Wänden, die Vie ferrate (so heißt das in Frankreich ganz unamerikanisch).

1990

Dabei wird eine neue Qualität sichtbar: der professionell angelegte »Klettersteiggarten«, Routen, die ein Höchstmaß an Spektakel, leichte Erreichbarkeit und (fast) perfekte Sicherheit garantieren – alpine Variante zum Disneyland.

»Seil und Haken sind im Grunde ein Beweis für Unsicherheit. Sie erlauben uns aber, bis knapp an den Rand unserer Möglichkeiten zu gehen, und gerade darin liegt der Reiz des extremen Bergsteigens. Würde man nun das extreme Klettern hundertprozentig sicher gestalten, so würde die Zahl der extremen Bergsteiger so stark anwachsen, dass es als Ganzes genommen noch gefährlicher würde als früher. Die Aufmerksamkeit der Bergsteiger würde nachlassen, und ihre Mittelmäßigkeit, bedingt durch die breite Schicht, wäre für zahlreiche neue Arten von Unfällen verantwortlich. Ich hoffe, dass ich diese Behauptung nie beweisen muss.» (Reinhold Messner)[1]

Der ehemalige Extrembergsteiger, heute Schlossherr auf Juval in Südtirol, dachte damals natürlich nicht an die Schmalspuralpinisten, die sich an Drahtseilen verlustieren. Seine Zeilen betreffen den Klettersteigler ebenso wie jene, die alpine Kletterrouten mittels einzementierter Bohrhaken »sicher« machen. Die Gefahr wird minimiert, ohne zu verschwinden, sie wird sozusagen in den technischen Bereich verlagert: Nur ein gerissenes Drahtseil, der brechende Karabiner, ein lockerer Haken sind noch Risikofaktoren – nicht der Berg, der unberechenbare, die alpine Natur.

1995

»Passage plein gaz« verkündet ein kleines Schild, und was das heißt, wird auch Sprachunkundigen rasch klar, spätestens bei einem Blick nach oben: Vollgas! Aus dem sicheren Stand geht's auf Eisenbügeln an der leicht überhängenden Wand schräg aufwärts, dann mit ein bisschen Ferrum und jeder Menge Luft unter den Sohlen zu einer Reihe von Klammern, die am Fels senkrecht nach oben führen.

Schwierig?

Turner ohne Schwindelanfälligkeit schaffen das leicht, mancher erfahrene Bergsteiger tut sich da schwerer. Was ich meine: Hier ist eine Sportart entstanden, die den Felsen als Gerüst nimmt, die mit dem »Besteigen von Bergen« im traditionellen Sinn überhaupt nichts mehr zu tun hat: der Kick im Steilfels, Nervenkitzel in der Kletterwand.

1997

Zurück in die Berge!

Ein Tag im Herbst, die Dreitausender sind schon leicht überzuckert, die ganz hohen Walliser Gipfel prunken in frischem Weiß. Im Rhonetal liegt ein Hauch von Dunst, darüber ist die Sicht glasklar. Wir wandern am »Niwärch« entlang, einem der vielen Wasserwege hier, parlieren über Gott und die Welt, staunen ob dem handwerklichen Können der Altvorderen. Im Talschluss zeigt sich der hohe Firngrat, der die Grenze zum Lötschental bildet, Bietschorn und Breithorn verbindet. Wir steigen links aufwärts, Schritt um Schritt über steinige Wiesen und Schrofen. Ein paar Schwarznasenschafe gucken erst neugierig, laufen dann weg.

[1] »Die Extremen. Fünf Jahrzehnte sechster Grad« von Reinhold Messner (Droemer Knaur, München 1981)

Kraxeln vor großer Kulisse: am »Baltschieder Klettersteig« im Wallis

Drahtseile leiten über steile Felsen und Grasbänder auf einen grünen Rücken, der wie eine schräg gestellte Wiese in den blauen Himmel weist. Hinauf! Packend der Tiefblick ins Baltschieder Tal. Das Wiwannihorn, gerade dreitausend Meter hoch, wirkt gar nicht mehr so riesig, und auf dem schroffen Felszahn, an dem die grüne Schräge ausläuft, kommt auch schon die Wiwanni-Hütte ins Blickfeld. Eine Stunde später sitzen wir an der Hausmauer, lassen uns die tief stehende Sonne auf den Bauch und ins Gemüt scheinen, genießen den Blick auf all die Alpenwunder rundum.

Noch eine Klettersteigtour[1], eine große und eine, die echten Erinnerungswert besitzt. Ich mag nicht urteilen, auch wenn mir die »Lipella« und die »Bolver-Lugli« in den Dolomiten viel besser gefallen als der »Kaiser-Max-Steig« oder die »Ferrata St-Pierre«. Man muss respektieren, dass es sich hier um (große) Äpfel und (kleine) Birnen handelt: Kaum zu vergleichen, aber was dem einen schmeckt, muss der andere ja nicht unbedingt mögen.

[1] »Baltschieder Klettersteig« zur Wiwanni-Hütte, angelegt von Egi Feller

Eine Bilderbuchansicht: das Dachsteinmassiv von Süden

Dachsteinbesteigung anno 1881 – gut gesichert[1]

Früher wurde der Dachstein in der Regel von Norden aus bestiegen, wobei man ab 1877 in der Simony-Hütte übernachtete. Sie gehörte damals »zu den comfortabelsten des Vereins; bei einer Länge von ca. 11 m und einer Breite von 6 m besteht sie im Inneren aus einem zugleich als Küche dienenden Vorraum, von welchem man in den durch Träger gestützten Schlafraum gelangt, welcher in äusserst praktischer Weise durch den Kochofen erwärmt wird. Die Schlaf-Stellen sind für 12 Personen berechnet, für Damen ist ein durch Vorhänge zu separirender Raum geschaffen. Die Hütte ist mit Bibliothek und einer höchst praktischen Hausapotheke versehen. Der Dachraum dient als Schlafstelle für die Führer, und ist, sowie der Vorraum, stets offen.«

Der Normalweg verläuft über den Hallstätter Gletscher, der gegen die Dirndl ansteigt.

»Eine steile Firnhalde zieht hier empor, rechts über derselben baut sich als dreieckige Wand der höchste Gipfel auf, links reicht der Firn bis zur Kammhöhe der vom Dachstein gegen O. streichenden Dachsteinwand, welche mit steilem Felspfeiler zum Gletscher abfällt. Wir haben die Wahl dreier Wege. Liegt noch viel Schnee, so kann über die Firnhalde direct ansteigend an einer Felsnase die Wand des Gipfels unmittelbar erreicht werden. Ist jedoch der

[1] Zeitschrift des Deutschen und Österreichischen Alpenvereins, Jahrgang 1881: »Touristisches über die Dachstein-Gruppe« von Georg Geyer

Gletscher stark ausgeapert, so öffnet sich unterhalb des Felsrandes eine breite Randkluft, zu deren Überschreitung früher von der Dachsteinwand eine dort verwahrte Leiter mitgeschleift werden musste. War das Herauftragen der Leiter, mehr noch aber das Ueberschreiten der Randkluft, dann die Erklimmung des Eishangs oberhalb derselben und endlich die Passage einer morschen Leiter in einer Felsnische eine missliche Sache, so wurde dieser Weg 1877 völlig unmöglich, indem sich die Spalte derart erweiterte, dass selbst mehrere aneinandergebundene Leitern zu deren Überbrückung nicht genügt hätten. Deshalb wurde von der Section Austria ein neuer Anstieg eröffnet, welcher mittels Seilen und eingelassenen Stiften zunächst den östlichen Felsvorbau der Dachsteinwand erklimmt, dann dem Grat entlang und endlich wieder die N.-Seite der Wand traversirend oberhalb der Kluft in den alten mündet. Der dritte empfiehlt sich dann, und das dürfte doch oft der Fall sein, wenn die Randklüfte (es sind gewöhnlich mehrere untereinander) noch nicht über die ganze Breite der Firnhalde reichen. Man ersteigt dann einfach die unter 40° Neigung zur Schulter emporziehende Schneewand und traversirt über ein bequemes Felsband zum alten Weg. Von der Vereinigungsstelle, in deren Nähe eine Inschrift den Umkehrpunkt einer hohen Persönlichkeit bezeichnet, zieht eine 60–70° steile, häufig mit Eis erfüllte Schlucht bis zur Spitze; an der rechten Seite dieser Schlucht ist ein starkes Hanftau aufgezogen und sind zahlreiche Eisenstifte eingeschlagen, über welche man in einer halben Stunde den Gipfel erklettert. Für halbwegs geübte Touristen ist auch dieses letzte Stück ganz unbedenklich, doch empfiehlt es sich, zum ungehinderten Gebrauch der Hände den Bergstock zurückzulassen.«

Seit über hundertfünfzig Jahren führt ein gesicherter Steig auf den Dachsteingipfel.

Nach der Eröffnung der Bahnlinie Salzburg–Tirol (1875) kamen vermehrt Touristen ins oberste Ennstal, und schon bald wurde ein Weg angelegt, »welcher durch die Schwaderingschlucht die Hunerscharte zwischen Hunerkogel[1] und Kleinem Koppenkarstein und damit auch den Gletscher erreichte. Schon im nächsten Jahr wurden die das obere Ende der Schwadering abschliessenden, ca. 300 m hohen Wände durch den Steirischen Gebirgsverein und den Oesterreichischen Touristen-Club mit Hilfe von Seil und Eisenstiften practicabel gemacht. Zuerst war nur ein schwaches Hanfseil aufgezogen, welches bald morsch war und durch ein Drahtseil ersetzt wurde; 1879 aber liess die Section Austria des Deutschen und Oesterreichischen Alpenvereins nicht nur statt des bei niederer Temperatur höchst unangenehmen Drahtseils ein starkes Tau anzubringen, sondern auch Stifte und Klammern derart vermehren, dass heutzutage jeder etwas Geübte diesen Steig unbedenklich passiren kann.«

Wer zur Hunerscharte hinaufsteigt, wird feststellen, dass sich einige dieser Eisenteile als äußerst langlebig erwiesen haben.

[1] Heute Bergstation der Dachstein-Seilbahn

»Unzählige Klammern und Stifte ermöglichen rasches Emporklimmen. Das obere Ende der Rothen Rinne verlassend, geht es eine Weile auf einem Felsband schräg nach links, bis zur steilsten Stelle, der sogenannten Wand, einer unter 70–80° geneigten, etwa 20 m hohen Platte, welche frei über die Abstürze hinauszuragen scheint, mit Hilfe des Seils und der Klammern jedoch vollkommen gefahrlos erstiegen wird.«

Klettersteige – ganz was Neues!?

Der »Johann« und seine Ahnen

Großes Schaustück des Dachsteins ist natürlich seine Südwand, die sich als geschlossene, bis zu 800 Meter hohe Felsfront vom Torstein (2948 m) im Westen bis zum Hunerkogel (2694 m) im Osten erstreckt. Sie galt lange Zeit als unersteiglich, erst 1901 glückte einer Dreierseilschaft (E. Pichl, F. Gams, F. Zimmer) ein Durchstieg, der aber den Schönheitsfehler hatte, dass er auf den Ostgrat des Hohen Dachsteins (2995 m) führte. Acht Jahre später schafften dann die Brüder Franz und Georg Steiner den direkten Weg zum Gipfel – längst ein alpiner Klassiker im IV. Schwierigkeitsgrad.

Etwas für Klettersteig-Freaks: der »Johann«, eine spektakuläre Route durch die Südwand des Dachsteinmassivs

Die mächtige Wand geriet aber schon viel früher ins Blickfeld der Bergsteiger. 1877 äußerte der Grazer Johannes Frischauf (nach dem übrigens eine Hütte in den slowenischen Steiner Alpen benannt ist) die Ansicht, ein Durchstieg könnte durchaus möglich sein. Er interessierte einen (vermögenden) Herrn R. v. Lendenfeld für seine Idee, der dann drei Führer mit der Rekognoszierung der Wand beauftragte. Sie stiegen im September und Oktober 1879 wiederholt in die Wand ein, wobei sie allerhand Gerät mitschleppten, darunter Seile, Eisenstifte, Steinbohrer und Dynamit(!), um nötigenfalls auch Sprengungen vornehmen zu können (was sie dann auch taten). Doch das Unterfangen wurde ein Fehlschlag. »Es hat sich wohl gezeigt, dass ohne Anwendung künstlicher Hilfsmittel die Südwand des Dachstein nicht ersteigbar ist.« Trotzdem stellten sich die Verhältnisse günstiger dar, als sie Anfangs schienen, wenn Frischauf zum Schluss sagt: »Ein paar Dynamitschüsse in der ersten Platte bald nach dem Einstieg in das Felsband [...] würde leicht ein weiteres Vordringen von der Windlucke herab gestatten. In der Nähe der Felslöcher würden zwar größere Arbeiten nöthig sein, selbe sind aber kaum unüberwindlich für irgend einen alpinen Verein. Die interessante Dachstein-Gruppe würde sicherlich dieses Opfer verdienen – möge er die Anregung dazu gegeben haben, dass dereinst die Herstellung dieses Ideals eines kühnen Felsensteiges bewerkstelligt werde.«[1]

Im Jahr 1999, zum Neunzigsten der ersten Durchsteigung der Dachstein-Südwand durch die »Stoanerbuam«, erhielt die Riesenmauer dann doch noch ihren Klettersteig, den »Johann«. Er verläuft allerdings weiter rechts, tangiert die klassischen Kletterrouten kaum und mündet auf die Dachsteinwarte (2741 m).

[1] Siehe S. 32, 1

3 Klettersteige heute

»Der Südwand-Klettersteig am Buchstein gilt als Alpinmagnet des Gesäuses schlechthin. Einerseits seiner kühnen Tiefblicke wegen, andererseits aber auch wegen seiner geringen Schwierigkeit.« So ist es in der Hochglanzbroschüre der Bergregion Grimming-Gesäuse nachzulesen, samt Farbbild und einem Tipp für ganz Abenteuerlustige: »Buchstein-Trilogie» mit Klettersteig, Canyoning und Rafting.

Werben mit Klettersteigen? Seit ein paar Jahren gar nichts Ungewöhnliches mehr. Längst sind die Eisenwege in das touristische Angebot integriert, man begibt sich mit oder ohne Führer auf die Suche nach dem kleinen Abenteuer. »Outdoor adventure« heißt das auf gut Neudeutsch, und es passt bestens ins neue, »jüngere« Werbekonzept so mancher Fremdenverkehrsorte zwischen Bad Gastein und Grenoble. Nicht mehr die Alpenvereine oder ein rühriger Hüttenwirt behämmern den alpinen Fels, um eine Via ferrata anzulegen. Mittlerweile sind es vor allem touristische Organisationen, die aktiv werden, mit Blick aufs (etwas verstaubte) Ferienimage der Alpen, auf Seilbahnfrequenzen und Bettenauslastung. Nicht selten werden sogar Gelder aus EU-Strukturfonds angezapft. In der Maurienne (Savoyen) hat die SFTRF, zuständig für den Bau der Autoroute zum Fréjus-Tunnel, die Anlage zweier Vie ferrate finanziert!

In Engelberg arbeiten Gemeinde, Tourismusverband und Bergführer eng zusammen. Hier gibt es inzwischen drei gesicherte Routen, eine für Anfänger, einen knackigen Sportklettersteig und eine ausgesprochen alpine Route. Bereits geplant ist Nummer vier am Graustock.

Einer ähnlich konstruktiven Zusammenarbeit verdankt der Klasse-Klettersteig

Eine moderne Via ferrata in der Maurienne, von einer Autobahn-Baugesellschaft finanziert: die »Ferrata du Télégraphe«

INTERESSANT

Klettersteige gehören heute mancherorts zum touristischen Angebote einer Talschaft, einer Region. Wie Canyoning oder Mountainbiking liegen sie absolut im Trend.

an den Eggstöcken – der »Braunwalder« – seine Entstehung. Und die Haslitaler Bergführer brachten für ihren »Tälli-Klettersteig« – die erste echte Via ferrata der Schweiz! – über 100 000 Franken durch freiwillige Beiträge und Spenden auf.

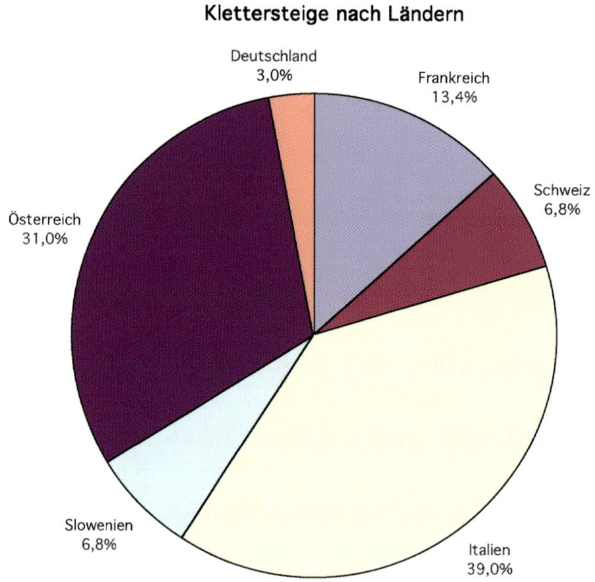

Geografische Verteilung

Zur Zeit gibt es im Alpenraum rund 700 gesicherte Steige, deren Verteilung allerdings recht unterschiedlich ist. Klassische Ferrata-Reviere sind die Dolomiten und der Gardasee, weiter Tirol und die Wiener Hausberge. In jüngster Zeit sind allerdings erhebliche Verschiebungen zu verzeichnen. Vor allem in den französischen Alpen ist enorm viel gebaut worden, auch die Dachstein-Region und das Gesäuse haben sich erst in jüngster Zeit zu eigentlichen Klettersteig-Hochburgen entwickelt.

Bis 1993 war die Schweiz »klettersteigfrei«. Inzwischen gibt es neben einigen gesicherten Steigen zwei Dutzend Routen, von knackig-sportlich bis ausgeprägt alpin.

Der Klettersteigler, das unbekannte Wesen

Doch wer steigt denn über die »Ferrata Che Guevara« in den siebten Bergsteigerhimmel, wem begegnet man auf der »Via ferrata Costantini«, an der Alpspitze, auf der »Pisciadù« oder auf der »Via ferrata du Diable« in der Maurienne?

Untersuchungen gibt es kaum, Vermutungen viele. Der typische Klettersteigler – persönliche Einschätzung des Autors – dürfte eher männlich und kein Extremsportler sein, stark suchtgefährdet (sammelt Vie ferrate), aber nicht gerade ein Sicherheitsfanatiker (Ausrüstung).

Immerhin, eine Studie über das »unbekannte« Wesen existiert. Sie stammt allerdings aus Frankreich[1] und ist deshalb für die Ostalpen nur eingeschränkt gültig. Nach dieser Untersuchung sind 35 Prozent der Klettersteigler Frauen, fast die Hälfte ist

INTERESSANT

Auf den Klettersteigen begegnet man immer weniger »echten« Bergsteigern, dafür mehr Urlaubern oder Wochenendausflüglern, die – oft ohne jede alpinistische Erfahrung – hier einen Kick, ein Abenteuer suchen. Eine gefährliche Entwicklung?

[1] »Les via ferrata en France«, AFIT et SEATM, Paris (1998)

zwischen 25 und 44 Jahre alt, ein Viertel jünger. Zwei Drittel der Befragten gaben an, Vie ferrate am liebsten in einer Gruppe zu begehen, gut ein Viertel ist à deux unterwegs, nur 7 Prozent allein. Zum Klettersteiggehen kommt fast jede/r Zweite durch Freunde oder Familienangehörige, nur etwa 7 Prozent beziehen ihre Anregungen durch einschlägige Führerliteratur (!). Bei der Umfrage bezeichneten sich 33 Prozent als Kletterer, ein Viertel als Wanderer, immer noch gut ein Zehntel als Bergsteiger.

Bei der Frage nach den Vorlieben ergab sich (in Frankreich) eine eindeutige Mehrheit für den talnahen Sportklettersteig, nur ein Drittel bevorzugte echt alpine Vie ferrate. Am wichtigsten ist den Drahtseilfreaks der Spaß, noch vor dem Landschaftserlebnis und dem Kitzel.

Klettersteigler sind auch Touristen, und als Besucher verhelfen sie dem örtlichen Gewerbe zu Einnahmen. Fast zwei Drittel aller Begehungen gehen auf das Konto von Urlaubern (die zur Hälfte zwischen 7 und 15 Tagen in der Gegend verweilen), ein Viertel ist auf der Durchreise, der Rest entfällt auf Einheimische. Von den Feriengästen nächtigen nur 5 Prozent in Hotels, dagegen über ein Viertel auf Campingplätzen. Bei fast einem Viertel der (französischen) Ferratisti handelt es sich um Studenten, gut vertreten sind mit 22 Prozent Kaderleute. Vier von zehn Klettersteiglern kommen aus der französischen Alpenregion, immerhin noch 10 Prozent aus Paris. Alles klar?

Sportklettersteig in Frankreich: die »Via ferrata de la Chal«

Bau und Wartung – Infos zu einigen französischen Klettersteigen

Via ferrata	Erbauer	Eröffnungsjahr	Bauzeit	Kosten	Wartung
Les Vigneaux	Azimut	1991	1½ Jahre	160 000 F	3-mal pro Saison
Aiguillette du Lauzet	Bergführer	1990	7 Monate	289 000 F	2-mal pro Saison
L'Adret	Prisme	1995	4 Monate	268 000 F	Anfang/Ende Saison, Mitte Juli bis Mitte August wöchentlich
Le Diable	Prisme	1995–1999	5 Jahre	580 000 F	analog »L'Adret«
Plates de la Daille	Prsime	1995	4 Monate	217 000 F	analog »L'Adret«, Seilabbau im Winter

Klettersteige – neue Pfade oder Holzwege?[1]

Viel Eisen wurde an der »Ferrata de l'Adret« (Maurienne) verbaut.

Trend zur Neuanlage von Klettersteigen

Vor dem Hintergrund des Trends zur Neuanlage von Klettersteigen in der Schweiz fordert MW[2] eine Weichenstellung zur Verhinderung unkontrollierter, kurzsichtiger Erschließungsprojekte in schützenswerten Gebieten. Der Druck weiterer Erschließungstätigkeit im Alpenraum ist groß. Noch gibt es erst ein Dutzend Klettersteige in der Schweiz – Tendenz steigend. Zum Schutz der letzten Wilderness-Gebiete muss jetzt gehandelt werden!

Klettersteige: künstliche Steighilfen

Klettersteige sind künstliche, naturferne Einrichtungen (durchgehende Verbohrung, Stahlseile, Leitern, Bügel, Haken, Ketten, Brücken etc.). Sie ermöglichen auch ungeübten BerggeherInnen ein Durchkommen, wo sich ohne diese künstlichen Steighilfen nur erfahrene Kletterer bewegen können. Das Klettersteigwesen ist sportethisch und alpinpädagogisch fragwürdig: Kann so ein Gefühl für den Umgang mit der Natur vermittelt werden, ist es nicht nur eine Frage von Kraft und Schwindelfreiheit?

Umweltauswirkungen und MW-Forderungen

Zu diesen Einflüssen kommen weitere Umweltauswirkungen: von Trittschäden bei Zu- und Abstiegen über Störung von Wild und Wald bis hin zur Verkehrszunahme. Die verbleibenden schützenswerten Wilderness-Gebiete der Schweiz sollen nicht weiter mit Klettersteigen erschlossen werden. Hierzu schlägt MW eine überregionale Lenkung/Zonierung vor. Alle Aus- und Neubauprojekte für Klettersteige sollen einer Umweltverträglichkeitsprüfung (UVP) unterzogen und öffentlich aufgelegt werden.

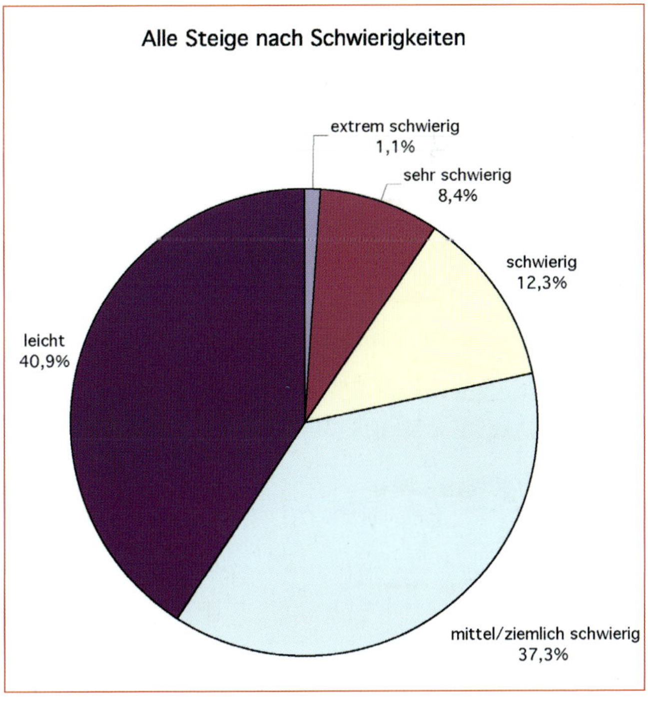

Schweizweite Kommunikationsplattform

Für eine Diskussion und Konsensfindung soll mit allen Klettersteig-Erschließern und betroffenen Organisationen eine schweizweite Kommunikationsplattform über zukünftige Projekte eingerichtet werden. Schwerpunktthemen: Tourismusentwicklung, Kletter-Ethik, Natur- und Landschaftsschutz. Mit der Veranstaltung in Göschenen[1]

[1] Beitrag in »Mountain Wilderness News Nr. 24« von Jan Gürke und Matthias Rohrer (2000)

[2] MW = Mountain Wilderness

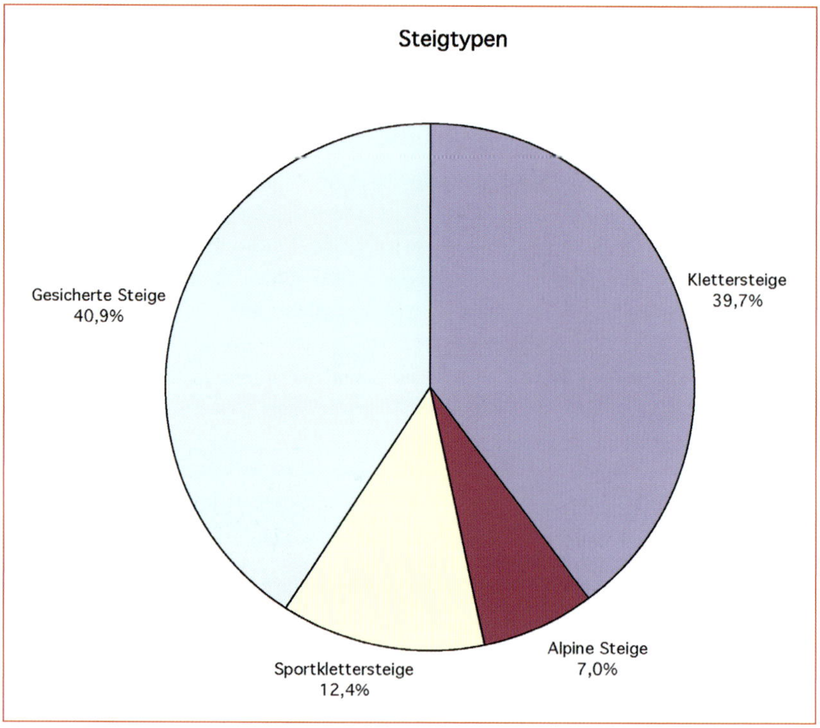

»Via ferrata del Centenario« am Monte Grona (Comer See) im Jahr 1982

hat MW den Grundstein für eine zukünftige Zusammenarbeit gelegt und Gesprächsbereitschaft signalisiert.

Vertreter der schweizerischen Bergführer, Bergsteigerschulen und Tourismusorganisationen betonten die wirtschaftliche Bedeutung der Klettersteige für ihren Berufsstand. Die Nutzung reicht von Schlechtwetter-Alternative über Ausbildungsgelände bis hin zum Trendsport-Spielplatz. Aber, so der Moderator Peter Donatsch, wie viel mehr Klettersteige in der Schweiz machen wirtschaftlich überhaupt Sinn? Fachgerechte und sichere Einrichtung und Unterhalt stellen bedeutende Kostenfaktoren für die Betreiber dar. Offen sind auch Haftungsfragen bei Unfällen. Es stellte sich weiterhin die Frage, ob Entwicklungen hin zu Trendsport und Massentourismus für die sehr gut ausgebildeten Bergführer ein wirklich interessantes Aufgabenfeld bieten. Die positiven wirtschaftlichen Seiten der Klettersteige

[1] am 29.1.1999

für den Fremdenverkehr sind schwieriger zu quantifizieren. Die Auswirkungen des Massentourismus zeigen sich dagegen schnell im Landschaftsbild. Grundtenor war, dass nicht überall Klettersteige angelegt werden sollen. Ob derartige Anlagen zur touristischen Bereicherung von Bergregionen beitragen, ist im Einzelfall sorgfältig abzuwägen.

Umweltorganisationen: kritisch gegenüber Neuerschließungen

Bergführer, Erschließer und Führer-Autoren[1] vertraten die Position, Klettersteige kanalisierten die Bergsteiger und hielten sie vom Betreten sensibler Gebiete ab. Die Vertreter der Umweltschutzseite (Stiftung Landschaftsschutz, SAC-Kommission »Schutz der Gebirgswelt«, MW) stehen Neuerschließungen dagegen kritischer gegenüber. Klettersteige stellen eine weitere Zugangserleichterung, zusätzlich zu allen anderen Belastungsfaktoren, in die Bergwelt dar. Als Sekundärwirkung des Bergsteigens wurde der Freizeitverkehr mit enormem Energieverbrauch und Umweltfolgen eingehend von einem Wissenschaftler der Hochschule Luzern beleuchtet. Klettersteiggeher gehören zu denjenigen Freizeitsportlern, die über hunderte von Kilometern hinweg aus ganz Europa zu ihren Touren anreisen.

Im Jahr 2001 wurde die »Ferrata del Centenario« (vgl. linke Seite) komplett renoviert: Wartung ist besonders wichtig auf schwierigen Klettersteigen!

Stil des Bergsteigens

Uneinig war sich das Plenum bei der Frage des Stils des Bergsteigens. Während die SAC-Kommission »Schutz der Gebirgswelt« und MW sich für ein (umwelt-)bewusstes Bergsteigen als Form des authentischen Naturerlebnisses einsetzten, lehnten die Vertreter der Bergführer jegliche Diskussion zu diesem Themenbereich ab.

Ein Blick in die Zukunft

Haben Klettersteige überhaupt eine Zukunft? Und wie mag sie aussehen? Wird bald jeder Fels zwischen der Rax und den Calanques ans Drahtseil geheftet sein? Oder droht uns gar die ultimative »Mords-Ferrata« an der Eiger-Nordwand?

Keine Angst, für solche Horrorszenarien fehlen so ziemlich alle Voraussetzungen. Denn auch zwischen Tal und Gipfel, in der verdrahteten Wand gelten die Gesetze des Marktes, reagiert das Angebot auf die Nachfrage. Attraktive Steige ziehen Publikum an, sind Werbefaktoren für eine Hütte, eine Seilbahn oder einen Ort. Ein Überangebot dagegen wirkt kontraproduktiv. Auch hier zeigt sich der immer gleiche Widerspruch:

[1] u. a. Eugen E. Hüsler

Die Alpen mit ihrem sensiblen Ökosystem brauchen Schutz, gleichzeitig müssen sie erlebbar bleiben für die Massen – nicht zuletzt im Interesse der Einheimischen, deren Wohlstand stark vom Tourismus abhängt. Denn Millionen gehört, wir erleben es jedes Wochenende, jeden Sommer, die Arena Alpen, samt allen Wänden und Gipfeln, und das verspricht riesige Umsätze, Milliardengeschäfte. Da können alpine Vereine, auch mitgliederstarke wie der DAV, höchstens noch korrigierend einzugreifen versuchen, über die Medien fallweise die Öffentlichkeit mobilisieren.

Klettersteige sind lediglich Marginalien im großen Tourismus-Monopoly. Möglicherweise bilden die unzähligen Kletterrouten (samt dem im Fels steckenden Eisen) eine größere Bedrohung für das alpine Ökosystem als ein paar hundert (tausend?) Vie ferrate. Trotzdem: Planung ist wichtig, kann auch hier Fehlentwicklungen verhindern. Nicht jedes Gebiet, jeder Berg eignet sich für die Anlage eines Klettersteigs. Unberührte Regionen sollten grundsätzlich

Luftige Passage vor alpiner Kulisse: auf der »Via ferrata La Traditionelle« in den Seealpen

ausgespart bleiben, natürlich auch Naturparks. Wo eine Ferrata die touristische Infrastruktur aber sinnvoll ergänzen könnte, beispielsweise im Umfeld einer Bergbahn, im Bereich eines Klettergartens oder in Siedlungsnähe, ist gegen Neubauten kaum etwas einzuwenden. Neben der Finanzierung müssen aber auch Fragen der Instandhaltung und Haftung vorab verbindlich geklärt werden. Zudem müssen die Anlagen so konzipiert werden, dass sie einem breiteren Publikum zugänglich sind (Extremrouten nur mit leichteren Varianten).

Schließlich ist zu überlegen, ob Steige, die in ökologisch besonders sensiblen Regionen liegen, abgebaut werden sollten (z. B. der »Sentiero alto del Prescudin« in den Karnischen Alpen oder die »Via dei Camosci« in der Marmarole). Schlecht angelegte Routen müssen saniert oder ebenfalls demontiert werden (»Panoramablick« hinten im Kaunertal oder »Glungezer-Klettersteig«).

Ob Klettersteige eine Zukunft haben? Natürlich, wie die Berge auch.

Via ferrata Che Guevara – ein »revolutionärer« Klettersteig?[1]

Lieber A.,

der Zufall hat wieder einmal Regie geführt, glänzend sogar. Da fahr ich ahnungslos vom Gardasee herauf heimwärts, im Gepäck belichtete Filme, im Kopf einiges »Rohmaterial«, vorbei am Colodri, an der Parete Zebrata usw. Senkrechter Fels also links, rechts Bergsturzgelände (soll mit links irgendwie zusammenhängen, geologisch ...). Gleich hinter Pietramurata – ich schalt gerade in den vierten Gang, riskiere noch einen Blick aus den Augenwinkeln hinauf in das Riesengemäuer – huscht ein kleines, unscheinbares Schild, aufgehängt an einem mageren Bäumchen, durchs Sichtfeld. Ganz schnell, aber doch nicht schnell genug: des Jägers Instinkt.

Die Ostwand des Monte Casale (1632 m), vom Felsfuß aus gemessen etwa 1300 Meter hoch!

Ein »divieto di caccia« war's nicht, auch kein »proprieta privata« und ein »caduta sassi« ganz bestimmt nicht. Weder Jagdverbot also noch Privatbesitz und schon gar kein Steinschlag – was dann? Kurzes Zögern, ich sage zu H.: »Da ist etwas«, halte an, setze zurück.

»Via ferrata Che Guevara al Monte Casale« steht auf der Bronzetafel. Ich kann es erst nicht glauben! So an die zehn Jahre muss es her sein, H. und ich kamen gerade vom Dain Picol (»Via ferrata Pisetta«, kennt heute fast jeder), da sagte ich im Scherz: »Auf den Monte Casale, da müsste man einen Klettersteig bauen, das wär eine Sache!« H.s Kommentar mag ich dem Leser ersparen …

1994. Eine Woche später sind wir zurück, frühmorgens, die Sonne versteckt sich noch hinter dem Bondone, parken wir an der Strada statale. Schuhe an, Rucksack auf und los geht's. Der erste Blick gilt dem Straßenverkehr (wär doch wirklich zu blöd …), der zweite schon dem Berg, dieser Genickstarre-Mauer. Bei längerem Hinaufgucken droht nicht nur ein steifes Genick, sondern auch ein etwas flaues Gefühl in der Magengegend. Der Vorbau sieht ja noch recht gutmütig aus, gestuft, da kommt man bestimmt leicht drüber, doch dann setzt ein grauer, wohl fast senkrechter Wandgürtel an, so an die zweihundert Meter hoch, sehr kompakt und nicht unbedingt einladend. Darüber, an der Riesenschräge, kann man sich wieder leichter einen Durchstieg vorstellen – vielleicht nach links zu den grünen Flecken unter dem Gipfelgrat? Alles Spekulation, also vorwärts.

Ernesto »Che« Guevara. Wer erinnert sich noch? Geschichte, revolutionäre zumal, erst drei Jahrzehnte ist es her und schon so weit weg. Aus den Westentaschen-Rebellen von einst, die sich in dialektischem Materialismus und gelegentlichem Steinewerfen übten, die an einer neuen Gesellschaft mit jeder Menge Freedom, einem guten Joint und freier Liebe bastelten, sind inzwischen brave Familienväter, BMW-Fahrer und Karrieristen geworden. So ändern sich die Zeiten. Links hieß 1968 eben links, Kompromisse waren grundsätzlich faul, Debatten stets uferlos. Und »Che«? Ermordet im bolivianischen Urwald, später zur Symbolfigur einer unruhigen Generation geworden. Anschließend in die Geschichtsbücher verbannt als Protagonist eines (gescheiterten) Experiments. Ein paar Avenidas auf Kuba dürften seinen Namen tragen – doch ein Klettersteig über dem Gardasee? In Italien, wo die Rechten gerade wieder die Zukunft verspielen: Berlusconi und Fini, Forza e Neo?

Alles nur ein Traum?

[1] Beitrag von Eugen E. Hüsler in: »Bergsteiger« 5/1995

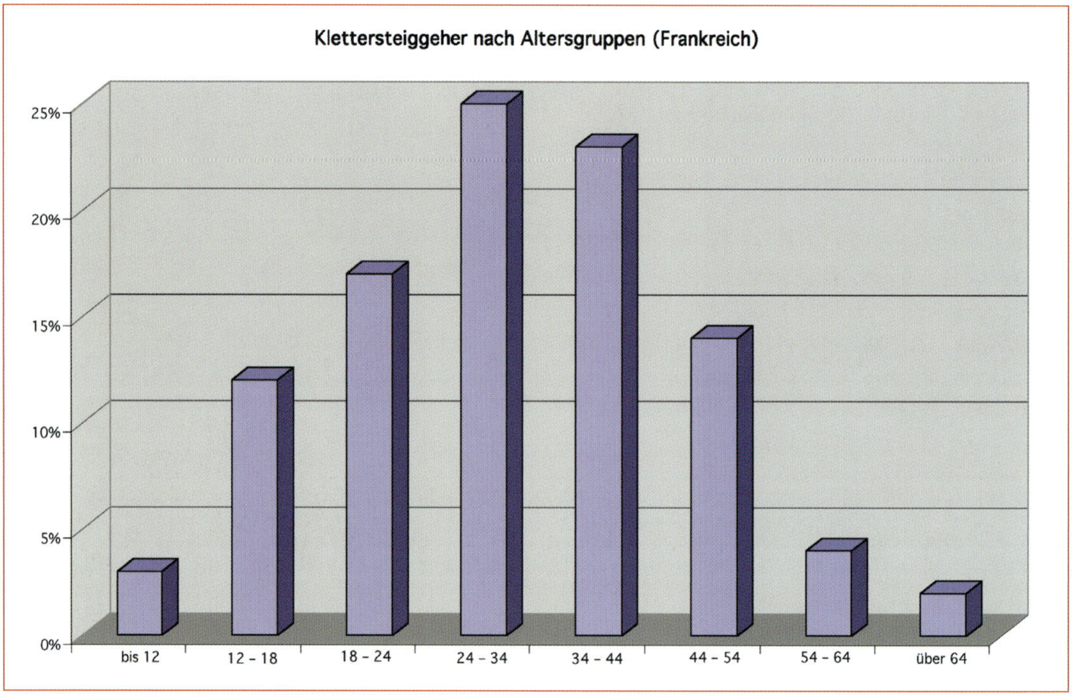

Nicht so schwierig, wie man (von unten) annehmen könnte: die »Ferrata Che Guevara«

Nein! behauptet die (rote!) Schrift an einem Felsen, keine zehn Minuten von der Straße: »Ferrata Che Guevara«. Daneben ein Pfeil, nach oben weisend. Ihm nach! Bald schon greift man ins erste Eisen, eine zweite Tafel warnt alle Gipfelstürmer und Ferratisti davor, die »Guevara« ohne große, gut gefüllte Trinkflasche, tadellose Kondition und Selbstsicherung zu begehen. Wie wahr!

Der Vorbau ist dann (fast zu) leicht. Nach gut einer Stunde kommt ein hübscher Rastplatz mit (Kletter-)Biwak in Sicht. Man genießt den Blick auf die Dächer des Talortes, versucht, die bereits gewonnene Höhe abzuschätzen. Pietramurata heißt das Nest da unten, »Steinmauer«, und das passt haargenau: Spätestens während der mittäglichen Siesta verschwindet die Sonne hinter dem Monte Casale. Uns scheint sie dafür auf den Buckel, und obwohl nach dem Kalender bereits in fünf Wochen die Weihnachtsgeschenke ausgepackt werden, nässelt es unter dem Rucksack ganz gehörig. Dabei liegt das Kernstück der Ferrata noch vor uns, falsch: über uns. Da schießt der graue Fels in den tiefblauen Himmel, glatt und kompakt, und ein straff gespanntes

Drahtseil gibt die Richtung vor, zickzackt nach oben. Jetzt zeigt die Route ihre Klasse, da lacht das Herz jedes Klettersteigfans, denn die folgenden knapp 600 Höhenmeter verdienen ohne Einschränkung das Prädikat »super«.

Der Hochseilakt beschert reinen Steiggenuss, und dass das Ganze nicht zur Bizepsarbeit ausartet, dafür sorgen eine vernünftige Routenwahl, die sich das Gelände geschickt zunutze macht und stets den (noch) leichtesten Durchstieg nimmt, sowie die hervorragenden Sicherungen. Wo kein Absatz, kein Trittchen mehr zu entdecken ist, helfen solide Klammern weiter, etwa an einer langen, fast senkrechten Passage in der Wandmitte. Da fehlt auch das begleitende Sicherungsseil nicht, sodass man gefahrlos innehalten und einen Blick in die bodenlose Tiefe riskieren darf.

Pietramurata ist zur Puppenstube mutiert, und die Autos sind nur mehr bunte, bewegte Punkte auf grauer Linie. Der Lago di Toblino erscheint wie ein größerer Gartenteich, der Dain Picol verliert enorm an Statur, er verschwindet fast hinter der Nordostkante des Monte Casale, einer »magic line«, senkrecht mit kleinen Schrägen dazwischen: Sechsergelände, mindestens, nichts für Ferratabauer. Das haben die auch eingesehen und der Route einen Linksdrall verliehen (links, Che!). Die Tiefe nimmt weiter zu, die Steilheit allmählich ab. Da und dort steht ein Bäumchen auf einem kleinen Absatz, aus dem Klettersteig wird ein schmaler Weg. Ein grünes Band schließlich, nach links ansteigend, führt zum Wandbuch (ca. 1220 m).

Ganz oben ist man allerdings noch längst nicht, da fehlen rund 400 Höhenmeter. Also weiter, zunächst wieder am Drahtseil – Typ »Oberleitung« – über eine mächtige Geröllreiße, dann im Zickzack zu einem herrlichen Ausguck. Schließlich stehen wir – nach fünf Stunden – oben am höchsten Punkt des Monte Casale (1632 m).

Und da staunt nicht schlecht, wer vorher keinen Blick auf die Landkarte riskiert hat. Der Gipfel ist ein Wiesenplan, so groß wie vier Fußballfelder, ganz am Rand das Kreuz und etwas unterhalb sogar eine Hütte, die an Wochenenden bewirtschaftet ist. Manche fahren (kein Witz) mit dem Auto auf diesen Berg, Mountainbiker sowieso, und das Bier kommt auch mit dem Jeep herauf. Wer die Tour im Sommer macht und nicht spätestens mit dem ersten Hahnenschrei einsteigt, braucht mindestens zwei Halbe, nach-

WICHTIG

Klettersteige weisen sehr unterschiedliche Anforderungsprofile auf. Deshalb ist es besonders wichtig, dass man sich vorher über die Route informiert: Schwierigkeit, Länge, Sicherungen usw. (—> Kapitel 10 »Objektiv – subjektiv: die Schwierigkeit mit den Schwierigkeiten«)

Im obersten Drittel der »Ferrata Che Guevara«

WICHTIG

Längere Steilanstiege an Klettersteigen sind überaus anstrengend. Solche Passagen sollte man keinesfalls zu schnell angehen, sondern gleichmäßig steigen, gelegentliche kurze Pausen sind durchaus sinnvoll.

WICHTIG

Der zu bewältigende Höhenunterschied ist ein wichtiges Indiz für die Charakteristik der Tour. Die »Ferrata Che Guevara« gehört zu den längsten Klettersteigen, von den über 1500 Höhenmetern sind fast zwei Drittel gesichert!

dem er dem steinernen Parabolspiegel entstiegen ist. Mindestens. Für uns gibt's gar nichts, das Haus ist geschlossen, die Fenster sind verrammelt. So hocken wir beim Kreuz, gucken über den Rand des Abbruchs in die Tiefe (da steht unser Auto!), auf die Laghetti des Sarcatals. Talabwärts geht der Blick zum Gardasee. Gefrorenes Wasser im Norden: die Gletscher und Schneegipfel des Adamello, der Brenta und des Alpenhauptkamms. Und im Osten steht die Dolomiten-Parade. Ich fange an, sie zu zählen und zu benennen, all die Zacken, auf denen ich in meinem recht langen Bergsteigerleben schon stand, bis H. (sie ist immer so praktisch!) nach der Uhrzeit fragt.

Der Aufbruch verläuft dann ziemlich hastig, und wie wir in Pietramurata auf die Hauptstraße einbiegen, ist der Himmel schon tiefschwarz, mit tausend hellen Punkten darin: Sternenzauber.

Übrigens, für Aufsteiger ist – morphologisch gesehen – links rechts, für Absteiger bleibt links links. Alles klar, lieber A.?

Dein Ironman

Ein Tiefblick der seinesgleichen sucht: vom Monte Casale hinab ins Sarcatal

4 Klettersteig ist nicht gleich Klettersteig: Vielfalt im Angebot

Mit den Klettersteigen verhält es sich wie mit fast allen technischen Einrichtungen, egal ob Kaffeemaschinen oder Autos: Auf die Erfindung folgt die Weiterentwicklung, verschiedene Typen entstehen, manches verschwindet wieder, anderes bewährt sich. Und so gibt es heute nicht nur über 700 gesicherte Routen in den Alpen, man begegnet auch Steigen ganz unterschiedlichen Typs. Wer den »Jubiläumsweg« mit einem französischen Sportklettersteig vergleicht, erkennt rasch die Unterschiede: Das Prinzip ist zwar dasselbe, die Umsetzung recht unterschiedlich – bedingt nicht nur durch die topografischen Gegebenheiten. Genau wie beim Golf und dem Lkw: Dass man für den schweren Brummer einen speziellen Führerschein benötigt – also andere, weitergehende Fähigkeiten –, ist leicht einzusehen. Während eine »Via ferrata Lac de la Rosière« vergleichsweise leicht zu meistern ist, verlangt der lange Grat von der Zugspitze zur Alpspitze – der »Jubiläumsweg« – entschieden mehr als nur zwei Hände zum Festhalten und Immunität gegen die Tiefe: einen kompletten Bergsteiger.

Das wiederum zwingt zu Unterscheidungen, denn was im einen Fall (an Können) ausreicht, kann im anderen zu fatalen Fehleinschätzungen führen. Wer problemlos auf Eisenkrampen herumturnt, muss keineswegs ein guter Bergsteiger sein!

Den sehr unterschiedlichen Anforderungen entsprechen vier verschiedene, nachstehend charakterisierte Steigtypen: Gesicherte Steige, Klettersteige, Alpine Routen, Sportklettersteige.

Gesicherte Steige

Dabei handelt es sich um Wege bzw. Steige, die in der Regel nur kürzere gesicherte Passagen aufweisen, markiert und zumindest teilweise trassiert sind. Keine Kletterstellen über dem I. Schwierigkeitsgrad. In diese Kategorie gehören viele Normalwege auf Gipfel, Übergänge von Hütte zu Hütte und Gratrouten. Für erfahrene Bergwanderer geeignet, Selbstsicherung nur bei den anspruchsvolleren Routen notwendig.

***Einige Beispiele*:**

Heilbronner Weg (Allgäuer Alpen): Klassische Gratüberschreitung mit einigen gesicherten Passagen. Der »Heilbronner« verläuft über mehrere Scharten und kleine Gipfel (Steinschartenkopf, 2615 m).

WICHTIG

Steiganlagen können von ganz unterschiedlicher Art sein. Die Palette reicht vom abgesicherten Wanderweg über die große Wandroute bis zum spektakulären Sportklettersteig. Oft sind lange Zustiege unvermeidlich. Einige Routen verlaufen übers Gletschereis, zu anderen Vie ferrate kann man direkt vom Parkplatz einsteigen.

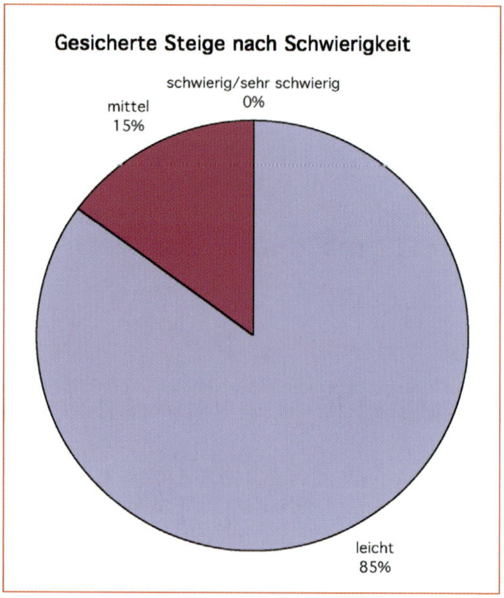

WICHTIG

Gesicherte Steige eignen sich sehr gut für Einsteiger. Viele dieser Routen sind wenig schwierig, bieten aber ein schönes Bergerlebnis.

Hüttenweg mit gesicherten Passagen in den Berner Hochalpen: Zugang zur Schreckhornhütte

Freiungen-Höhenweg (Karwendel): Markierter und auf kürzeren Abschnitten gesicherter Höhenweg zwischen Reither Spitze (2374 m) und dem Solstein-Haus.

Gamssteig (Kitzbüheler Alpen): Aussichtsreicher Gratweg über die Sagthaler Spitze (2240 m) mit einigen Sicherungen; überwiegend Gehgelände.

Raudenspitz (Karnischer Hauptkamm): Gipfelüberschreitung in der Nachbarschaft des Hochweißsteins mit einigen Sicherungen.

Sentiero Corbellini (Karnische Alpen): Höhenweg an der Südflanke der Pesariner Dolomiten; mehrere Querungen sind mit Drahtseilen gesichert.

Günther-Messner-Gedächtnissteig (Aferer Geisler): Sehr aussichtsreiche Kammroute am Nordwestrand der Dolomiten; gute Kondition und ein sicherer Tritt sind wichtig.

Lichtenfelser Steig (Sellagruppe): Landschaftlich sehr schöner Anstieg zum Piz Boè (3152 m), Sicherungen oberhalb der Kostner-Hütte und am Grat der Eisseespitze.

Alta via Bruno Federspiel (Marmoladagruppe): Auf kürzeren Abschnitten gesicherte Gratroute am Monzonikamm (Spiz di Tariciogn, 2647 m): Blumen, Mineralien und viel Aussicht.

Sentiero Franco Galli (Pasubiomassiv): Auf alten Kriegswegen und -stollen auf den Corno Battisti (1761 m).

Sentiero Osvaldo Orsi (Brentagruppe): Grandioser Höhenweg unter dem Brenta-Hauptkamm mit Sicherungen am »Oberen Band«.

Direttissima – Sentiero Cecilia – Cresta Sinigaglia (Le Grigne, Bergamasker Alpen): Dolomitenerlebnis hoch über dem Comer See! Gipfelüberschreitung (Grignetta, 2177 m) mit zahlreichen gesicherten Passagen.

Schreckhorn-Hütte (Berner Alpen): Hüttenweg ins eisige Herz der Berner Hochalpen; landschaftlich einmalig, mehrere gesicherte Passagen.

Klettersteige

Die klassische Via ferrata, in der Regel eine mehr oder weniger »aufgerüstete« Kletterroute. Sie verläuft meistens in alpinem Felsgelände, weshalb man nicht nur den Umgang mit der Klettersteigausrüstung beherrschen muss, sondern auch über Bergerfahrung verfügen sollte: Beurteilung der Wetterentwicklung, Einschätzung des Geländes bzw. seines Gefahrenpotenzials (Schrofen, Schneerinnen). Auch das Gehen in ungesichertem Schrofen- und leichtem Felsgelände (bis Schwierigkeitsgrad I – II) gehört vielfach zur Tour, eine gute Kondition ist unerlässlich. Manche dieser Vie ferrate sind – bedingt durch Länge und anhaltende Steilheit – sehr anstrengend (Armkraft).

Zupacken, Petra! An der »Ferrata Olivieri« (Tofana-Massiv)

Einige Beispiele:

Mindelheimer Klettersteig (Allgäuer Alpen): Lange, aussichtsreiche Gratüberschreitung an den Schafalpenköpfen (2320 m), bei der man ausgiebig ins Eisen greifen kann. Genussroute mittlerer Schwierigkeit.

Ilmspitz-Klettersteig (Stubaier Alpen): Steile Route an der Ilmspitze (2692 m); spektakulär, aber ohne Höchstschwierigkeiten.

Bert-Rinesch-Steig (Totes Gebirge): Eine Spitzenroute, bestens gesichert und im Mittelteil extrem luftig und sehr anstrengend (Großer Priel, 2515 m).

Prisojnik-Nordwandsteig (Julische Alpen): Steiler Aufstieg in beeindruckend wilder Kulisse, mündet in das vordere der beiden großen Felsenfenster am Prisojnik (2547 m); besonders lohnend in Verbindung mit dem »Jubiläumsweg«.

Via ferrata dei Cinquanta (Pesariner Dolomiten): Geheimtipp in der Karnischen Alpenwelt! Eine sehr lange Gipfelüberschreitung, die mit ein paar spektakulären Steilpassagen aufwartet; bestens gesichert, aber nur mit guter Kondition ratsam.

Masarè-Rotwand-Klettersteig (Dolomiten): Genussroute am Hauptkamm der Rosengartengruppe mit mehreren Zu- und Ausstiegsvarianten.

Pisciadù-Klettersteig (Dolomiten): Unbestritten die Nummer eins (was die Popularität betrifft) unter den Vie fer-

WICHTIG

Alpine Klettersteige gibt es in allen Schwierigkeitsgraden, von der leichten, üppig gesicherten Route (z. B. Alpspitz-Ferrata) bis zur großen, sehr schwierigen Via ferrata (etwa in den Dolomiten).

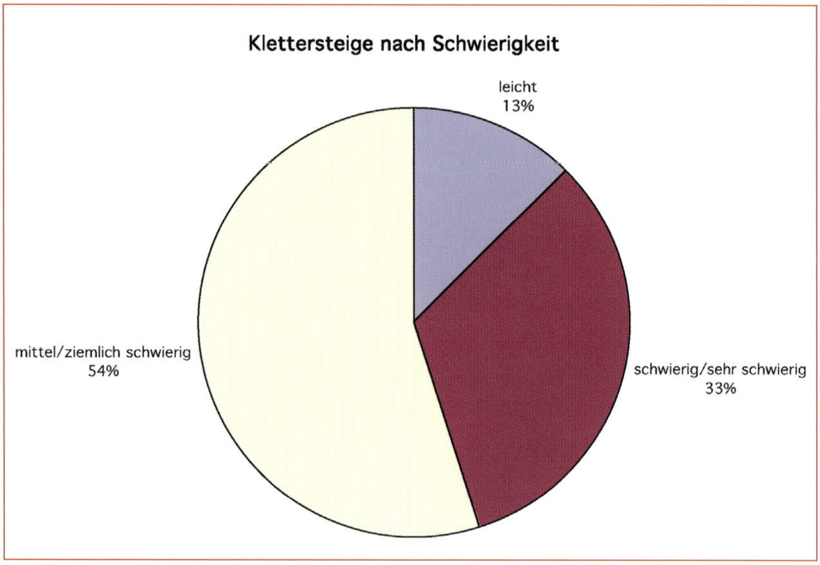

rate in den Dolomiten. Gelegentliche Staus mindern das Kraxelvergnügen im Steilfels des Sellastocks.

Via ferrata Costantini (Dolomiten): Die anspruchsvollste gesicherte Route in den »Bleichen Bergen« mit knackiger Schlüsselstelle; am Drahtseil Abstecher zur Cima Moiazza Sud (2878 m) möglich.

Via ferrata Che Guevara (Gradaseeberge): Traumroute über dem Sarcatal, verläuft durch die gut tausend Meter hohe Ostwand des Monte Casale (1632 m); mäßig schwierig, aber sehr lang (und trocken!).

Braunwalder Klettersteig (Glarner Alpen): Aus drei Abschnitten bestehende Route, perfekt angelegt, mäßig bis sehr schwierig, in großer Bergkulisse (Eggstöcke, 2449 m).

Leukerbadner Klettersteig (Berner Alpen): Eine Route der Superlative an der (Walliser) Südseite der Berner Alpen; rund 900 Meter hoch, optimal gesichert, mit packender Schau auf die Viertausender der Walliser Alpen.

Via ferrata de l'Aiguillette du Lauzet (Cottische Alpen): Landschaftlich sehr reizvolle, nur mäßig schwierige Route über dem obersten Durancetal mit toller Schau auf die Gipfel und Gletscher des Pelvoux-Massivs (Massif des Écrins).

WICHTIG

Wer sich auf alpine Routen begibt, muss vor allem eines sein: ein erfahrener Bergsteiger, der sich in jedem Gelände auskennt, auch objektive Gefahren richtig einzuschätzen weiß.

Alpine Routen

Sie sind mit den »Gesicherten Steigen« vergleichbar, verlaufen aber zumindest abschnittweise in anspruchsvollerem Gelände: leichte bis mäßig schwierige Kletterstellen (maximal Schwierigkeitsgrad II), Passagen im Eis (Gletscherausrüstung), heikles Schrofengelände. Die alpinen Routen sind erst in zweiter Linie »Eisenwege« und nur für Bergsteiger mit entsprechender Erfahrung (und Ausrüstung) geeignet.

Einige Beispiele:

Augsburger Höhenweg (Lechtaler Alpen): Hochalpine, stark von den äußeren Verhältnissen abhängige Route über dem Stanzer Tal, von der Augsburger zur Ansbacher Hütte.

Jubiläumsweg (Wetterstein): Klassische Gratroute mit recht viel Eisen, aber auch zahlreichen ungesicherten Passagen in Schrofen- und Felsgelände (bis II). Nur bei besten Verhältnissen und Topkondition.

Mooshammersteig (Berchtesgadener Alpen): Spannende Überschreitung des Hochseiler (2793 m) über die »Teufelslöcher« zur Torscharte.

Gleiwitzer Höhenweg (Hohe Tauern): Ernste Hochtour in der Glocknergruppe, am Aufstieg einige (recht antike) Sicherungen.

Via della Vita – Mangart (Julische Alpen): Etwas für Abenteuerlustige. Auf die Gänsehautroute der »Via della Vita« folgt eine nur teilweise gesicherte Gratüberschreitung zum Mangart (2677 m).

Detmolder Grat (Ankogelgruppe): Großzügige Überschreitung der Hochalmspitze (3360 m) – Eis, Fels und dazu ein paar Sicherungen am Detmolder Grat und bei den Steinernen Mannln.

Percorso alpinistico Osvaldo Zandonella (Karnische Alpen): Abenteuerliche Überschreitung hoch

Nur für gute Bergsteiger: Aufstieg aus dem Voralptal zum Salbitschijen-Biwak

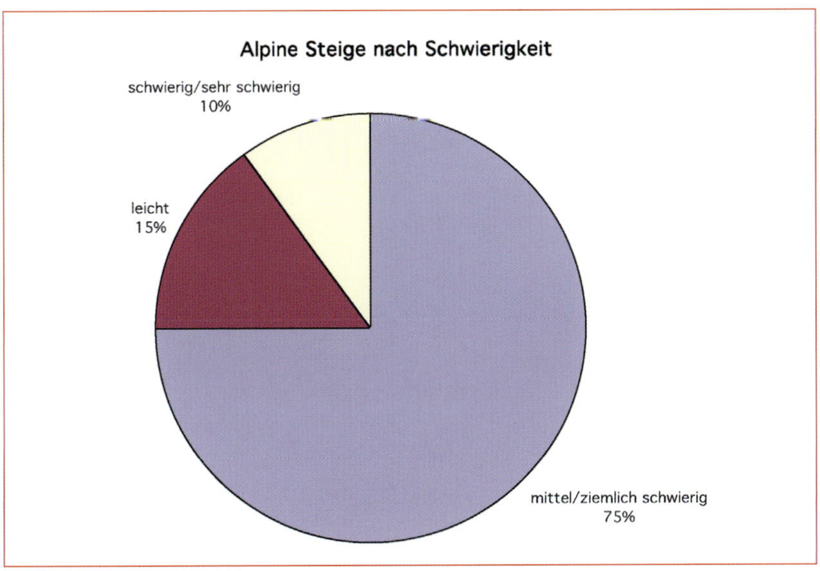

über dem Piavetal (Spalla del Duranno, 2234 m), überwiegend weglos, aber markiert (und an einigen Stellen gesichert).

Strada Sanmarchi (Dolomiten): Grandiose Route durch die Mondlandschaft der Marmarole mit zahlreichen gesicherten Felspassagen, teilweise auch weglos. Und die Hochkare sind (fast) so menschenleer wie der Erdtrabant ...

Sentiero Claudio Costanzi (Brentagruppe): Gratroute im Norden der Brenta; weniger Leute, weniger Eisen als am »Bocchette-Weg«, dafür ein paar Gipfel, leichtes Klettergelände und viel Aussicht.

Salbit-Kettenweg (Urner Alpen): Mit dem Aufstieg aus dem Voralptal zum Salbit-Biwak (2400 m) eine abenteuerliche Runde in der Granitwelt des Salbitschijen.

Via ferrata Pierredar (Berner Alpen): Üppig gesicherter Aufstieg von Les Diablerets zum Sex Rouge (2971 m), zuletzt über Gletschereis führend.

Mer de Glace, Höhenweg (Mont-Blanc-Massiv): Schauwandern auf den Balkonen über dem »Eismeer«, das man zunächst zu überqueren hat.

WICHTIG

Immer populärer werden in Tal- oder Ortsnähe angelegte Sportklettersteige: Action und Spektakel. Daneben bietet diese besondere Art von Klettersteigen gute Trainingsmöglichkeiten, manche sind fast das ganze Jahr über begehbar.

Sportklettersteige

Meistens in Tal- oder Ortsnähe angelegte Routen, bei denen es mehr um den Nervenkitzel, das Spektakel geht als um den Berg. Die leichteren Anlagen eignen sich gut für Beginners, zum Hineinschnuppern in diese Sportart. Mit steigenden Anforderungen werden viel (Arm-)Kraft, Beweglichkeit und eine stabile Psyche verlangt. In jüngster Zeit finden immer mehr artistische Elemente Eingang: Hängebrücken, Zwei- und Dreiseilbrücken, Tyroliennes, Stahlnetze. Manche Sportklettersteige weisen Klettergartencharakter auf.

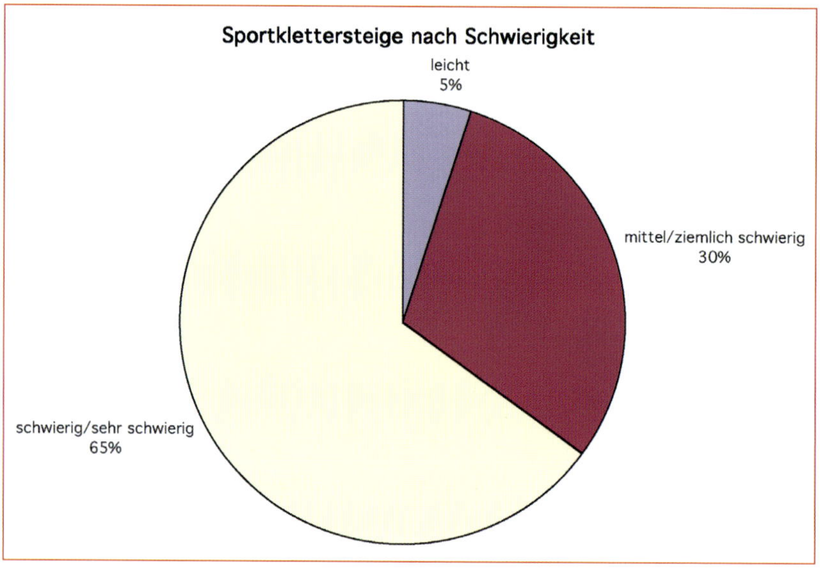

Nicht gefährlich, aber schlicht atemberaubend: an der »Ferrata des Demoiselles du Castagnet« (Französische Seealpen)

Alles schon dagewesen!?

Wenn bei den Sportklettersteigen von einer »neuen« Entwicklung die Rede ist, stimmt das nur bedingt. Bereits um die Jahrhundertwende wurden in der Wiener Gegend und am Salève bei Genf solche Routen angelegt. Und Ljubljana, Hauptstadt Sloweniens, besitzt immerhin seit 1928 ebenfalls eine Sport-Ferrata.

Einige Beispiele:

Kaiser-Max-Klettersteig (Karwendel): Berühmte, extrem schwierige Route an der Martinswand bei Zirl; zweiter Abschnitt nur für wirkliche Könner!

Schiestl-Klettersteig (Stubaier Alpen): Sehr luftige, aber bestens gesicherte Route über dem mittleren Ötztal.

Mödlinger Klettersteig (Wienerwald): Kleine Trainingsroute vor den Toren Wiens.

Ferrata del Canalone (Dolomiten): 50-Meter-Vertikale beim Rifugio Treviso in der Pala.

Via ferrata Rio Secco (Fleimstaler Alpen): Knackiger, gelegentlich auch recht feuchter Kraxelspaß in einer Klamm im Etschtal.

Via attrezzata Monte Albano (Gardaseeberge): Einer der ältesten Sportklettersteige, fast schon mit Kultstatus. Berühmt sind vor allem die maximal exponierten Querungen.

Via ferrata Gruppo Alpini (Le Grigne, Bergamasker Alpen): Steile Route am Corno Medale (1028 m), direkt über den Dächern von Lecco.

San-Salvatore-Klettersteig (Tessiner Voralpen): Anspruchsvolle Ferrata am Hausberg von Lugano; mit Tiefblick auf den See und die vielen Banken der Tessiner Stadt.

Via ferrata du Belvédère (Walliser Alpen): Luftiger Kraxelspaß zwischen den Weinbergen (im Rhonetal) und den Viertausendern (der Walliser Alpen).

Via ferrata de la Roche à l'Agathe (Savoyer Voralpen): Steile Route über dem Städtchen Thônes mit stark überhängender Ausstiegsvariante.

Via ferrata de l'Adret (Vanoise-Massiv): Talnahe Route, auf dem ersten Abschnitt mit bizarren Eisenkonstruktionen, am Bastion dann mit knackigen Überhängen.

Via ferrata del Rouas (Grajische Alpen): Bestens gesicherter Steig bei Bardonecchia mit sportlicher Variante.

In den Ostalpen sind Sportklettersteige oft nur mit einem durchlaufenden Drahtseil ausgestattet.

Klettersteige – Himmelsleitern oder Teufelszeug?[1]

Klettersteige, Vie ferrate: Welch ein Thema! Oder ist es etwa keines, zumindest kein ernst zu nehmendes? Für die einen gewiss nicht, sie wollen mit dem Teufelszeug nichts zu tun haben. Für andere ist es vor allem ein Thema, das sich für Hüttenabende eignet – Klettersteigler-Latein ...

Natürlich sind die »Eisenwege« ein Thema, und ein überaus kontroverses noch dazu. Man denke nur an die lange Liste entsprechender Veröffentlichungen, an das endlose Hin und Her der Argumente! Da gibt es, nach gut deutschem Brauch, »Fundis« und »Realos«: Puristen, die den Bergen am liebsten das Mäntelchen der Unberührbarkeit umhängen würden, und (logisch) die Geschäftemacher – eben »gut« und »schlecht«, wie im ganz gewöhnlichen Leben, gscheit und dumm (und Letzteres sind in der Regel die anderen ...).

Seien wir ehrlich: Da hat der Berg gekreißt, und geboren war eine Maus, ein Mäuslein. Ökologisch gesehen zumindest, denn aus den Eisenteilen aller »Vie ferrate« zwischen Wien und der (wie so oft wehrhaften) Schweizer Grenze könnte man gerade einen oder zwei Sessellifte basteln – mengenmäßig gesehen natürlich. Mit den Umwelt-schäden kann es also nicht allzu weit her sein: Im Vergleich mit anderen »Sünden« wie Straßen- und Pistenbau bilden die Klettersteige eine schlicht zu vernachlässigende Größe, einen winzigen Nagel im Sarg jenes großen europäischen Gebirges, das zu lieben alle vorgeben.

Zu einfach argumentiert? Da bleibt ja noch die »innere Verschandelung«, jene der Bergsteigerseele, die das Tun des dazugehörigen Körpers gern etwas überhöht begreift, die idealistisch zu empfinden gewohnt ist, »Hehres« fühlt und »Großes« durchlebt. Was soll man nun von Leuten halten, die über Leitern und mit Hilfe von Drahtseilen auf Berge steigen und dabei alle Regeln der Fairness missachten? Ignoranten sind das, die »prusiken« möglicherweise für einen Modetanz aus dem Osten halten, die das »Dachl« im Gesäuse mit dem Goldenen Dachl in Innsbruck verwechseln, hinter den »Scoiattoli« von Cortina putzige Vierbeiner vermuten und sich vor Brockengespenstern fürchten!

Da muss der Berg ja leiden, und der Bergsteigergedanke dazu! Kein Wort gegen Wandersleut, auch wenn sie in Massen auftreten (und wenn da, wo sie auftreten, mitunter kein Gras mehr wächst ...). Aber im Fels, da gelten andere Regeln, werden Mut, Können verlangt – kurzum: ganze Kerls (pardon, meine Damen).

Und dann so was! Seile, Leitern, Eisenklammern, gnadenlos ins Gestein getrieben, »strade per tutti«: Wo zuvor ein ausgewachsener »Vierer« zu meistern war, genügen auf einmal Schwindelfreiheit und ein sicherer Tritt, wo früher zwei oder drei Seilschaften unterwegs waren, tummeln sich nun Dutzende oder gar Hunderte von »Alpinisten«.

[1] »Weniger ist manchmal mehr« von Eugen E. Hüsler in: »Bergsteiger« 5/1990

Meine Favoriten

Alles ist subjektiv, wird behauptet, und da bilden Klettersteige wohl keine Ausnahme. Was dem einen gefällt, mag der andere weniger, wer hier etwas zu meckern hat, ist dort begeistert. Auch ich habe meine Favoriten, Routen, die mir so richtig ans Herz gewachsen sind, an die ich mich immer wieder gerne erinnere, die man durchaus auch mehr als einmal begehen kann. Doch das ist meine persönliche Meinung, und die ist ja allemal subjektiv. Wenn ich dabei nicht nur aufs Eisen, sondern auch auf die Landschaft – die Berge! – schaue, entspricht das halt meiner Ansicht von einem Klettersteigerlebnis der Sonderklasse: Eisen allein genügt nicht!

1 Jubiläumsweg im Wetterstein: Eine ganz große Gratüberschreitung, trotz vieler Sicherungen weit mehr anspruchsvolle Bergtour als Klettersteig. Also nichts für reine »Eisenfresser«! Längere Strecken in heiklem, teilweise ausgesetztem Schrofengelände, dazwischen auch (ungesicherte) Kletterpassagen im II. Schwierigkeitsgrad. Und obwohl man in der Regel oben an der Zugspitze (2962 m) startet, braucht's natürlich eine tadellose Kondition. Der einzige »Fluchtweg« führt über den gesicherten Brunntalgrat-Steig hinab zur Knorr-Hütte.
Wo? Der »Jubiläumsweg« führt im Hauptkamm des Wettersteinmassivs von der Zugspitze zur Alpspitze (2628 m).
Ausgangspunkt Zugspitzgipfel, erreichbar von Garmisch-Partenkirchen via Eibsee bzw. von Ehrwald mit der Luftseilbahn.
Verlauf/Gehzeiten Zugspitze – »Jubiläumsweg« – Höllentalspitzen (2740 m) – Vollkarspitze (2630 m) – Grieskarscharte (2463 m; 6½ Std.) – »Alpspitz-Ferrata« – Osterfelder-Seilbahn (8½ Std.).
Einstufung Alpine Route, schwierig.

2 Schlicker Klettersteig in den Kalkkögeln (Stubaier Alpen): Dolomiten-Feeling inmitten der Firn-Gneis-Berge der Stubaier! Da lacht das Herz des Klettersteiglers: mehr als anderthalb Kilometer am Drahtseil, im Auf- und (als Zugabe) auch noch am Abstieg, teilweise im

Steilfels bei beträchtlicher Exposition. Ein echter Tiroler Klassiker, diese Überschreitung der Großen Ochsenwand (2700 m).
Wo? Die Kalkkögel stehen im Norden der Stubaier Alpen, zwischen Axamer Lizum und Fulpmes.
Ausgangspunkte Froneben (1362 m) bzw. Kreuzjoch (2010 m), Liftstationen.
Verlauf/Gehzeiten Froneben – Schlicker Alm (1643 m) – Einstieg (2020 m; 2 Std.) – »Schlicker Klettersteig« – Große Ochsenwand (2700 m; 5 Std.) – Alpenclubscharte (2451 m; 6 Std.) – Schlicker Alm – Froneben (8 Std.).
Einstufung Klettersteig, schwierig.

3 **Bert-Rinesch-Steig** im Toten Gebirge: Eine Route mit echtem Dolomitenformat, bestens gesichert, mit langen senkrechten Passagen: Kraft, Ausdauer und ein solides Nervenkostüm sind unerlässlich, eine Übernachtung im Priel-Schutzhaus dringend angeraten. Sonst kann's leicht sein, dass man (halb-)tot unten ankommt ...
Wo? Der Große Priel (2515 m) steht am Ostrand des Toten Gebirges, zusammen mit der Spitzmauer bildet er die alpine Kulisse von Hinterstoder.
Ausgangspunkt Parkplatz Johannishof (605 m) am Ortsausgang von Hinterstoder.
Verlauf/Gehzeiten Hinterstoder – Priel-Schutzhaus (1420 m; 2 ¾ Std.) – »Bert-Rinesch-Klettersteig« – Großer Priel (2515 m; 7 Std.) – Brotfallscharte – Kühkar – Priel-Schutzhaus (9 Std.) – Hinterstoder (10¾ Std.).
Einstufung Klettersteig, sehr schwierig.

4 **Hanzasteig–Jubiläumsweg** in den Julischen Alpen: Ganz große Überschreitung am Prisojnik (2547 m), nur für Konditionsbolzen (keine Hütte am Weg)! Beim Aufstieg über den »Hanzasteig« überrascht der listig angelegte Steig mit immer neuen Schlenkern. Highlight des »Jubiläumsweges« ist dann das dreißig Meter hohe gotische Felsenfenster am Hinteren Prisojnik. Eine der schönsten Touren im slowenischen Teil der Julier!
Wo? Der Straßenpass Vršič (1611 m) verbindet Kranjska gora (810 m) mit der Trenta.
Ausgangspunkt Koča na Gozdu (1226 m) an der Nordrampe der Vršič-Straße.
Verlauf/Gehzeiten Koča na Gozdu – »Hanzasteig« – Prisojnik (2547 m; 5 Std.) – »Jubiläumsweg« – Škrbina (7 Std.) – Vršič (9 Std.) – Koča na Gozdu (10 Std.).
Einstufung »Hanzasteig« Alpine Route, mittel; »Jubiläumsweg« Klettersteig, mittel.

Naturwunder am »Jubiläumsweg« in den Julischen Alpen: das hintere Felsenfenster am Prisojnik

Genussvolle Überschreitung im südlichen Rosengartenkamm: der »Masarè-Rotwand-Klettersteig«

5 Sentiero attrezzato Anita Goitan in den Julischen Alpen: Eine Genusstour im italienischen Teil des Gebirges mit vielen packenden Felsszenerien. Wer gut drauf ist, kann die Begehung des Höhenwegs mit der Besteigung des Jôf Fuart (Wischberg, 2666 m) verbinden (gut 1 Std. zusätzlich).

Wo? Ins Val Rio del Lago (Seebachtal) kommt man von Tarvisio via Cave del Predil.

Ausgangspunkt An der Straße zur Sella Nevea, 5 km von der Abzweigung zum Predilpass; Hinweistafel »Rif. Corsi«.

Verlauf/Gehzeiten Val Rio del Lago – Rifugio Corsi (1874 m; 2 ¾ Std.) – Forcella di Riobianco (3 ¾ Std.) – »Sentiero Goitan« – Forcella Mosè (2271 m; 6 ½ Std.) – Rif. Corsi (7 ¼ Std.) – Val Rio del Lago (8 ¾ Std.).

Einstufung Klettersteig, mittel.

6 Via ferrata dei Cinquanta in den Karnischen Alpen: Als »Pesariner Dolomiten« wird der felsige Bergkamm zwischen Sappada im Norden und dem Val Pesarina im Süden gelegentlich bezeichnet, nicht zu Unrecht, hält der wild zerklüftete Zackengrat doch einen Vergleich mit den ungleich berühmteren Vorbildern weiter westlich locker aus. Auch die Ferrata über die Cima di Riobianco (2400 m) zum Creton di Culzei (2458 m) steht einer »Pisciadù« oder einer »Alleghesi« in keiner Weise nach. Und daran, dass hier Bergesruh, die viel beschworene, herrscht und kein Trubel, stört sich der Naturfreund am wenigsten.
Wo? Ins Val Pesarina kommt man auf guten Straßen von Comeglians oder von Santo Stefano di Cadore über die Forcella Lavardet.
Ausgangspunkt Bar »Pian di Casa« (1236 m) im oberen Val Pesarina.
Verlauf/Gehzeiten Pian di Casa – Rifugio De Gasperi (1767 m; 1½ Std.) – »Sentiero Corbellini« (2 Std.) – »Ferrata dei Cinquanta« – Forca dell'Alpino (2302 m; 6¾ Std.) – Rifugio De Gasperi (8 Std.) – Pian di Casa (9 Std.).
Einstufung Klettersteig, schwierig.

7 Masarè-Rotwand-Klettersteig am Rosengarten: Eine richtige Genussroute in den Dolomiten, bei Schönwetter mit viel Gesellschaft unterwegs. Der Klettersteig ist sehr originell angelegt, bietet immer wieder wechselnde Perspektiven und Ausblicke ohne allzu große Schwierigkeiten. Wer auf der Rotwand-Hütte übernachtet, kann anderntags das »eiserne« Rosengarten-Erlebnis zum Santnerpass oder zum Kesselkogel gleich fortsetzen.
Wo? Die Rotwand (2806 m) erhebt sich im Süden des Rosengarten-Hauptkamms.
Ausgangspunkt Bergstation des Rosengarten-Sessellifts beim Rifugio Paolina (2125 m); Talstation westlich unter dem Karerpass.
Verlauf/Gehzeiten Paolina-Hütte – Rotwand-Hütte (2280 m) – Punta Masarè (2585 m; 1¾ Std.) – »Masarè-Rotwand-Klettersteig« – Rotwand (2806 m) – Vajolonpass (2560 m; 4¾ Std.) – »Hirzelweg« – Paolina-Hütte (6 Std.).
Einstufung Klettersteig, ziemlich schwierig.

Schlerndolomit an der »Ferrata Bolver-Lugli«

8 Via ferrata Bolver-Lugli in den Pala-Dolomiten: Fast eine echte Kletterroute im III. Grad, nur mit Drahtseilsicherungen. Und als Tüpfchen aufs »i« dann die Überschreitung des höchsten Palagipfels (Cima della Vezzana, 3192 m) mit ein paar Sicherungen am Abstieg ins Val Strut. Insgesamt ein absolutes Highlight unter den Dolomiten-Ferrate!
Wo? San Martino di Castrozza (1466 m) liegt südlich unter dem Rollepass im Val Cismon und ist wichtigster Standort für Touren in der Pala.
Ausgangspunkt Col Verde (1965 m), Zwischenstation der Rosetta-Seilbahnen.
Verlauf/Gehzeiten Col Verde – Einstieg (2280 m) – »Via ferrata Bolver-Lugli« – Bivacco Fiamme Gialle (3005 m; 4 Std.) – Passo del Travignolo (2925 m) – Cima della Vezzana (3192 m; 5 Std.) – »Ferrata D'Ignoti« – »Sentiero delle Farangole – Rifugio Rosetta (2581 m; 8 Std.) – San Martino di Castrozza (9¾ Std.).
Einstufung Klettersteig, schwierig.

9 Via ferrata Roghel – Cengia Gabriella in den Sextener Dolomiten: Landschaftlich einmalige Route, als Tagespensum nur für sehr gut Trainierte. Knackige Klettersteigpassagen an der »Via Roghel«, fanszinierende Aus- und Tiefblicke vom »Gabriella-Band«. Wer in der Zsigmondy-Hütte übernachtet, kann anderntags mit dem »Alpini-Steig« und der »Zandonella« die Ferrata-Runde vollenden: Dolomiten pur!
Wo? Ins Comelico kommt man von Innichen via Sexten und den Kreuzbergsattel.
Ausgangspunkt Rifugio Lunelli (1568 m), Zufahrt von der Kreuzbergstraße.
Endpunkt Fischleinboden (1450 m) im Sextener Fischleintal.
Verlauf/Gehzeiten Rifugio Lunelli – Rifugio Berti (1950 m; 1 ¼ Std.) – »Via ferrata Roghel« – Cadin de Stalata (2420 m; 4 Std.) – »Cengia Gabriella« – Rifugio Carducci (2297 m; 7 ½ Std.) – Giralbajoch (2431 m) – Zsigmony-Hütte (2224 m) – Fischleinboden (10 Std.).
Einstufung Klettersteige; »Ferrata Roghel« schwierig, »Cengia Gabriella« ziemlich schwierig.

10 Strada Sanmarchi in der Marmarole-Gruppe (Dolomiten): Etwas für Liebhaber großer und einsamer Bergregionen. Auf der »Strada Sanmarchi« begegnet man garantiert keinen Autos, nicht einmal Bikern, überhaupt nur selten einem Mitmenschen, eher schon ein paar Gämsen oder Murmeltieren. Langweilig wird's bei dem ständigen Auf und Ab über mehrere Scharten aber garantiert nicht, dafür sorgen zahlreiche Felspassagen, teilweise gesichert. Sehr zu empfehlen: Zu zweit am Vorabend zum Bivacco Musatti aufsteigen und die Nacht in absoluter Stille unter dem Sternenzelt genießen.

Spektakuläre Passage an der »Strada Sanmarchi« in der Marmarole

Wo? Die Marmarole-Gruppe erhebt sich südlich des Ansieitals in den östlichen Dolomiten; höchster Gipfel ist der Cimon della Froppa (2932 m).
Ausgangspunkt Ponte degli Alberi (1134 m) im Val d'Ansiei, 8 km von Misurina.
Verlauf/Gehzeiten Ponte degli Alberi – Bivacco Musatti (2111 m; 3 Std.) – »Strada Sanmarchi« – Forcella del Méscol – Forcella di Croda Rotta (2520 m) – Forcella del Vanedel (2372 m) – Val di Mezzo (9 ½ Std.) – Ponte degli Alberi (11 ½ Std.).
Einstufung Alpine Route, ziemlich schwierig.

11 Via ferrata Alleghesi – Via ferrata Tissi an der Civetta: Eine große »Eisentour« über einen der ganz großen Dolomitengipfel! Als Tagespensum nur für absolute Konditionsbolzen geeignet; besser mit Übernachtung in einer Hütte. Die beiden Klettersteige bieten eine Fülle packender Eindrücke, vom Gipfel der Civetta (3220 m) genießt man – mit etwas Wetterglück – eine fantastische Rundschau.

Wo? Das Civettamassiv erhebt sich zwischen dem Cordévole-Tal und dem Zoldo Alto; Talort im Osten ist Pecol (1382 m).
Ausgangspunkt Bergstation des Sessellifts am Pian del Crep (1765 m).
Verlauf/Gehzeiten Pian del Crep – Forcella della Grava (1784 m) – Einstieg (2460 m; 2 ½ Std.) – »Via ferrat degli Alleghesi« – Civetta (3220 m; 6 Std.) – Rifugio Torrani (2984 m) – »Via ferrata Tissi« – Forcella delle Sasse (2476 m; 8 Std.) – Forcella della Grava – Pecol (11 Std.).
Einstufung Klettersteig, schwierig.

Passage an der Cresta delle Masenade (»Ferrata Costantini«). Fehlt da nicht etwas?

12 Via ferrata Costantini in der Moiazza-Gruppe: Das nonplusultra unter den Dolomiten-Klettersteigen, ganz ohne Frage, mit legendärer Schlüsselstelle und insgesamt etwa sieben Stunden am Drahtseil. Also nur etwas für Leute mit Kraft und viel Ausdauer. Sensationell der Gang übers »Engelsband«, leichter dann der Abstieg ins Van dei Cantoi.
Wo? Die Moiazza erhebt sich nordwestlich über dem Straßenpass Duràn (1601 m). Er verbindet Ágordo mit Forno di Zoldo.
Ausgangspunkt Scheitelhöhe des Passo Duràn.
Verlauf/Gehzeiten Passo Duràn – Rifugio Carestiato (1834 m; 1 Std.) – »Via ferrata Costantini« – Cresta delle Masenade – Cima Moiazza Sud (2878 m; 6 Std.) – Cengia Angelini – Bivacco Moiazza (2601 m) – Val dei Cantoi – Rifugio Carestiato – Passo Duràn (9½ Std.).
Einstufung Klettersteig, sehr schwierig.

13 Vie ferrata Zacchi – Via ferrata Berti – Via ferrata Marmol im Schiara-Massiv: Ebenso große wie grandiose Runde am Südrand der Dolomiten mit leicht mediterranem Flair, viel Eisen und noch mehr Aussicht. Übernachtung im Rifugio 7° Alpini, alternativ auch mit Überschreitung des Monte Pelf (2502 m).
Wo? Das Schiara-Massiv erhebt sich nördlich der Provinzhauptstadt Belluno.
Ausgangspunkt Case Bortòt (694 m), Häusergruppe am Eingang ins Valle d'Ardo, 7 km von Belluno.
Verlauf/Gehzeiten Case Bortòt – Rifugio 7° Alpini (2 ¾ Std.) – »Via ferrata Zacchi« – Bivacco Bernardina (2320 m; 6¼ Std.) – »Via ferrata Berti« – Schiara (2565 m; 7¼ Std.) – »Via ferrata Marmol« – Rifugio 7° Alpini (9¾ Std.) – Case Bortòt (11¾ Std.).
Einstufung Klettersteige; »Ferrata Zacchi« schwierig, »Ferrata Berti« ziemlich schwierig, »Ferrata Marmol« mittel.

14 Sentiero delle Cinque Cime (Sentiero attrezzato Falcipieri) am Pasubio-Massiv: Wenig schwierige, landschaftlich aber einmalige Kammüberschreitung am Pasubio. Fünf Gipfel, im Frühsommer ein Blumenmeer, im Herbst große Fernsicht. Ein besonderer Gag dann der Abstieg auf einer ehemaligen Kriegsstraße, der »Strada delle 52 Gallerie« (Taschenlampe!).
Wo? Der Pasubiostock liegt östlich über dem Straßenpass Pian delle Fugazze (1162 m), der Rovereto mit Schio verbindet.
Ausgangspunkt Bocchetta Campiglia (1216 m), Zufahrt vom Passo Pian delle Fugazze via Colle Xomo (1058 m).
Verlauf/Gehzeiten Bocchetta Campiglia – »Sentiero delle Cinque Cime« – Baita Laita (1881 m) – Cima Cuaro (1939 m) – Monte Forni Alti (2023 m) – Passo di Fontana d'Oro (1875 m; 4 Std.) – Cimòn del Soglio Rosso (2040 m) – Cima dell'Osservatore (2027 m) – Rifugio Papa (1928 m; 5½ Std.) – »Strada delle 52 Gallerie« – Bocchetta Campiglia (7¾ Std.).
Einstufung Klettersteig, mittel.

15 Via ferrata Che Guevara in den Gardaseebergen: Das Herz schlägt links, auch das eines Klettersteiglers! Vor allem aber schlägt es hier höher, beim Blick in die Riesenmauer des Monte Casale (1632 m), unterwegs am Drahtseil und ganz oben, fast anderthalb Kilometer über der Sarca. Da ist man dem Klettersteighimmel dann schon ganz, ganz nahe.

Wo? Der Monte Casale ist nördlicher Eckpfeiler der lang gestreckten Bergkette, die gleich hinter Arco ansetzt, vor allem bei Kletterern berühmt ist und sich bis zum Sarca-Knie hinzieht.
Ausgangspunkt Am nördlichen Ortsende von Pietramurata (254 m).
Verlauf/Gehzeiten Pietramurata – Einstieg (560 m) – »Via ferrata Che Guevara« – Monte Casale (1632 m; 5 Std.) – Busòn (1345 m) – »Ferratina del Rampin« – Pietramurata (7¾ Std.).
Einstufung Klettersteig, ziemlich schwierig.

16 Sentiero Benini – Sentiero delle Bocchette Alte – Sentiero delle Bocchette Centrali in der Brenta: Klassiker und Traumtour zugleich. Nicht neu, aber trotzdem immer wieder ein Erlebnis der Sonderklasse ist diese Zwei-Tage-Tour am Hauptkamm der Brenta. An den »Bocchette Alte« steigt man bis knapp über die 3000-Meter-Höhenmarke an; legendär die schmalen Bänder an den »Bocchette Centrali«, berühmtes Highlight der Blick auf den steinernen Monolithen des Campanile Basso (Guglia, 2877 m).
Wo? Madonna di Campiglio (1522 m) liegt im Westen der Brenta-Dolomiten.
Ausgangspunkt Bergstation der Gondelbahn am Grostèpass (2446 m); Talstation unterhalb des Passo Campo Carlo Magno.
Verlauf/Gehzeiten Passo del Grostè – »Sentiero Benini« – Bocca del Tuckett (2649 m; 3½ Std.) – »Sentiero delle Bocchette Alte« – Rifugio Alimonta (2591 m; 8½ Std.) – »Sentiero delle Bocchette Centrali« – Bocca di Brenta (2549 m; 12 Std.) – Rifugio Brentei (2182 m) – Rifugio Vallesinella (1513 m; 15 Std.).
Einstufung Klettersteige; »Sentero Benini« und »Sentiero delle Bocchette Centrali« mittel, »Sentiero delle Bocchette Alte« schwierig.

17 Direttissima – Sentiero Cecilia – Cresta Sinigaglia in den Grigne (Bergamasker Alpen): Dolomiten-Feeling über dem untersten Comer See! Landschaftlich einmalige Überschreitung der Grignetta (2177 m) auf gesicherten Steigen; vom Gipfel schaut man hinab zum Lario, hinaus in die Brianza und über den Alpeninnenbogen vom Monviso bis zur Bernina. Naturfreunde (und die gibt es auch unter Klettersteiglern) entdecken in den Flanken des Bergstocks zahlreiche botanische Raritäten.
Wo? Die Grignetta, südlicher Hauptgipfel der Grigne, erhebt sich östlich über dem Leccheser Becken des Lago di Como.
Ausgangspunkt Piani Resinelli (1280 m), Sport- und Erholungsgebiet, von Lecco über Ballabio auf guten Straßen erreichbar.
Verlauf/Gehzeiten Piani Resinelli – Rifugio Porta (1425 m) – »Direttissima« – »Sentiero Cecilia« – Grignetta (2177 m; 3½ Std.) – »Cresta Sinigaglia« – Piani Resinelli (5½ Std.).
Einstufung Gesicherte Steige, leicht.

Zauberhafte Route durch den Zackenwald an der Grignetta (Comer See): die »Direttissima«

18 Braunwalder Klettersteig in den Glarner Alpen: Klasseroute vor großer Kulisse mit drei Teilstrecken, von denen die letzte – hundert Höhenmeter nahe der Vertikalen – eindeutig die höchsten Ansprüche stellt. Besondere Gags: die 16 m lange »Charlotte Bridge« und eine senkrechte »Strickleiter« (aus Drahtseilen).
Wo? Die Eggstöcke erheben sich östlich über dem autofreien Ferienort Braunwald (1256 m) im hinteren Glarnerland.
Ausgangspunkt Bergstation des Gumen-Sessellifts (1901 m).
Verlauf/Gehzeiten Gumen – »Braunwalder Klettersteig« – Leiteregg (2310 m; 1¾ Std.) – Vorder Eggstock (2449 m) – Mittler Eggstock (2420 m) – Hinter Eggstock (2455 m; 4 Std.) – Gumen (5½ Std.).
Einstufung Klettersteig; erster und zweiter Abschnitt mittel, drittes Teilstück sehr schwierig.

Optimal gesichert: der »Braunwalder Klettersteig«

19 Leukerbadner Klettersteig in den Berner Alpen: Was für eine Mauer, fast tausend Meter hoch, und dazu die Kulisse mit dem Rhonetal und den Viertausendern der Walliser Alpen. Erst quer, dann hoch, zunehmend steiler und in der oberen Hälfte einmal durch eine Höhle, verläuft die aufwändig gesicherte, sehr spektakuläre Route – die schönste in der Schweiz?
Wo? Leukerbad (1401 m), am Fuß des Gemmipasses gelegen, ist ein bekannter Walliser Kur- und Ferienort.
Ausgangspunkt Gemmipass (2322 m), Bergstation der von Leukerbad ausgehenden Seilschwebebahn.
Verlauf/Gehzeiten Gemmipass – Untere Schmitte (2070 m; ½ Std.) – Kleiner Klettersteig – Obere Freiheit (2303 m) – Großer Klettersteig – Daubenhorn (2942 m; 6½ Std.) – Gemmipass (8 Std.).
Einstufung Klettersteig, schwierig.

20 Via ferrata de l'Aiguillette du Lauzet im Briançonnais (Cottische Alpen): Genussroute vor der großen Kulisse des Pelvoux-Massivs mit einigen originellen Passagen.
Wo? Monêtier-les-Bains (1470 m) liegt an der Straße von Briançon zum Col du Lautaret.
Ausgangspunkt Pont de l'Alpe (1710 m) oberhalb von Monêtier an der Straße zum Lautaret-Pass.
Verlauf/Gehzeiten Pont de l'Alpe – Alpe du Lauzet (1940 m) – »Via ferrata de l'Aiguillette du Lauzet« – Nebengipfel (2611 m; 3¾ Std.) – Col de l'Aiguillette (2534 m) – Col du Chardonnet (2638 m) – Alpe du Lauzet – Pont de l'Alpe (6 Std.).
Einstufung Klettersteig, mittel.

5 Ost oder West – unterschiedliche Konzepte beim Klettersteigbau

In der Eidgenossenschaft, dem Land Tells, der hohen Berge und tiefen (Bank-)Tresore, kennt man den Bergriff »Röschtigraben«. Gemeint ist damit eine (unsichtbare) Grenze, nämlich die zwischen der alemannischen und der frankophonen Schweiz – eine Kulturgrenze halt. Hier der preußisch-tüchtige, eher zu Humorlosigkeit neigende Zürcher, dort der lemanische Bonvivant, den schönen Dingen des Lebens zugeneigt.

Wer sich die (Klettersteig-)Welt Helvetiens anschaut, wird bald einmal feststellen, dass es auch im winzigen Kosmos der Eisenwege diesen Limes gibt: überwiegend große, auf Gipfel führende Klettersteige im deutschsprachigen Teil der Schweizer Alpen, nach ostalpinen Vorbildern orientiert, jenseits des Röschtigrabens echte Fun-Parcours, ganz »à la française«.

Ost oder West – das sind zwei sehr unterschiedliche Klettersteig-Konzepte, auch bezüglich des Sicherheitsgedankens. Das mag historische Hintergründe haben. Während in den Ostalpen der Bau von Vie ferrate eine lange Tradition besitzt, ihre Anzahl über Jahrzehnte kontinuierlich anwuchs, schwappte die Klettersteigwelle erst in den neunziger Jahren nach Frankreich über. Der Zeitpunkt war insofern günstig, als der alpine Sommertourimus ziemlich lahmte, jüngeres Publikum ausblieb und sich die Ferienorte zunehmend dem Fun-and-action-Gedanken verschrieben. »Trendsportarten« heißt eines der Schlagwörter, Nervenkitzel ist gefragt (aber mit Sicherheitsnetz!). So wurde der Bau von Vie ferrate von Anfang an ganz professionell betrieben, Firmen wie etwa Prisme in St-Jean-de-Maurienne realisierten in wenigen Jahren Dutzende von Klettersteigen: meistens tal- oder ortsnah, auf Spektakel angelegt und mit höchstem Sicherheitsstandard.

WICHTIG

Bei den französischen Klettersteigen gilt grundsätzlich: Der Begeher findet ausreichend Tritte und Griffe, natürliche oder zusätzlich angebrachte. Das Drahtseil hat lediglich Sicherheitsfunktion.

Seilzug – nicht ungefährlich!

Die angepeilte Klientel für diese Akrobatikparcours kommt vorwiegend aus Lyon oder Paris, aus dem flachen Land eben, und hat wenig alpine Erfahrung – ganz anders als der überwiegende Teil des bergsteigenden Publikums auf ostalpinen Routen. Entsprechend angelegt sind diese Klettersteige: Wo natürliche Tritte und Griffe fehlen, ist Eisen angebracht, das mitlaufende Drahtseil hat ausschließlich eine Sicherheitsfunktion.

Ganz anders bei so manchem ostalpinen Steig. Hier hangelt man sich vielfach am Drahtseil über steile bis senkrechte Felswände. Dadurch wird die eiserne Schnur buchstäblich zum

»Faden, an dem alles hängt«. Das ist nicht ohne Risiko, und Robert Berger[1] hat gewiss recht, wenn er festhält, dass ein Sturz auf einer französischen Via ferrata zwar unangenehm, auf einem ostalpinen Sportklettersteig wie etwa der »Pisetta« schlicht verboten ist. Und da hilft natürlich auch jener schlichte Tipp nichts, den man früher öfter in Führern lesen konnte: »Vor einer Belastung ist die Verlässlichkeit des Drahtseils durch Zug zu prüfen.«

Zwei Konzeptionen

Sicherheit gegen Risiko, Fun contra Bergsteigen? Das soll so natürlich nicht sein, Sicherheit geht vor, meine ich, auch wenn vielleicht der Nervenkitzel etwas darunter leidet, der Bizeps dafür entlastet wird. Beispiele für vorbildlich angelegte Steige finden sich übrigens auch diesseits des Röschtigrabens, beispielsweise im Saastal (Jegihorn) oder bei Braunwald (Eggstöcke). Die Erbauer neuer Klettersteige sollten bedenken, dass sich ihr Publikum in den letzten Jahren ziemlich gewandelt hat: Es sind nicht mehr überwiegend Bergsteiger oder erfahrene Bergwanderer, denen man auf den Vie ferrate begegnet. Ähnlich wie in Frankreich entwickelt sich das Klettersteiggehen hin zu einem Urlaubs- oder Wochenendvergnügen. Dieser Trend birgt natürlich Risiken, weil dadurch immer mehr Bergunerfahrene – angelockt auch von der Tourismuswerbung – sich in dieser Disziplin des Alpinismus versuchen.

WICHTIG

Dient das Drahtseil als Fortbewegungshilfe (Zug), übernimmt es gleichzeitig zwei Funktionen. Bei einem Seilbruch ist ein Absturz unvermeidlich.

Hau ruck!

Unterwegs in Tirol. Zeitungen haben die feierliche Eröffnung eines neuen Klettersteigs (damals, in den achtziger Jahren) vermeldet: nachschauen. Eine große Tafel markiert den Einstieg, ein dickes Drahtseil gibt die Route vor, die eher gemütlich beginnt, erst allmählich steiler wird. Die Tiefe nimmt zu, die Tritte werden weniger, eine Querung ins Leere hat's durchaus in sich. Dann legt sich der Grat etwas zurück, und vom Vorgipfel ist das Kreuz am höchsten Punkt zu sehen. Das Auge sucht den Weiterweg, entdeckt ein Seil, das an einem Pfeiler emporläuft, um ein Eck herum verschwindet, wieder ins Blickfeld kommt: eine dünne Linie an einer fast senkrechten Platte, blank wie eine Betonmauer, kein Riss, kein Fingerloch – nicht einmal eine lächerliche Beule hat der Fels. »Schlüsselstelle« nennt sich so etwas, und der »Schlüssel« heißt in diesem Fall Kraft, rohe Kraft, vor allem in den Armen: stemmen.

Zehn, fünfzehn Meter nur, beruhige ich mich, das schaffst du leicht, auch an so einer Mauer. Sichern ist wichtig, umhän-

Ein Klassiker unter den Dolomiten-Klettersteigen ist der »Pössnecker«.

[1] »La Via ferrata - connaître et pratiquer« (@mphora, Paris 2001)

gen, da kriegt man leicht einen Krampf im Arm, und dann ist an ein Halten nicht mehr zu denken. Meine Hände werden feucht, schweißnass – alles für ein bisschen Spaß in den Bergen!? Und jetzt klemmt der Karabiner auch noch, das blöde Ding ...

Nichts passiert, ich hab's (natürlich) geschafft, sitze unterm Gipfelkreuz, das Nervenflattern hat aufgehört: kurz in den Abgrund geguckt, Schiss gehabt – kleine Grenzerfahrung.

Übrigens: Der »Imster Klettersteig« wurde nachgebessert, heute helfen ein paar solide Bügel über die glatte Wand hinweg. Bravo!

Typisch französisch: ausreichend künstliche Griffe und Tritte, ein durchhängendes Sicherungsseil

Pro und Contra: Stimmen zum Thema

Berge in Ketten

Klettersteige liegen im Trend. Innerhalb von zehn Jahren sind allein in der Schweiz rund 30 neue Steige eingerichtet worden, teilweise mit großen Mengen an Eisen. Wohin soll das führen? Wollen wir unsere Berge komplett in Eisen legen? Die Umweltkommission des SAC wünscht, dass mehr nachgedacht, kritisch hinterfragt und die Entwicklung in gewissen Grenzen gehalten wird.[1]

»Und jeden Sommer gibt es wieder ein paar Dutzend neue Steige zwischen Wienerwald im Osten und den Alpes Maritimes im Südwesten des weiten Alpenbogens«, steht in einem neuen Klettersteigführer.[2] In den Schweizer Alpen waren Klettersteige vor zehn Jahren noch praktisch unbekannt, obwohl es einzelne »Eisenwege« schon länger gab. Seither wurden rund 30 neue, unterschiedlich dimensionierte Klettersteige gebaut mit schätzungsweise ca. 30 km Stahlkabel, unzähligen Eisenleitern und weiteren Bauwerken. Allein am 2001 errichteten Klettersteig Eggstock/Braunwald[3] wurden 5 t Eisen verbaut, inklusive Hängebrücke. Am Daubenhornsteig ob Leukerbad waren es über 2 km Stahlseile und 210 m Leitern. Das »Virus« hat auch den SAC erfasst: Klettersteigtouren erfreuen sich zunehmender Beliebtheit.

GIBT ES DENN EIN PROBLEM?

Klettersteige ergänzen das touristische Sommerangebot, was für manche Destination im Alpenraum bedeutend ist. Klettersteige erzeugen keinen Lärm und produzieren keine Schadstoffe. Sie führen zudem Menschen in die Berge, die etwas für ihre Gesundheit tun und daran ihren Spaß haben. Trotz dieser positiven Auswirkungen gibt es kritische Aspekte, die in zwei Richtungen gehen: eine wertbezogene Dimension, die sich mit der Art des Bergsteigens auseinander setzt, und eine umweltbezogene, die nach der Berglandschaft fragt.[4] Hier soll vorwiegend der Umweltaspekt dargelegt werden.

Natur, erschlossen, dem Menschen zugänglich gemacht: Liftstation First ob Grindelwald

DIE NATUR EINRICHTEN

Mit Klettersteigen werden Berge und Felsen zu künstlichen Erlebnis- und Abenteuerwelten umfunktioniert. Seit jeher richtet der Mensch die Natur ein, um seine

[1] Jürg Meyer, SAC-Umweltbeauftragter, »Die Alpen«, Zeitschrift des Schweizer Alpen-Clubs, 11/2002, leicht gekürzt

[2] »Erlebnis Klettersteig« von Eugen E. Hüsler (Bruckmann, München 2002)

[3] vgl. ALPEN 5/2002

[4] Hinzu kommt noch eine dritte Dimension: diejenige der Sicherheit und Haftung, die hier vollständig ausgeklammert wird.

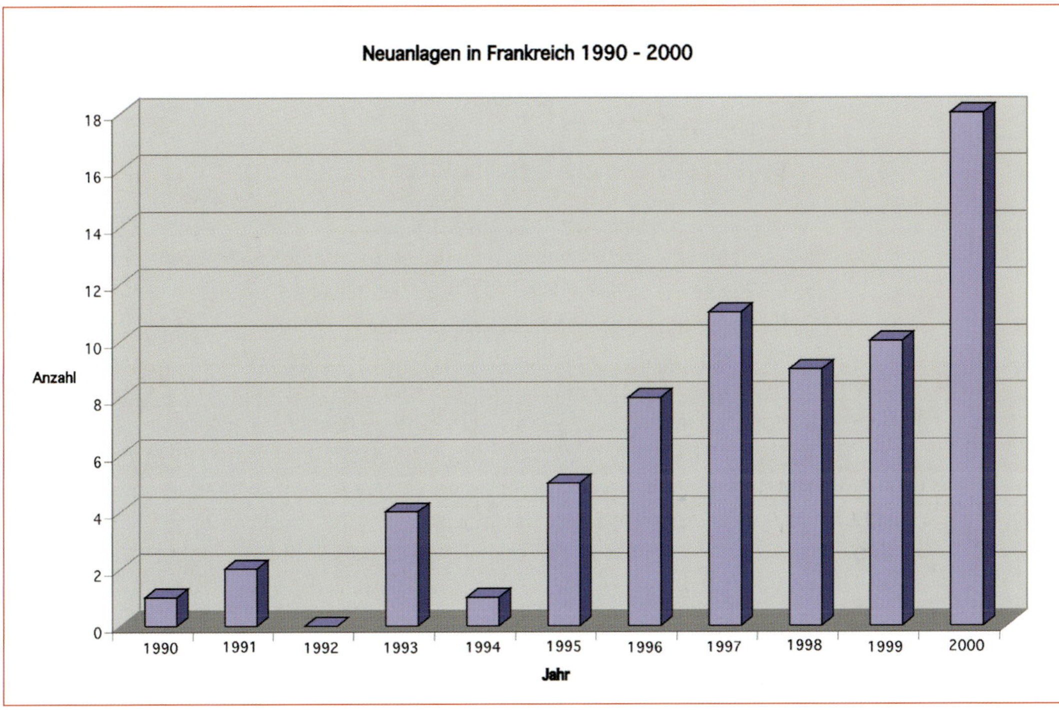

Bedürfnisse zu befriedigen. Immer wieder hat er dabei auch übertrieben und musste im Nachhinein korrigierend eingreifen. Gästeumfragen im Alpenraum zeigen: Gesucht und gewünscht werden die ursprüngliche und unverbaute Natur, Ruhe, Stille, Naturerlebnis usw. Wird ein zunehmendes »Einrichten« der Berge mit Eisenwegen diesen Wünschen gerecht? Sollten die neben Siedlungen, Bergbahnen, Straßen und Häusern verbliebenen Berglandschaften wirklich mit einem dichten Netz von Klettersteigen überzogen werden?

WELCHE BERGNATUR WOLLEN WIR?

»Ein paar Dutzend neue Steige pro Jahr« in den Alpen mit zunehmender Tendenz – wo führt das in einigen Jahren hin? Bald mehr als tausend Eisenwege in den Alpen, ein paar hundert in der Schweiz? Eine derartige »Möblierung« hätte einschneidende Auswirkungen auf die Gebirgslandschaft, vor allem wenn die Tendenz zu immer massiveren Einrichtungen, etwa Hängebrücken, anhält. Fast zwangsläufig werden wir an die Entwicklung beim Klettern der fünfziger bis siebziger Jahre erinnert, als mit dem »Artif-Klettern« und dem Einsatz von Bohrmaschinen zur Fortbewegung aalglatte, überhängende Wände »erschlossert« wurden. Das Klettern wurde erst dann wieder spannend, als freiwillig ein Schritt zurück vollzogen wurde und der Bohrhaken rein nur noch zur Sicherung verwendet wurde.

Sollten wir uns nicht gut überlegen, wo und wie Berge mit Eisenwegen versehen werden? Ob es vielleicht Kriterien gibt, die als Richtschnur dienen könnten? Ob wir bestimmte Gebiete bewusst von dieser Entwicklung ausklammern möchten, um sie als »Gebirgswildnis« nahezu ohne menschliche Einrichtungen zu bewahren? Was ist uns solch unerschlossene Natur wert?

Wie ist das vereinbar, wenn sich Bergsteigerkreise und der SAC gegen andere Erschließungen wie Bahnen, Staumauern, Straßen usw. in den Bergen wehren, selbst aber ohne Einschränkung die Berge mit Klettersteigen überziehen?

MEHR ZEIT ZUM NACHDENKEN

Natur erleben oder nur konsumieren? Der Oeschinensee im Berner Oberland wird alljährlich von Zigtausenden besucht.

Klettersteige sind eine Trenderscheinung. Gemäß allgemein gültigen Marketingregeln müssen Trends früh erkannt werden, damit man sie ausnützen und in Wert umsetzen kann. Sollen wir es mit den Klettersteigen wirklich auch so halten? Oder sollten wir uns Zeit lassen zum Innehalten, zum Nachdenken? Sollten wir nicht versuchen, aktiv auf die Entwicklung

Einfluss zu nehmen, um die Zukunft der Bergwelt und des Alpinismus mitzugestalten? Der Direktor des Biosphärenreservats Entlebuch, Theo Schnider, formulierte dies so: »Gefragt sind Tourismusunternehmen, die selbstbewusst, mutig und klar positioniert im Markt auftreten und den Kunden als gleichwertigen Partner und nicht als König behandeln; die dem Kunden Visionen bieten, ihn proaktiv führen, Verantwortung übernehmen und Vorbildfunktion wahrnehmen.«

Warum setzen sich die »Players« im »Klettersteigbusiness« nicht zuerst einmal zusammen, möglichst regional bis national, um – statt sofort die nächsten Eisenwege in Angriff zu nehmen – der Entwicklung ein Profil zu geben, die weitere Einrichtung der Berge gemeinsam und zurückhaltend zu planen?

Ein Haus des Schweizer Alpenclubs: die Glecksteinhütte am Wetterhorn

WO STEHT DER SAC?

In den neuen Umweltrichtlinien ist die Haltung des SAC auch im Bereich der »alpinistisch-technischen Erschließungen« und Klettersteige festgelegt.[1]

Diesen sollen Grenzen gesetzt und die Hochgebirgswildnis von ihnen frei gehalten werden. Der SAC soll für das Thema sensibilisieren, die Entwicklung kritisch hinterfragen und nach Möglichkeit eine Koordinations- und Vermittlerrolle einnehmen, notfalls auch das Beschwerderecht anwenden. Mit diesen Positionen macht es sich der SAC zur Pflicht, die Entwicklung mitzugestalten – so gut er dies auch immer kann.

Unser Wunsch geht an alle SAC-Mitglieder und -Sektionen, dieses Thema zu diskutieren – eine Klettersteigtour könnte ja durchaus den Anlass dazu bieten. Wir regen an, im jeweiligen Stamm- oder Hüttengebiet das Gespräch mit jenen Kreisen zu suchen, die in der Regel Klettersteige einrichten: lokale Tourismusorganisationen wie Verkehrsvereine usw. und Bergführerkreise. Der Wunsch richtet sich im Speziellen an Bergführer. Für sie ist es noch wichtiger zu überlegen, wie ihr »Arbeitsplatz«, die Bergwelt, in 10 bis 20 Jahren aussehen soll.

[1] SAC im Wortlaut: »Auch der alpinistisch-technischen Erschließung sollen Grenzen gesetzt werden können. Hochgebirgswildnis hat einen hohen Erlebniswert und soll von technischen Einrichtungen frei gehalten werden. Ein Rückbau bestimmter Anlagen ist begrüßenswert. Markierungen sollen zurückhaltend und wenn möglich mit traditionellen Methoden angebracht werden. Technische Eingriffe bei Wanderwegen sind auf ein Minimum zu beschränken. Auf neue Wanderwege in empfindlichen oder ungeeigneten Räumen ist wenn möglich zu verzichten. Größere technische Einrichtungen (z. B. Klettersteige, Ausrüstung von Canyons) sind einer gesetzlichen Bewilligungspflicht unterstellt, für deren Einhaltung sich der SAC einsetzt.«

Klettersteige – neues Doping für Touristen?

Die Gegner wettern gegen sportliche Hindernis-Parcours, prangern die Vernagelung der Felsen an und proklamieren den Widerspruch von Eis und Eisen. Klettersteige – ein Reizthema? Eine Gratwanderung von Naturnutz und Naturschutz? 481 Vie ferrate gibt es in den Alpen. Eine Podiumsdiskussion mit Experten in Oberammergau beleuchtete dieses »Doping für Sommertouristen«.[1]

Anlass für die Gesprächsrunde am Dienstagabend im Hotel »Böld« war eine Präsentation des Bruckmann Verlags: Eugen E. Hüsler, Allround-Bergsteiger und seit 30 Jahren auf Wegen und Gipfel in allen Teilen der Alpen unterwegs, beschrieb auf 240 Seiten fast 500 Klettersteige zwischen Wien und den französischen Seealpen. Jetzt ist er auf dem Markt, »Hüslers Klettersteig-Atlas«.

Eingriffe von ganz anderer Dimension: Bau der Alpenautobahn in der Maurienne

Helmut Pflanzelt, Vorsitzender der AV-Sektion Garmisch-Partenkirchen, brachte es bei der Podiumsdiskussion auf den Punkt: »Eine gewisse Infrastruktur an Klettersteigen schadet den Bergen noch nicht. Doch auch hier gilt der Satz: »Allzu viel ist ungesund.« Es sollte bei der momentanen Zahl von 500 bleiben, schließlich wird durch jede neue Vernagelung des Felsens ein weiteres Stück unberührter Natur geopfert.«

Ob es allerdings bei dem von Pflanzelt geforderten Stopp bleibt, erscheint höchst zweifelhaft. Zum einen, so wusste Georg Welsch, Kommunalreferent der Stadt München und profunder Kenner der alpinen Geschichte, habe sich die Zahl dieser »Eisenwege« in den letzten Jahren von knapp 300 auf heute 500 erhöht, zum anderen entdecken immer mehr Fremdenverkehrsorte diese in den Fels gehämmerten Wege als neue touristische Faszination und legen neue Steige an.

Ganz eindeutig gegen eine weitere Vermehrung sprach sich auch Pit Schubert, Leiter der Sicherheitsforschung im DAV, aus: »Viel wichtiger ist es, bestehende Klettersteige, die in einem miserablen Zustand sind, zu sanieren. Da gibt es genug zu tun.« Und schließlich Robert Jasper, Erstbegeher schwierigster Routen: »Wie viele gehen in die Berge, die keine Ahnung haben? Und auch diese werden durch immer neue dieser künstlichen Hightech-Routen erst angelockt.«

[1] »Das Ammertal«, Murnau, 23.5.1996

Pro und contra nahm zum Ende Hermann Magerer vom Bayerischen Rundfunk Stellung: »Gäbe es die Klettersteige nicht, so blieben viele Berge nur wenigen Extrem-Bergsteigern vorbehalten, doch man darf nicht übersehen: Klettern auf Klettersteigen, das ist nur eine Illusion des Kletterns.«

Ein paar Fakten

Zur Zeit gibt es in den Alpen etwa 700 Steige mit Sicherungselementen, von denen gut die Hälfte als echte Klettersteige zu bezeichnen sind (350). Bei den übrigen Anlagen handelt es sich um gesicherte Steige, also gebahnte Wege mit gesicherten Abschnitten wie z. B. an der Roten Flüh in den Tannheimer Bergen oder am »Heilbronner Weg« (Allgäuer Alpen). Das ergibt bei der gesamten Alpenfläche von ca. 220 000 Quadratkilometern einen Klettersteig auf etwa 630 Quadratkilometern. Dies wiederum entspricht etwa dem gesamten Ötztal, von der Hochwilde bis zur Mündung der Ötztaler Ache in den Inn, vom Ötztaler bis zum Stubaier Hauptkamm oder dem Schweizer Kanton Glarus.

Sehr unterschiedlich ist die »Klettersteigdichte«, was ein paar Beispiele verdeutlichen mögen.

Region	Fläche (Quadratkilometer)	Steig[1] (Quadratkilometer)	
Lechtaler Alpen	900	180	450
Ötztaler Alpen	1200	200	300
Stubai	200	20	25
Dachsteinmassiv	600	45	65
Niedere Tauern	3500	1170	-
Rax	100	6	25
Hohe Wand	50	8	25
Julische Alpen	1400	33	64
Dolomiten	3500	33	48
Oberer Gardasee	450	30	37
Grigne	160	15	40
Graubünden	7100	3550	-
Wallis	5200	400	580
Maurienne	1800	120	120

Von einer »Verdrahtung« der Alpen kann also keine Rede sein. Vergleicht man Zahl und Umfang der Klettersteige mit weiteren touristischen Einrichtungen, sind sie eher als Randerscheinung einzustufen. Eine ganz andere Größenordnung weist bereits das normale markierte Wanderwegenetz auf, mit vielen zehntausend Kilometer Länge und gebahnten Pfaden bis hinauf in Gipfelregionen. Und à propos Eisen: Wer zählt die Drahtseil-Kilometer der Seilbahnen und Lifte, die jeden Winter das Ski fahrende Millionenpublikum bergwärts befördern?

[1] 1. Ziffer alle Steige, 2. Ziffer nur echte Klettersteige

6 Sicherungselemente auf Klettersteigen

Eisen. Darum dreht sich (fast) alles auf den Klettersteigen – nicht umsonst nennt man sie ja »Vie ferrate« – Eisenwege. Das wichtigste Schwermetall hat ein spezifisches Gewicht von fast acht Gramm pro Kubikzentimeter, es schmilzt bei 1535° Celsius. So heiß wird's auf Klettersteigen nicht, die hohe Wärmeleitfähigkeit des Metalls bekommt man aber gelegentlich schon zu spüren – an Hochsommertagen etwa oder auch spät im Jahr, wenn Drahtseile eiskalt oder gar vereist sind.

Wer auf Klettersteigen unterwegs ist, kommt zwangsläufig mit Eisen in Berührung (wie Kletterer übrigens auch): das Drahtseil sichert eine luftig ausgesetzte Querung, eine solide Leiter hilft über die senkrechte Felsstufe hinweg, Eisenstifte ersetzen die fehlenden Tritte in einer senkrechten Wand.

WICHTIG

Aus der Relation zwischen dem Gelände und der Art/Dichte der Sicherungen resultiert die Schwierigkeit der gesicherten Route.

Art und Dichte der gesetzten Eisenteile sind – in Relation zum Gelände – entscheidend für den Schwierigkeitsgrad einer Via ferrata. Mit entsprechendem Aufwand lässt sich eine extreme Kletterroute in einen harmlosen Klettersteig verwandeln. Hängt an der senkrechten bis überhängenden Wand aber bloß ein Drahtseil, ist einerseits viel (Arm-)Kraft, andererseits auch eine solide Psyche notwendig, will man hier durchkommen.

Während dem Drahtseil allerdings eher eine Sicherungsfunktion zukommt, erleichtern die übrigen Eisenteile die Fortbewegung im Felsgelände. Dabei sind allerlei Variationen möglich, z. B. eine Leiter mit parallel geführtem Sicherungsseil, Eisenkrampen ohne zusätzliche Seilsicherung, Eisenstifte oder – sozusagen als Minimalausrüstung einer Route – das Drahtseil allein. Zu beobachten sind auch regionale Unterschiede in der Sicherungstechnik. So kennt man beispielsweise bloß in der Wiener Gegend eiserne Steigbäume (eine Eisenstange mit Tritten links und rechts), in der Comer-See-Region werden besonders gerne Ketten installiert, in Frankreich wurden bis vor kurzem fast ausschließlich mit Plastik überzogene Drahtseile verwendet (—> Seite 79«).

Aufforderung zu einem luftigen Gang: Einstieg zur »Ferrata du Diable«

Klasseroute vor großer Kulisse: die »Via ferrata Olivieri« an der Punta Anna

Die verschiedenen Sicherungselemente

Drahtseile

Sie werden am häufigsten als Sicherungselemente eingesetzt, in leichterem (aber ausgesetztem) Gelände mit reiner Sicherungsfunktion, im Steilgelände vielfach in Verbindung mit Haken oder Leitern. Erstaunlich, was den Steigbauern dabei so alles gelegen kommt, um ihre Wege »sicher« zu machen. Die Palette des eingesetzten Materials reicht vom (verschlissenen) Kletterseil über alle Arten von Drahtseilen bis zu dicken Tauen. Am Zustieg zum Klettersteig »Hohe Ponza« (Julische Alpen) ist ein Seilstück montiert, das wohl bei einem Seilbahnbau übrig blieb; an der Rocciamelone sichert ein mächtiges Tau den Gipfelstürmer, mancherorts muss man sich (und sein Leben) viel zu dünnen Stahl- oder Aluseilen anvertrauen.

Klettersteig pervers? Aufwändige Installation an der »Ferrata de l'Adret«

Grundsätzlich richtet sich der Durchmesser des Sicherungsseils nach der Art seiner Verwendung: Für Querpassagen, bei denen man sich am Seil festhält (geringer Sturzfaktor) genügt bereits ein Durchmesser von mindestens 10 Millimeter, bei steilen bis senkrechten Passagen sollten es 12 bis 14 Millimeter sein. Empfehlenswert sind Litzenseile (keine Spiralseile), die Bruchkraft liegt bei einem Seil mit 12 Millimeter Durchmesser (DIN 3060) bei etwa 6800 kp.

VIA FERRATA DE L'ADRET – KLETTERSTEIG PERVERS?

Mitunter treibt der Klettersteigbau schon recht zweifelhafte Blüten. Wer in der Maurienne unterwegs ist und auf die »Ferrata de l'Adret« möchte, muss sich als ostalpiner Klettersteigler auf einen milden Kulturschock gefasst machen. Was die Spezialisten der Firma Prisme da auf dem ersten Abschnitt der Route (»La Passerelle«) verbaut haben, um das Gelände – eine malerische kleine Schlucht mit Wasserfall – kundengerecht zu präparieren, würde eigentlich besser an die Fassade eines Hochhauses passen: Feuerwehrleitern. Eisenbügel und Griffeisen verhindern beinahe jede Felsberührung, einen Überhang meistert der Ferratist mittels zweier an Drahtseilen aufgehängten Eisenleitern, dann folgen erneut Krampen, noch eine Leiter, ehe man schließlich seinen Fuß auf die rund zwanzig Meter lange Hängebrücke setzen kann. Jenseits der »Passerelle« geht's – natürlich an Eisenbügeln – über eine Wandstufe wieder hinunter bis (fast) zum Einstieg, bevor die Ferrata zu ihrem zweiten Abschnitt, der »Bastion« aufbricht …

Kunststoffummantelte Seile eignen sich **nicht** für Klettersteige! Der Kunststoff weist in der Regel bald Beschädigungen auf (Brüche, Risse), was das Eindringen von Feuchtigkeit begünstigt, zudem sind Schäden am Drahtseil selbst (Korrosion, gebrochene Drähte) nur schwer zu erkennen. In Frankreich werden die bis vor kurzem üblichen Seile mit PVC-Mantel sukzessive ausgetauscht! Drahtseilenden sollten mit einer Eisenkappe gegen Aufspleißen bzw. Aufdrehen gesichert werden.

Auf französischen Klettersteigen dient das Drahtseil grundsätzlich nur der Sicherung (—>Kapitel 5 »Unterschiedliche Konzepte beim Klettersteigbau«). Um bei einem Sturz den (sehr gefährlichen) Fangstoß zu mindern, sind sie auf Steilpassagen nicht straff gespannt, sondern durchhängend montiert. Auf diese Weise besteht keine Gefahr, dass der Karabiner beim Aufprall an der Verankerung bricht!

WICHTIG

Mit Plastik ummantelte Drahtseile können gefährlich werden, weil Feuchtigkeit unter den Kunststoff gelangen kann, was zu (unsichtbarer!) Korrosion führt.

Drahtseilverankerung. Nicht mehr üblich sind heute Knoten an Klettersteigsets.

Ketten

Vor allem in den Bergen um den Comer See werden oft Ketten an Stelle von Drahtseilen zur Sicherung verwendet. Sie halten in der Regel ganz erheblichen Belastungen stand, doch gilt hier: Jede Kette ist nur so stark wie ihr schwächstes Glied! Beschädigungen, etwa durch Steinschlag, sind kaum zu erkennen. Zudem laufen die Karabiner nur schwer über die Kettenglieder. Zu beobachten ist da und dort auch eine Kombination von Ketten- und Drahtseilsicherungen: Man zieht sich an der Kette hoch und hängt die Karabiner dabei ins mitlaufende Drahtseil.

Klebeband – eine weitgehend unbekannte Gefahr?[1]

Sicherungsmittel auf Klettersteigen sind in der Regel nicht aus korrosionsbeständigem Stahl (zu kostenaufwändig, etwa dreimal so teuer) und unterliegen so der Korrosion. Solange diese zu erkennen ist, besteht zwar immer noch Gefahr, doch ist eine erkannte Gefahr bekanntlich nur eine halbe Gefahr. Gefährlich wird es, wenn Korrosion »versteckt« auftritt.

Im Sommer 1981 stieg ein extremer Bergsteiger, von Beruf Bergführer, nach Durchsteigung einer schwierigen Kletterroute am Rand des Karwendels über einen Klettersteig ab. Er benutzte dabei die an exponierten Stellen angebrachten Drahtseile. Ein Drahtseil war an einer Stelle auf wenige Zentimeter Länge mit einem Klebeband umwickelt:

[1] Bayerisches Staatsministerium für Arbeit und Sozialordnung, Familie, Frauen und Gesundheit: »Mehr Sicherheit beim Bergsport, Teil 10«, Pit Schubert, München (1995)

Auf französischen Klettersteigen bis vor kurzem die Regel: plastikummantelte Drahtseile.

Aller Wahrscheinlichkeit deshalb, weil einzelne Drähte an dieser Stelle gebrochen waren (Jargon »aufgespleißt«) und so Handverletzungen vorgebeugt werden sollten.

Bei Belastung brach das Drahtseil an der Stelle der Drahtseilumwickelung. Der Extrembergsteiger verlor den Halt und stürzte tödlich ab. Die Bruchstücke wurden dem DAV-Sicherheitskreis zur Besichtigung zur Verfügung gestellt. Das etwa 10 mm dicke Drahtseil war in der Mitte der Klebebandumwickelung völlig durchgerostet, während es außerhalb der Umwickelung nur leichten Oberflächenrost aufwies, also noch völlig intakt war.

Tritt Feuchtigkeit durch Regen, Nebel, Kondenswasser usw. an einem Drahtseil auf, wird sich diese zunächst am Drahtseil halten. Nach Ende des Feuchtigkeitseinflusses wird das Drahtseil – je nach Witterungsbedingungen mehr oder weniger schnell – abtrocknen. Dort jedoch, wo besondere Kapillarwirkung auftritt, hält sich die Feuchtigkeit über einen längeren Zeitraum. Klebeband, mit dem ein Drahtseil umwickelt ist (oder Plastikummantelung, wie sie in Frankreich bis vor kurzem üblich war[1]), fördert diese Kapillarwirkung. Unterhalb eines solchen Klebebandes (oder einer Plastikummantelung[2]) bildet sich ein Mikroklima, in der Regel ein feuchteres Klima als außerhalb des Klebebandes. Dieses feuchte Mikroklima führt zu wesentlich intensiverer Korrosion als außerhalb des Klebebandes. Die Korrosion ist von außen nicht zu erkennen!

[1] Anmerkung des Autors

[2] Dito

WICHTIG

Steinschlag und Schneedruck können auch solide Eisenteile beschädigen. Zeigen Bügel oder Krampen deutliche Spuren von Gewalteinwirkung, sollte man sie mit besonderer Vorsicht benutzen, evtl. auch »umgehen« (sofern das möglich ist).

Das hält garantiert!

Künstliche Tritte und Griffe

Eisenbügel, Trittstifte, Tritteisen – da gibt's eine ganze Palette von Konstruktionen, die einem immer wieder auf Klettersteigen begegnen. Guten Steigkomfort bieten vor allem Eisenbügel; sie sollten allerdings nicht zu schmal sein, damit man mit beiden Füßen auftreten kann, und eine gegen Korrosion behandelte, aufgeraute Oberfläche besitzen (geringere Rutschgefahr). Weniger geeignet sind im Steilgelände Eisenstifte, da bei einem Ausrutscher erhebliche Verletzungsgefahr besteht, vor allem, wenn sie nach oben gebogen oder schräg montiert werden. Da eignen sich Tritteisen mit profilierter Platte besser, sofern die Kanten abgerundet bzw. abgedreht sind. Auf französischen Vie ferrate sind – vor allem bei Querungen oder Diagonalanstiegen – längere Griffbügel üblich, die im ausgesetzten Gelände zuverlässigen Halt garantieren.

Verankerungen

Besonders wichtig für die Qualität einer gesicherten Route sind die Seilverankerungen. Bei Klettersteigen jüngeren Datums werden in der Regel Sicherheitsaspekte ausreichend berücksichtigt, ältere Anlagen weisen oft erhebliche Mängel auf. So werden beispielsweise Seilklemmen oft falsch angebracht (im Steilgelände *unter* der Verankerung) oder einfach weggelassen. Gefährlich sind auch nach oben stehende, scharfkantige Schraubenenden; es empfiehlt sich grundsätzlich die Verwendung von Hutmuttern. Eine optimale Lösung bieten manche französische Vie ferrate: Seilklemmen (stets von unten fixiert) an allen Verankerungen, dazu ein »Sauschwänzchen«, was bei einem Gehen in Seilschaft (z. B. Bergführer mit Kundschaft) ein problemloses Ein- und Aushängen erlaubt.

Verankerung am Seilende

Endverankerungen sollten grundsätzlich Kauschen und mindestens drei Klemmen (Klemmbügel an dem nicht auf Zug beanspruchten Seilende!) aufweisen. Spannschlösser eignen sich nur in offener Ausführung und mit Gabelbefestigung.

Luftige Leiter an der »Ferrata de la Roche à l'Agathe«

Leitern, Treppen

Holz-, Eisen- und Aluleitern, mitunter auch Treppen, begegnet man auf gesicherten Steigen recht oft – vor allem, wenn es darum geht, einen Hüttenzustieg oder Wanderweg zu sichern. Auf echten Vie ferrate sind lange Leitern, wie sie beispielsweise auf der »Via dell' Amicizia« (Gardasee) oder an der berühmten »Via delle Bocchette« montiert wurden, eher etwas aus der Mode gekommen. Französische Sportklettersteigbauer setzten sie gelegentlich als Gag ein: nach außen geneigte Leitern, die mit dem Rücken zu dem (überhängenden) Fels zu besteigen sind.

Eine Wiener Spezialität (wie die Sachertorte) sind die Steigbäume, bei denen an einer Eisenstange abwechselnd links und rechts Tritteisen befestigt sind. Zwei spektakuläre Beispiele dieser Art von Steighilfe weist der »Hans-von-Haid-Steig« an der Preiner Wand (Rax) auf.

Brücken

Was einem früher auf Klettersteigen selten begegnete, ist längst zu einem »Stilmittel« bei Anlagen mit sportlicher Ausrichtung geworden: Brücken. Es gibt sie mittlerweile in diversen Varianten, von der soliden klassischen Konstruktion bis zur Tyrolienne, also von komfortabel bis atemberaubend. Fünfzig Meter weit an einem Drahtseil über den Abgrund zu schweben, ist nicht jedermanns/-fraus Sache, und auch gute Bergsteiger fühlen sich angesichts einer zwischen Felszacken gespannten Zweiseilbrücke (bei den Franzosen »pont de singe« – Affenbrücke) im falschen Film: Bergsteigen?

Natürlich geht's hier nicht mehr darum, auf einen Berg zu kommen: Der Weg ist das Ziel – Action, Nervenkitzel. Also warten Sportklettersteige – vorab in den Westalpen – mit allerlei Gags auf. Vergleichsweise komfortabel sind Hängebrücken (die zur Zeit längste am Gibidum-Stausee im Oberwallis misst 86 Meter!), weit mehr Luft unter den Sohlen bietet ein »pont népalais« (Dreiseilbrücke). Sein »Urahn« hängt übrigens in den Ausläufern des Monte Grappa (Vicentiner Voralpen), an der »Via ferrata Sass Brusai« – Baujahr 1976.

Die älteste Dreiseilbrücke überhaupt: am »Sass-Brusai-Klettersteig«

WICHTIG

Ganz wichtig beim Begehen von Seilbrücken aller Art: Sicherung nicht vergessen! Mitunter ist ein zusätzliches Drahtseil montiert, in das man die Karabiner einhängen kann. Ansonsten sichert man sich an einem der zwei oder drei Brückenseile.

Klettersteige sind eine (von mehreren) Möglichkeiten, die Bergwelt zu erleben: Croda da Lago vom Nuvolau aus (Ampezzaner Dolomiten)

Seilnetze

Jüngster (vorläufig letzter) Gag beim Klettersteigbau: ein Seilnetz, vor den Fels gespannt (man kennt das von Steinschlagverbauungen für Straßenzüge), über das man hinaufkrabbelt, bei Überhängen mit dem Rücken zum Fels.

Ein leidiges Thema: Wartung

Außerordentlich wichtig bei Klettersteigen ist eine regelmäßige und sorgfältige Wartung, sind die Anlagen doch einem ständigen Verschleiß ausgesetzt: Steinschlag, Muren, Witterungseinflüsse (vor allem Gewitter = Blitzableitereffekt). Gefrierender Regen (Eis) kann Verankerungen lockern, Schneebretter können Drahtseile mitreißen usw.

Im Prinzip ist der Erbauer für die Wartung und den Unterhalt seiner Anlage(n) verantwortlich. Da vor allem im Bereich der Alpenvereine viele Tätigkeiten ehrenamtlich durchgeführt werden (müssen), befinden sich manche, vor allem ältere Klettersteige in einem Zustand, der eine Sperrung (oder einen Abbau) durchaus angemessen erscheinen ließe. Wo Tourismusverbände, Gemeinden, Seilbahnbetreiber oder Interessengemeinschaften für

WICHTIG

Beim Begehen von Klettersteigen sollte man sich stets bewusst sein, dass auch Technik nicht perfekt ist und Sicherungen beschädigt sein können. Also den Eisenteilen nicht blindlings vertrauen. In Zonen, die durch Steinschlag gefährdet sind, ist besondere Vorsicht geboten!

den Bau einer Via ferrata verantwortlich zeichnen, sind die Fragen von Wartung und Unterhalt meistens besser geregelt. In Frankreich werden in der Regel Wartungsverträge abgeschlossen, Routen zumindest Anfang und Ende Saison kontrolliert, Beschädigungen umgehend ausgebessert. Während der sommerlichen Hauptreisezeit sind sogar wöchentliche Kontrollgänge keine Seltenheit.

Klettersteigler, die auf ihren Touren Beschädigungen feststellen, sollten diese im Tourismus-, Bergführerbüro oder bei der Gendarmerie/ Polizei melden – im Interesse aller Begeher. Erweist es sich, dass eine Route in schlechtem Zustand ist, kann eine Beschwerde an zuständiger Stelle durchaus sinnvoll sein.

Abgezählt, aufgezählt: Alle Klettersteige der Alpen[1]

Die Magie der Zahlen – wer kennt sie nicht? Lottospieler und Mathematiker sind ihr verfallen, Millionäre auch. Meine persönliche (Glücks-)Zahl kenne ich (noch) nicht, sie quantifiziert ein Phänomen, das im Wachsen begriffen ist, seit Jahrzehnten boomt und allmählich die gesamten Alpen überzieht: Klettersteige, besser: Vie ferrate. Denn Eisen macht das Wesen dieser »Steige« aus, der Berg wird verändert (manche sagen: verschandelt), Sicherheit eingebaut, die Fortbewegung mittels eines ganzen Sortiments von Eisenteilen erleichtert: Haken, Klammern, Leitern und Drahtseile.

Unfair? Mag sein, doch die Frage ist von (vor)gestern, durch all jene längst beantwortet, die gezielt oder zufällig, mit Hingabe oder auch nur gelegentlich Klettersteige begingen und begehen, wissend, dass der Kitzel, die Faszination eine geborgte ist, möglich geworden eben durch dieses Eisen. Just for fun – die Zeiten ändern sich. Früher, ja, da ging's um Grundsätzliches: für oder gegen den Berg, die Idee, das Ideal.

Längst sind Klettersteige etabliert, gehören zur »Bergwelt« wie die Grünen in den Bundestag, ihr Schmuddelimage ist Vergangenheit. Aber zum Trost für Konservative: Man muss weder die einen wählen noch die anderen mögen.

Zeit also für eine (Zwischen-)Bilanz. Aus dem Alpenindianer wird ein teutonisch-exakter Buchhalter, Helm und Klettergurt werden mit Fax und PC vertauscht, an die Stelle der Gipfelschau tritt die Landkarte, Bücher türmen sich zu (falschen) Bergen, hinter denen die echten verschwinden: Reservat Büro. Schlüssel zur Freiheit ist ein Buchmanuskript mit allen Vie ferrate der Alpen. Und die sind – grob gerechnet – etwa zwanzig Milliarden mal größer als die zwölf Quadratmater meiner Zelle, aber (welch ein Trost!) höchstens 2000-mal höher: ein weites Feld. Und ich weiß nicht einmal, wie viele Nadeln (= Klettersteige) im Heuhaufen stecken ...

PS: Es waren 481, damals im Winter 1996. Mittlerweile ist die 5. Auflage von »Hüslers Klettersteigatlas Alpen« erschienen, mit 700 Eisenwegen ...

[1] Sonderteil »Klettersteige« von Eugen E. Hüsler (in: »Bergsteiger« 5/1996)

Sicherungselemente in der Praxis

Leichte gesicherte Steige mit *Drahtseilen*
Freiungen-Höhenweg (Karwendel): Aussichtsreiche Höhenroute zwischen Reither Spitze und Solsteinhaus; die Sicherungen beschränken sich auf einige Grabenquerungen.
Sentiero del Re di Sassonia (Julische Alpen): Romantischer Steig über dem Seebachtal (Val Rio del Lago); mehrere Passagen, vorab Querungen, weisen Drahtseilsicherungen auf.

Leichte gesicherte Steige mit *Ketten*
Ettaler Manndl (Ammergauer Alpen): Beliebtes Tourenziel; am felsigen Gipfelaufbau Ketten.
Sentiero dei Tecett – Sentiero G.E.R. (Bergamasker Alpen/Grigne): Sommerheißer Südanstieg auf den Monte Coltignone oberhalb von Lecco; Steilstufen mit Ketten.

Anspruchsvoller gesicherter Steig nur mit *Drahtseilen*
Sentiero Miola (Dolomiten): Langer Anstieg aus dem Valle di San Lucano zum Bivacco Bedin mit seilgesicherter Steilstufe auf halber Strecke.

Leichte gesicherte Steige mit *Leitern* und *Drahtseilen*
Jubiläumssteig (Kaisergebirge): Verbindungsweg zwischen der Grutten-Hütte und dem Kübelkar unter dem Ellmauer Tor, recht aufwändig gesichert.

Originelle Steighilfe, typisch für die Wiener Gegend (»Haidsteig«)

Sentiero Bonacossa (Dolomiten): Durchquerung der Cadinigruppe mit einigen Leitern und Seilsicherungen.

Gesicherter Steig mit künstlichen *Griffen/Tritten* und *Drahtseilen*
Sentiero attrezzato Giulio Gabrielli (Lagorai/Cima d'Asta): Kammroute mit Bügelreihe an der Schlüsselstelle sowie einigen Drahtseilen.

Leichte Via ferrata mit *Bügeln, Haken, Leitern* und *Drahtseilen*
Mittenwalder Klettersteig (Karwendel): Aufwändig gesicherte Gratüberschreitung ab Seilbahn.

Leichte Vie ferrate mit *Bügeln, Haken* und *Drahtseilen*
Alpspitz-Ferrata (Wetterstein): Übertrieben viel Eisen an dem schönen Wettersteingipfel!
Warscheneck-Südostgrat (Totes Gebirge): Leichter Gipfelanstieg, mit Drahtseilen und ein paar künstlichen Tritten ausgestattet.
Via ferrata Norina (Julische Alpen): Langer Nordanstieg aus dem Val Dogna zum Cimone, mit optimalen Sicherungen.

Mittelschwierige Vie ferrate mit *Bügeln, Haken, Leitern* und *Drahtseilen*
Wildental- und Südwandklettersteig (Berchtesgadener Alpen): Zwei recht aufwändig gesicherte Routen am Persailhorn.
Pisciadù-Klettersteig (Dolomiten): Eine der beliebtesten Ferrate überhaupt, ziemlich aufwändig gesichert. Finaler Gag: eine (sehr solide) Hängebrücke!

Neuester Gag auf französischen Klettersteigen: Stahlnetze – eine Zirkusnummer?

Braunwalder Klettersteig/1. und 2. Abschnitt (Glarner Alpen): Superklettersteig, exzellent gesichert, Zwischenabstiege mit Leitern bzw. langer »Strickleiter« (aus Drahtseilen).
Ferrata Diavolo (Urner Alpen): Anregender, eher zu üppig gesicherter Anstieg aus der Schöllenenschlucht auf den Tüfelstalboden.
Tälli-Klettersteig (Urner Alpen): Recht langer, über weite Strecken gesicherter Anstieg durch die Gadmerflue.

Schwierige Via ferrata, nur mit *Drahtseilen*
Via ferrata Bolver-Lugli (Dolomiten): Klasseroute in der Pala; ungesichert Schwierigkeitsgrad III.

Schwieriger Klettersteig mit *Haken, Steigbäumen* und *Drahtseilen*
Hans-von-Haid-Steig (Rax): Origineller Steilaufstieg an der Preiner Wand mit zwei langen Steigbäumen.

Schwierige Via ferrata mit *Bügeln, Haken* und *Drahtseilen*
Arlberger Klettersteig (Lechtaler Alpen): Große Kammroute über mehrere Gipfel, eher sparsam gesichert.

Sehr schwierige Via ferrata, nur mit *Drahtseilen*
Via ferrata Cesco Tomaselli (Dolomiten): Teilweise extrem luftige Route an der Südlichen Fanisspitze, ein Dolomitenklassiker.

Extremroute, nur mit *Drahtseilen*
Sentiero attrezzato Rino Pisetta (Gardaseeberge): Das Nonplusultra« am Gardasee, 400 Höhenmeter nahe der Vertikale.

Extremroute mit *Haken* und *Drahtseilen*
Via attrezzata Giulio Segata (Gardaseeberge): Kraft raubende 100-Meter-Senkrechte mit nur ganz wenigen Eisenstiften.

Extremroute mit *Brücken*, *Bügeln*, *Griff-* und *Tritteisen* sowie *Drahtseilen*
Via ferrata de la Tovière (Vanoisemassiv): »Gänsehautroute« bei Val d'Isère mit 40-Meter-Hängebrücke als Zustieg in eine senkrechte Wand, extrem ausgesetzte Querungen.

Leichte Alpine Route mit *Drahtseilen*
Liechtensteiner Höhenweg (Rätikon): Großer Höhenweg am Rätikon-Hauptkamm mit gesichertem Finale zum Brandner Gletscher.

Anspruchsvolle Alpine Route mit *Leitern* und *Drahtseilen*
Strada Sanmarchi (Dolomiten): Grandiose Querung der Marmarole mit viel Auf und Ab zwischen Karwinkeln und Scharten.

Schwierige, hochalpine Route mit *Haken, Bügeln* und *Drahtseilen*
Jubiläumsweg (Wetterstein): Berühmte Gratüberschreitung mit zahlreichen gesicherten Passagen und mäßig schwierigen Kletterstellen (ungesichert).

Leichter Sportklettersteig mit *Bügeln, Haken* und *Drahtseilen*
Via ferrata de Poingt Ravier (Maurienne): Bestens abgesicherte, wenig exponierte Route oberhalb von Valliore.

Schwieriger Sportklettersteig mit *Brücken, Bügeln, Griff-* und *Tritteisen* sowie *Drahtseilen*
Via ferrata du Saix du Tour (Savoyer Voralpen): Klettersteiggarten bei Avoriaz mit zahlreichen Varianten.

Sehr schwieriger Sportklettersteig mit *Griff-* und *Tritteisen* sowie *Drahtseilen*
Reinhard-Schiestl-Klettersteig (Ötztal): Sehr steile Ferrata mit überaus luftigen Passagen, Einstieg im Talboden.

Sehr schwieriger Sportklettersteig mit diversen Akrobatikpassagen (*Brücken, Tyrolienne, Stahlnetz*)
Via ferrata Escale à la Peille (Seealpen): Abwechslungsreicher Parcours für Artisten – Bergsteigen ade!

Schabziger, Föhn und ein Klettersteig[1]

Den Glärnisch (2914 m) kann man von der Zürcher Quaibrücke aus sehen, bei Föhn scheint er grad hinter dem Etzel zu stehen. Und den berühmten Glarner Kräuterkäse gibt's in jedem besseren Lebensmittelgeschäft an der Bahnhofstraße. Seit dem letzten Sommer hat der Kanton Glarus auch seinen Klettersteig – den ersten in der Ostschweiz notabene, eine echte Attraktion für Bergfreunde. In gut einer Fahrstunde kommt man von der Bankenmetropole am unteren Ende des Zürichsees ins hinterste Glarnerland, ganz stressfrei mit den SBB. Also hin, am nächsten Wochenende vielleicht, wenn's Wetter mitmacht, vielleicht der Föhn bläst ...

INTERESSANT

In der Schweiz besteht ein bestens ausgebautes öffentliches Verkehrsnetz, das auch von Klettersteiglern sinnvoll genutzt werden kann: Bahn – Bus – Seilbahn.

Wer nach Braunwald kommt, hängt fast immer am Drahtseil, auch wenn er nicht auf den Klettersteig will: Genau zehn Minuten benötigt die Standseilbahn für die 600 Höhenmeter vom Bahnhof Linthal hinauf zu dem autofreien Ferienort. Das Seil ist dick, hält garantiert, und beim kurzen Spaziergang zum nächsten »Strick« kann man bereits ein bisschen Höhenluft schnuppern, dabei die prächtige Terrassenlage des Dorfes bewundern. Das zweite Drahtseil, dem man sich dann anvertraut, ist etwas dünner, älter vielleicht auch als der ganze Gumen-Sessellift. Der ist ein richtiger Oldie. Man sitzt quer zur Fahrtrichtung, und die Abdeckplane – grau, mit solide vernähten Verschlüssen – erinnert mich lebhaft an die RS-Zeit im Lande Tells (für Nicht-Schweizer: militärische Grundausbildung). Solch nostalgische Gedanken verfliegen aber rasch, ich guck nicht zurück, sondern nach oben, vorwärts in den (Kletter-)Tag, der vor mir liegt. Und da ragen über steinigen Wiesen helle Kalkfelsen in den blauen Himmel: die Eggstöcke, Vorder-, Mitter- und Hinterstock, eine breite steinerne Phalanx mit der »Lok« des Leitereggs davor. Über den schroffen Grat sind ebenfalls Drahtseile gespannt, seit kurzem erst, nicht so dick wie jene der Standseilbahn natürlich, aber genau so verlässlich. Schweizer Qualität halt, das merkt man bereits auf den ersten Metern: keine scharfkantigen Schraubenenden, an denen man sich verletzen kann, die Verankerungen sitzen alle, Eisenstifte und Krampen sind da, wo man sie auch braucht. Kurzum, mit der Kulisse der Glarner Alpen eine echte Drei-Sterne-Tour.

Steile, aber nur mäßig schwierige Passage am »Baunwalder Klettersteig.«

Es ist spät im Jahr, die Tage werden immer kürzer, die Sonne steht recht

[1] Beitrag von Eugen E. Hüsler in: »Bergsteiger« 6/2001, leicht gekürzt

Luftig, aber optimal gesichert ist der »Braunwalder«.

tief, die Schatten sind schwarz und der Himmel kobaltblau, in den Wäldern leuchtet es feurig, und in der Luft hängt jener unverwechselbare Duft aus faulendem Laub, welkem Gras und begrabenen Träumen. Melancholie. Sie erfasst uns jeden Herbst, lässt uns nachdenklich werden: Abschiedszeit, der Sommer geht, es wird kalt, manchmal auch innen drin.

Wir schaukeln gemütlich hinauf zum Gumen, zum zweiten Mal in diesem Jahr. Die Felsen kommen allmählich näher, wir wissen schon, wo's langgeht zum Einstieg, an dem uns im Sommer der Regen erwischt hat. Erste Wolken zogen damals – es war August – früh am Tag auf, und bald steckten die Gipfel im Nebel. Es fing an zu nieseln, dann prasselte der Regen aus

INTERESSANT

Im Gegensatz zu früher werden heute die meisten Klettersteige professionell angelegt und bei der Realisierung hohe Sicherheitsstandards zugrunde gelegt.

Gipfelrast bei der Eröffnung des »Braunwalder Klettersteigs« (2002)

dem Grau. Rückzug hinunter nach Braunwald. Unser Golf stand in Linthal, und Quartier hatten wir in Tierfehd, im Hotel Tödi. Das wiederum ist so etwas wie ein Stück Glarner Geschichte, zur Zeit in der Krise, weil der Besitzer mit seiner Immobilie mehr Geld verdienen will, der Pächter trotz viel Engagement nicht mehr erwirtschaften kann. Aber das kennt man in diesem Kanton. Auswandern oder (arm) bleiben, hieß es immer wieder, in den USA gibt's sogar ein New Glarus. Emil Zopfi hat uns auch davon erzählt in seinen Büchern: Heimatliebe aus der Ferne oder ein Horizont, der manchen recht eng vorkommt. Die Berge, ihre Unerbittlichkeit – sie prägt die Menschen hier, macht sie machmal hart, stur auch. Das gilt aber nicht nur für den Kanton Glarus, der einmal ein Industriestandort war und den man heute drunten in Zürich gelegentlich »Zigerschlitz« nennt. Ich mag den Kräuterkäse und die Glarner Mauern und den Klettersteig, den Ruedi Jenny und seine Freunde in den Fels der Eggstöcke montiert haben.

Die neue Via ferrata lockt Unterländer ins Tal, auch Banker vom Paradeplatz, junge Kerle der »Fun-and-Money-Generation«, fürs Wochenende befreit vom Schlipszwang. Die turnen dann an den Eggstöcken herum, freuen sich übers schöne Wetter und darüber, dass sie (fast) keine Angst hatten.

»Fräulein, no es Zweierli!«, bestellt der Fridolin, der nur zufällig ein Namensvetter des Kantonsheiligen ist, kaum in die Kirche geht, aber heute schon einmal gebetet hat (auf der Hängebrücke), und seine Augen leuchten beim Gedanken an den Abgrund, die feuchten Hände und den eigenen Mut.

»Häsch das g'seh«, fragt er seinen Tischnachbarn, »grad no e paar Zäntimeter isch de Tritt breit gsi, und das guet hundert Meter über Null?«

»Schiss g'ha?«

Natürlich nicht, oder dann nicht mehr, und ein tolles Erlebnis war's allemal, diese Gipfelüberschreitung am Drahtseil, mit Himmel oben und Abgrund unten. Halt etwas Neues für Fridolin, aber echt super. Das wird er wieder machen – garantiert! Und vielleicht nimmt er nächstes Mal sogar die Maria mit, seine Freundin.

INTERESSANT

In vielen Touristenorten kann man die Klettersteig-Ausrüstung auch mieten. Das ist ideal für all jene, die erst einmal ausprobieren wollen, ob ihnen diese Art des Bergsteigens auch zusagt.

Daten, Zahlen Fakten: Der Braunwalder Klettersteig

Bauzeit:	2000 bis 2002	
Kosten:	200 000,– Schweizer Franken	
Material:	2000 m Stahlseil 12 mm Ø, verzinkt	
	2 an Stahlseilen aufgehängte Holztreppen	
	3 Eisenleitern, verzinkt	
	1 »Strickleiter« aus Drahtseilen, verzinkt	
	1 Eisentor (Entrée), verzinkt	
	1 Hängebrücke (»Charlotte Bridge«), 16 m	
	3 Gipfelkreuze	
	3 Holzbänke	
	dazu: Eisenbügel und -stifte	
	Verankerungen	
	insgesamt ca. 5 Tonnen Material	
Betreiber:	VTB (Verein Trendsport Braunwald, Präsident: Walti Kessler, Technischer Leiter: Ruedi Jenny)	
Lage der Ferrata:	Eggstöcke oberhalb von Braunwald	
Höhenlagen:	Braunwald	1256 m
	Berggasthaus Gumen (Lift)	1901 m
	Einstieg Gumengrat	2140 m
	Leiteregg (Zwischenabstieg)	2310 m
	Vorder Eggstock	2449 m
	Mittler Eggstock (Zwischenabstieg)	2420 m
	Hinter Eggstock	2445 m
Infos:	VTB, CH-8784 Braunwald, Tel. +41(0)55 643 22 22, Fax 643 27 15 E-Mail: info@klettersteige.ch, Internet: www.klettersteige.ch	

7 Die Ausrüstung

Umfang und Beschaffenheit der Ausrüstung hängen bei einer Klettersteigtour ganz von der Art des »Eisenweges« ab. Auf einer talnahen Sport-Ferrata benötigt man keinen großen Rucksack, da die Tour meist kurz und der Faktor Wetter für die Dauer der Unternehmung gut abzuschätzen ist. Helm und Klettersteigset, dazu etwas Trinkbares – das reicht schon. Auf einer größeren Gipfeltour mit ein paar leichten, gesicherten Passagen ist zu überlegen, ob man das Set überhaupt benötigt – wichtiger ist eine der Höhenlage und Jahreszeit angepasste Bekleidung.

Bergschuhe

Grandiose Dolomitenkulisse auf dem Gabriella-Band (Sextener)

Grundlage – buchstäblich – jeder ordentlichen Ausrüstung bilden die Bergschuhe.

Und da beginnen auch schon die Probleme. Denn »passend« heißt in diesem Fall nicht nur, dass der Schuh dem Fuß richtig angepasst sein muss, also beispielsweise nicht zu klein (Zehen!) sein darf. Es gilt auch, den richtigen Schuh für die richtige Tour zu finden: »Jubiläumsweg« im Wetterstein contra »Via Pisetta« am Gardasee. Zwei extreme Beispiele, zugegeben, aber sie machen deutlich, welch breit gefächertes Spektrum das Klettersteiggehen umfasst: hier eine große Bergtour in hochalpinem Gelände, dort Reibungsklettern am Steilfels mit vergleichsweise kurzem, aber doch recht rauem Zustieg. Dazwischen liegt das Gros der gesicherten Steige, und da »passt« ein guter Allrounder, z. B. ein Trekkingstiefel, der verschiedene Eigenschaften vereinigen sollte:

- vergleichsweise leichte Konstruktion bei knöchelhohem Schaft
- bequemer Sitz, gute Knöchelpolsterung
- weitgehend wasserdicht
- Dämpfungszonen
- Gummiprofilsohle
- Torsionssteifheit (darf sich nicht in der Horizontalachse verdrehen lassen)
- bedingte Steigeisenfestigkeit

Klettersteigtouren sind oft »kombinierte« Unternehmungen, da folgen auf Weg- oder Straßenstrecken weglose Abschnitte im Gras, im Schrofengelände oder in leichtem Fels, Geröllreißen beim An- oder Abstieg. An der Ferrata gibt's dann vielfach nur kleine Tritte, bei anspruchsvollen Routen muss gelegentlich auf Reibung geklettert werden. Und alles mit einem Schuh?

Der Bergschuh mit *Klettersteigeignung* ist stabil, ohne schwer zu sein, dabei torsionssteif, und weist Dämpfungszonen auf (wichtig für den Abstieg). Seine

BLASEN – EIN LEIDIGES THEMA

Wenn der Schuh drückt, sind Blasen nicht mehr weit. Und da gilt: Vorbeugen ist besser als leiden! Also nie zu kleine Schuhe kaufen, die Fußspitzen brauchen Luft, dürfen keinesfalls anstoßen! Problemzonen klebt man vor der Tour sicherheitshalber mit Tape oder einem speziellen Blasenpflaster ab. Es kann sich auch als hilfreich erweisen, wenn man die entsprechenden Stellen mit fetthaltiger Creme einschmiert. Passt der Schuh nicht richtig, helfen manchmal orthopädische Einlagen. Ganz wichtig: Reiben sich Schuh und Haut, kleben Sie umgehend Tape oder Pflaster drauf – nicht warten, bis eine Blase entsteht!

Wichtig auf Klettersteigen: der richtige Schuh

WICHTIG

Beim Kauf eines Bergschuhs ist vor allem auch darauf zu achten, dass er bequem ist, also zum Fuß passt. Ein Schuh, der drückt, kann einem die ganze Tour verleiden.

Spitze sollte eher schmal sein (kleine Tritte), aber nicht steif, um gute Reibung zu gewährleisten. Die kann dadurch unterstützt werden, dass die Gummisohle im Zehenbereich kein Profil aufweist.

Für talnahe ostalpine Sportklettersteige, die vielfach nur mit einem durchlaufenden Drahtseil versehen sind, ist eine optimale Haftung wichtig, muss man hier doch oft die fehlenden Tritte durch Reibungskontakt ausgleichen. Denkbar ungünstig ist in diesem Fall natürlich ein steifer Hochtourenschuh, ungleich besser ein leichter *Kletterschuh*. Reibungsschuhe (Slicks) eignen sich allerdings nur für die Felsstrecke, weder für den Zu- noch für den Abstieg. Bei einigen Extremrouten kann es deshalb von Vorteil sein, leichte Kletterschuhe in den Rucksack zu packen, damit man am Einstieg wechseln kann. Slicks weisen eine profillose Sohle auf, deren Gummimischung höchste Reibungswerte garantiert. Bei den Allroundern unter den Kletterschuhen gibt es verschiedene Modelle, die man für Sportklettersteige empfehlen kann.

Bekleidung

Bergsteigen ist Leistungssport, und dabei schwitzt man manchmal ganz ordentlich. Eine zweckmäßige, moderne Bekleidung transportiert Schweiß von der Hautoberfläche nach außen. Er bleibt also nicht auf der Haut, wo er dann abkühlt und feuchtet, was – im schlechtesten Fall – zu einer Erkältung führen kann. Grundsätzlich sollte man seine Bekleidung nach dem so genannten »Zwiebelprinzip« aufbauen: mehrere Schichten, die an- bzw. ausgezogen werden. So ist man jeder Witterungssituation angepasst: nie zu kalt, nie zu heiß!

Baumwolle besitzt zwar hohen Tragekomfort, speichert aber die Feuchtigkeit, ist also fürs Bergsteigen weniger geeignet. *Sportunterwäsche* aus modernen Synthetiks gibt die Feuchtigkeit nach außen weiter, sorgt damit für eine trockene (= warme) Haut. Allerdings ist dann darauf zu achten, dass die nächste Bekleidungsschicht (Shirt, Hemd) ebenfalls aus Kunstfasern besteht!

WICHTIG

Wäsche zum Wechseln gehört immer in den Rucksack. Empfehlenswert auch, ein Paar Ersatzsocken dabeizuhaben.

Socken bestehen heute aus einer Mischfaser (Wolle/Synthetiks), was – in Verbindung mit Polstern an der richtigen Stelle – erheblichen Tragekomfort garantiert. Links-rechts-Socken auch so anziehen!

Längst ausgedient hat die Bundhose, bei größeren Unternehmungen trägt man (außer an ganz heißen Tagen) eine *lange Berghose*, evtl. mit abnehmbaren Beinen. Sie bietet viel Bewegungsfreiheit (was vor allem beim Klettern wichtig ist) und besteht aus einem Material, das schnell abtrocknet. Bei Touren in hochalpinen Regionen hat man zusätzlich eine *Überhose* aus regendichtem Material dabei, die gut vor Kälte (Wind) und Nässe schützt. So etwas braucht man auf talnahen Klettersteigen natürlich nicht, da genügt auch eine *kurze Hose*. Sie sollte allerdings so beschaffen sein, dass sie ausreichend Bewegungsfreiheit bietet.

Fleece-Jacken oder Pullis (evtl. mit Windstoppern) sind aus der Bergsportbekleidung nicht mehr wegzudenken, so wenig wie *Anoraks* aus Goretex oder vergleichbarem Material. Sie dürfen nicht zu kurz sein und müssen eine ausrollbare Kapuze besitzen. Ein *Regenumhang* (Poncho) hat den Vorteil, dass er absolut wasserdicht ist. Da die Bewegungsfreiheit aber erheblich eingeschränkt wird, eignet er sich nur für Wanderungen.

Angenehm bei windigem Wetter ist eine *Mütze*, bei größeren Touren gehören auch *Handschuhe* (z. B. Fleece-Fäustlinge) zur Ausrüstung.

Rucksack

Wie viel Gepäck man braucht, hängt ganz von der Tour ab. An der Via ferrata »à la française« reist es sich besser leicht, muss neben der Klettersteigausrüstung höchstens noch die Kamera und etwas Trinkbares mit, bei einer Tofana-Besteigung oder einer einsamen Grat-

WICHTIG

In den Rucksack gehört eine Trinkflasche (mindestens 1 Liter), sehr gut bewähren sich die SIGG-Patronen (schlanke Form). Bei der Brotzeit hat wohl jede/r so seine Vorlieben, abzuraten ist von fettreicher Kost unterwegs. Auf die Bedürfnisse des Körpers abgestimmt ist spezieller Bergsteigerproviant wie Müsliriegel mit viel Kohlehydraten. Unterwegs öfter eine Kleinigkeit futtern und viel trinken!

WICHTIG

Der Rucksack ist keine Müllkippe, man sollte ihn mit Überlegung packen. Was selten benötigt wird, kommt nach unten, Kleinteile wie Taschenmesser, Landkarte, Sonnencreme gehören in die Außentaschen, schwerere Ausrüstungsgegenstände lädt man möglichst körpernah in Schulterhöhe. Die Trinkflasche sollte leicht erreichbar platziert werden.

> **WICHTIG**
>
> In den Rucksack gehören unbedingt
> - Wäsche zum Wechseln
> - Kälte- und Regenschutz
> - Biwaksack (oder wenigstens Rettungsdecke)
> - Stirnlampe
> - Erste-Hilfe-Set

überschreitung in den Karnischen Alpen schaut das natürlich ganz anders aus. Da benötigt man einen bequemen, mittelgroßen Rucksack, der weder drückt noch schlecht sitzt. Wer den ganzen Tag unterwegs ist, wandernd und kletternd, weiß diesen Komfort zu schätzen. Der Rucksack sollte nicht zu breit sein, gut anliegen und ein wirkungsvolles Belüftungssystem besitzen (z. B. Airmat beim Peuterey 35 von Salewa).

Kein Rucksack ist wasserdicht! Es empfiehlt sich deshalb, einen Plastiküberzug mitzunehmen oder zumindest jene Teile des Inhalts, die nicht nass werden sollen, in Plastiktüten zu verpacken.

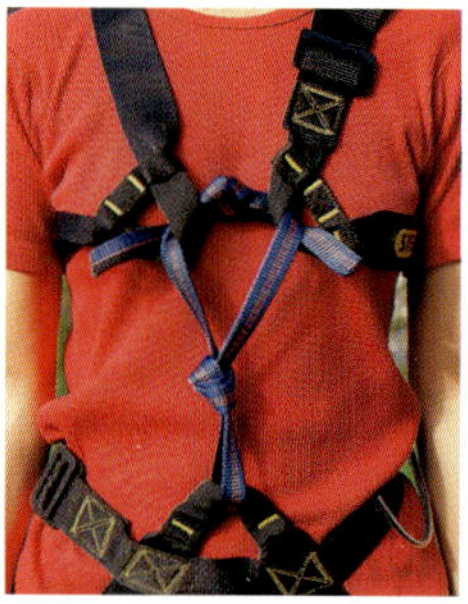

Sicher in jeder Lage: Hüft- und Brustgurt

Anseilgurte

Hier ist grundsätzlich zwischen *Hüftgurt*, *Brustgurt* und *Kombigurt* zu unterscheiden. Höchste Sicherheit bietet die Verwendung eines Hüftgurtes zusammen mit einem leichten Brustgurt. Die beiden Teile werden per Achterband verbunden. Vorteil gegenüber den beliebten Kombigurten: Der Anseilpunkt liegt etwas höher, was bei einem Sturz das Zurückkippen des Oberkörpers zuverlässiger verhindert. Nicht zu empfehlen ist die ausschließliche Verwendung eines Sitzgurtes (in Frankreich weit verbreitet), völlig tabu natürlich das Anseilen an einem Brustgurt!

Klettersteigset

Das wichtigste Ausrüstungsteil der Klettersteigler! An seinem Set hängt er – und damit im Falle eines Sturzes auch sein Leben. Moderne Qualitätssets sind nicht billig, garantieren dem Bergsteiger aber ein hohes Maß an Sicherheit. In den letzten Jahren sind die Sets in einigen entscheidenden Punkten weiterentwickelt worden – sehr zum Vorteil der Benutzer: keine Knoten mehr an den Karabinern, kinderleichtes Einfädeln mittels Ankerstich, nur noch Y-Form, Schnappkarabiner mit ausgeklügelter Sicherheitsvorrichtung, Sturzenergieabsorber (Bremse).

So sehen Klettersteigsets heute aus: Seilbremse, Sicherheitskarabiner, keine Knoten

Um die Funktion (und enorme Bedeutung) des Klettersteigsets als Sicherheitsinstrument zu verstehen, muss man sich erst einmal mit den physikalischen Vorgängen bei einem Sturz vertraut machen. Der Fall soll ja aufgefangen werden, und dazu müssen die Kräfte gemessen werden, welche dabei entstehen. Sie resultieren aus dem Verhältnis zwischen Sturzhöhe und Seillänge. Je höher der so genannte Sturzfaktor, umso größer die frei werdenden Kräfte.

Beispiele (Klettern):

Sturzhöhe 20 m, ausgegebene Seillänge 10 m = Sturzfaktor 2.

Sturzhöhe 5 m, ausgegebene Seillänge 10 m = Sturzfaktor 0,5

Beispiele (Klettersteig):

Sturzhöhe 5 m, Seillänge (am Set) 1 m = Sturzfaktor 5

Sturzhöhe 3 m, Seillänge (am Set) 0,5 m = Sturzfaktor 6

Der Grund, weshalb die Sturzfaktoren bei Klettersteigen so extrem hoch sind, liegt darin, dass kaum (elastische) Seillänge vorhanden ist, die den Fall abfedert. Aus diesem Grund verfügen die modernen Sets über eine *Seilbremse*. Sie übernimmt die Funktion des langen Seils: Bei einem Sturz läuft ein Seilstück (gebremst) durch ihre Öffnungen, sodass der Fall nicht abrupt, sondern mit Verzögerung zum Stillstand gebracht wird, der Fangstoß auf Körper und Material geringer ausfällt.

Wichtig für die Qualität eines Klettersteigsets sind auch die Karabiner. Sie werden heute so konstruiert, dass das Öffnen nur über einen Verriegelungsmechanismus möglich ist; sehr gut gelöst beispielsweise beim Modell »Attac« (Salewa).

Grundsätzlich sind alle Verbindungsstellen an den Sets vernäht, es gibt keine Knoten mehr (die sich öffnen könnten). Bei einigen Fabrikaten werden die Nahtstellen sogar eingeschweißt, um sie vor Feuchtigkeit und mechanischer Beschädigung zu schützen. Die Verbindung mit den Karabinern wird durch Klammern oder Ösen fixiert.

Camp und AustriAlpin verwenden – eine originelle Lösung – elastische Bänder zwischen Karabiner und Seilbremse. Das hat den Vorteil, dass man nicht mehr in ein durchhängendes Seil steigen kann. Andere Hersteller verpa-

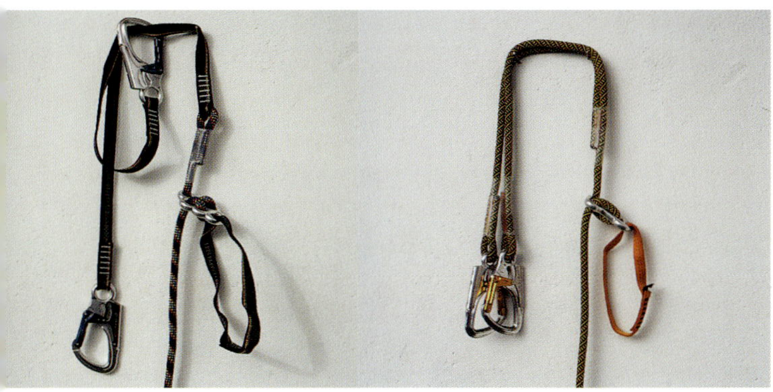

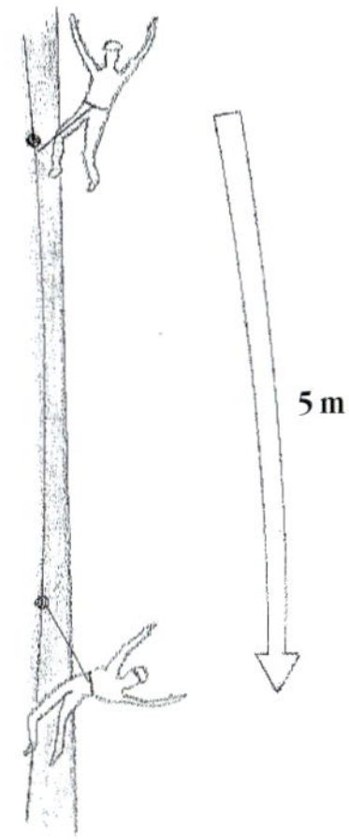

SCHRECKSEKUNDE

Das Gelände ist steil, der Fels zwar gut, die Exposition aber beträchtlich. Ein durchlaufendes Drahtseil sorgt für Sicherheit. Ich steige gleichmäßig, suche Tritte und Griffe, hänge an der Verankerung meine Karabiner um. Der Blick geht ins Tal, wo die Kühe weiden, eine Alp zu sehen ist. Mitten durchs Blickfeld läuft das gelbe Seilstück, an dem der Karabiner befestigt ist – pfeilgerade. Ich stutze, schaue genauer hin und staune nicht schlecht. Verbindung abgebrochen! Der Knoten, der die beiden Arme des Ypsilons zusammenhalten sollte, hat sich gelöst, ohne dass ich es bemerkt habe, das Ende des Seilabschnitts baumelt in der Luft …

PS: So etwas kann heute nicht mehr passieren, Knoten bei Klettersteigsets sind passé.

cken das Nachlaufseil gleich in ein Säckchen, bei Petzl findet man am Seilende eine Befestigungsvorrichtung.

Am Klettergurt wird das Set mittels Ankerstich befestigt. Einige Hersteller fädeln die Bandschleife bloß in die Seilbremse ein, bei den meisten ist sie (besser!) fix vernäht, kann sich also nicht lösen.

Klettersteigsets werden praktisch nur noch in der Y-Form angeboten. Sie bietet doppelte Sicherheit, weil zwei Karabiner eingehängt werden und man auch beim Umhängen stets (mit einem Karabiner) gesichert bleibt. Bei der alten V-Form kam ein Karabiner ans Seil, das zum zweiten Karabiner führende Seilstück wurde als Bremsseil für den Fall eines Sturzes benötigt. Wurden beide Karabiner eingehängt, verlor die Seilbremse ihre Funktion automatisch, wodurch sich der Sturzfaktor (siehe oben) in extreme Gefahrenbereiche verschob!

Vor allem in Steilpassagen bieten zwei eingeklinkte Karabiner ein erhebliches Mehr an Sicherheit, auch deshalb, weil im Fall eines Sturzes immer die Gefahr besteht, dass ein Karabiner beim Kontakt mit der eisernen (und möglicherweise scharfkantigen) Verankerung bricht.

Wer sich an eine Tyrolienne wagt, braucht eine Seilrolle.

Seilrolle

Auf französischen Sportklettersteigen stößt man gelegentlich auf Tyroliennes. Für die luftige Fahrt am Drahtseil benötigt man eine Seilrolle, Petzl bietet zwei Modelle (Tandem Speed und Tandem Cable) an. Karabiner und Bandschlinge verbinden den Akrobaten mit dem Seil.

Hinweis: Eine Seilrolle kann man sich auf den Sportklettersteigen Frankreichs ausleihen bzw. ist in der Begehungsgebühr enthalten.

Seil

Begeht man schwierige Klettersteige als Seilschaft, also mit konventioneller Partnersicherung, gehört ein *Einfachseil* mit einem Durchmesser von 10 bis 11 Millimeter von höchstens 30 Meter Länge zur Ausrüstung.

WICHTIG

Seile sollten trocken und lichtgeschützt aufbewahrt werden.

Kluge Köpfe schützen sich!

Helm

Für Klettersteiggeher ist er unersetzlich, da auf Eisenwegen ein erhebliches Steinschlagrisiko besteht. Der Helm schützt vor allem Herabfallenden, gelegentlich auch bei ungeschickten Bewegungen (Autsch!). Neuere Modelle sind überaus leicht, was den Tragekomfort erhöht. Wichtiger aber ist ein wirklich guter Sitz. Der Helm darf nicht herumrutschen, und der Kinnriemen sollte keinesfalls einschneiden. Man überzeuge sich beim Kauf, dass der Steinschlaghelm Belüftungsschlitze aufweist, innen gut gepolstert ist und problemlos der Kopfgröße bzw. -form angepasst werden kann.

Handschuhe

Verleihen sicheren Halt am Drahtseil, verhindern Verletzungen durch Drahtspleißen: Handschuhe

Mittlerweile gibt es spezielle *Klettersteig-Handschuhe*, bei denen – ähnlich wie bei Rennrad-Handschuhen – die Fingerspitzen frei sind. Wichtig sind ein guter Sitz mit Handgelenksabschluss und eine ausreichende Polsterung im Bereich der Handfläche. Sie sollte allerdings nicht so dick sein, dass man jedes Gefühl fürs Eisen einbüßt.

Tourenstöcke

Sie sind mittlerweile aus der Wanderszene nicht mehr wegzudenken, beim »Nordic Walking« (—>Kapitel 12 »Training«) unentbehrlich. Vor allem beim Bergabgehen entlasten sie Kniegelenke und Wirbelsäule, Stöcke mit Federung schonen zusätzlich auch die Armgelenke. In Blockgelände oder im leichten Fels sind sie allerdings eher hinderlich, und es kann sogar zu Stürzen kommen, wenn sich ein Stock zwischen Steinen unglücklich verkeilt.

Steigeisen/Grödel

Bei kombinierten Touren (Fels–Klettersteig–Eis/Gletscher) sind Steigeisen natürlich unerlässlich, üblicherweise 12-Zacken-Modelle (10 Sohlen- und 2 Frontzacken). Grödel leisten bei Querungen abschüssiger Altschneefelder oder steiler Schneerinnen gute Dienste, sie weisen in der Regel 4 bis 6 Zacken auf und sind leicht zu montieren.

Ratschläge für Triglav-Ersteiger

»Als Bekleidung empfehle ich einen kurzen Überrock von Tuch und Beinkleider von englischem Leder, mit Leinwand ausgefüttert. Dieser Stoff ist fester als Tuch, trocknet, wenn er durchnäßt wird, leichter und schneller am Leibe und ist gleich brauchbar, sowohl bey Wärme als Kälte. Als Fußbekleidung sind gut gearbeitete Schnürstiefel von Kuhleder mit doppelten Sohlen wohl am zweckmäßigsten, doch müßen sie wohl mit Fett bestrichen und die Sohlen mit tüchtigen, doch nicht allzu vielen Nägeln beschlagen seyn, 25 Stück in einer Sohle reichen vollkommen hin. Sie ersetzen gewissermaßen die Steigeisen, und machen sie sogar entbehrlich. Überhaupt sind Steigeisen nur in den Gletschern von Vortheil anzuwenden. Auch die langen, dicken Alpenstöcke sind dem Triglav-Ersteiger entbehrlich, und ein fester Stachelstock gewöhnlicher Art vollkommen zureichend.

Als Getränke ist auf den Alpenreisen Rum, Kirschengeist oder Slibowitza mit Zucker versetzt, als stärkend und kühlend wohl das Erquickendste, selbst wenn auch nur der Mund damit befeuchtet wird. Wein und Wasser, einzeln oder gemischt, erregen nur Schweiß und vermehren den Durst, auch sind diese Getränke in warmem Zustand übel zu genießen und erfordern einen weit größern Vorrath, um nicht in empfindlichen Mangel zu versetzen.«

Franz von Rosthorn, 1830

8 Unterwegs in den Bergen

Klettersteige sind eine besondere Art von alpinen »Wegen« und führen als solche oft in höhere Regionen. Was wiederum bedeutet, dass man erst einmal hin muss, oft längere An- und Zustiege erforderlich sind, bevor man das erste Eisen zu fassen bekommt. Und nicht selten haben Klettersteigler gerade da, auf diesen vermeintlich harmlosen Anmarschwegen (und den Abstiegen hinterher) so ihre Probleme. Grund: mangelnde Bergerfahrung.

Linke Seite: Zauber der Berge – Abendstimmung im Rosengarten (Vajolettürme).

Wer locker-lässig auf Leitern, an Eisenbügeln und an Drahtseilen herumturnt, muss nicht zwangsläufig ein guter Alpinist sein. Dazu gehört mehr als nur zwei starke Arme und eine Portion Unerschrockenheit:

- Wie steht's um meine Kondition?
- Gehe ich sicher in (ungesichertem) Schrofengelände?
- Kann ich Wetterentwicklungen richtig einschätzen, auch in Bezug auf Gewitterneigung?
- Werde ich mich in weglosem Gelände oder bei aufkommendem Nebel zurechtfinden?
- Bin ich in der Lage, eine Landkarte zu lesen, ihre Infos in der Natur richtig umzusetzen?
- Bin ich ausreichend ausgerüstet, evtl. auch für ein Biwak?
- Wie gut ist meine Fähigkeit, Gefahrenpunkte im Gelände zu erkennen (z. B. durch Steinschlag gefährdete Passagen, abschüssige Altschneefelder)?

Das sind alles Fertigkeiten, die auf Bergtouren und alpinen Eisenwegen wichtig sind, unter Umständen sogar (über-)lebenswichtig. Liebhaber von Sportklettersteigen brauchen sich weniger um Wetterkapriolen zu kümmern – das erste Drahtseil hängt ja mitunter bis zum Parkplatz herunter. Ähnlich verhält es sich mit der Ausrüstung. Bei einer Bergtour (Klettersteig inklusive) muss man mit allerlei Unwägbarkeiten rechnen, was den Rucksack ordentlich beschwert, während auf talnahen Routen leichtes Gepäck ausreicht (→Kapitel 7 »Die Ausrüstung«).

Unten: Wichtig im Gebirge sind Orientierungshilfen wie Wegzeiger

Wege und Markierungen

Zu- und Abstiege sind bei Klettersteigen in der Regel markiert, allerdings nicht immer und überall. Zudem trifft man alpenweit auf eine Fülle sehr verschiedener Markierungsmethoden. In Bayern, Österreich und Italien hat sich ein System mit rot-weiß-rot bezeichneten Wegen samt Nummern durchgesetzt. Die Zustiege zu Klettersteigen sind oft rot (ohne Nummer) markiert. In Slowenien sind rote Kreismarkierungen die Regel, in der Schweiz werden je nach Anforderungsprofil die Wege gelb

WICHTIG

Lässt die Wegmarkierung keine eindeutige Interpretation zu, kann ein Vergleich mit der Landkarte helfen. Wer aufs Geratewohl weitergeht, riskiert einen zeitraubenden Verhauer.

(leichte Wanderwege), weiß-rot-weiß (Bergwege) oder weiß-blau-weiß (Alpinwege) markiert. Letztere Farbkombination gilt vielfach auch für Klettersteigzustiege. Im französischen Alpenraum begegnet man rot-weiß-roten Markierungen (Sentiers de grande randonnée = Fernwanderwege) und gelben Bezeichnungen (regionale Wege).

Orientierungshilfen

Landkarten Wichtigste Orientierungshilfe bei Bergwanderungen und alpinen Klettersteigtouren ist eine Landkarte im Maßstab 1:50 000 oder (besser) 1:25 000. Am genauesten sind die topografischen Karten der nationalen Vermessungsämter, einsame Spitze dabei die »Kunstwerke« der Eidgenössischen Landestopographie im Maßstab 1:25 000. Vor allem im Ostalpenraum weit verbreitet sind Blätter privater Kartenverlage.

Landkarten sind Abstraktionen der alpinen Landschaft, eine auf zwei Dimensionen reduzierte Wiedergabe der Realität. Symbole (z. B. Straßen, Siedlungsflächen, Wege, Felsen) stehen für die verschiedensten

WICHTIG

Landkarten enthalten eine riesige Menge von Informationen. Wer sie richtig zu nutzen weiß, kann einiges lernen über die Bergregion, in der er gerade unterwegs ist.

Kartografischer Verlag	Region	Maßstab
Bayerisches Landesvermessungsamt	Bayerische Alpen	1:25 000/1:50 000
DAV/ÖAV	Ostalpen	1:25 000/1:50 000
Kompass	Ostalpen	1:25 000/1:50 000
Freytag&Berndt	Österreich, Südtirol	1:50 000
Bundesamt für Eich- und Vermessungswesen	Österreich	1:50 000/1:25 000[1]
Planinska zveza Slovenji	Slowenische Alpen	1:50 000/1:25 000
Istituto Geografico Militare (IGM)	Italien	1:25 000/1:50 000[2]
Tabacco	Südtirol bis Friaul	1:25 000/1:50 000[3]
LagirAlpina	Dolomiten, Gardaseeregion	1:25 000/1:50 000
mapgraphic edition bozen	Südtirol	1:25 000
Eidgenössische Landestopographie	Schweiz	1:25 000[4]/1:50 000[5]
Institut Geographique National	Frankreich	1:25 000[6]/1:50 000[7]
Didier Richard	Französische Alpen	1:50 000
Istituto Geografico Centrale (IGC)	Italienische Westalpen	1:25 000/1:50 000[8]

1 Bei der 25 000er-Karte handelt es sich um eine Vergrößerung der Österreichischen Karte im Maßstab 1:50 000
2 Topografische Karten ohne Wegeaufdruck; 25 000er-Blätter oft sehr veraltet
3 Die sehr guten 25 000er-Karten basieren auf den Blättern des IGM, sind aber durchwegs aktualisiert
4 Die 25 000er-Blätter gibt es nur ohne Wanderwegeaufdruck
5 Neu gibt es die 50 000er-Karten mit Wanderwegeaufdruck
6 Top 25 mit touristischen Informationen, u.a. Wanderwegenetz
7 50 000er-Blätter bei IGN nur ohne Wanderwegeaufdruck
8 Sehr rudimentäre Geländedarstellung in beiden Maßstäben

WICHTIG

Ein Kilometer im Gelände entsprechen auf einer 50 000er-Karte zwei Zentimeter, bei einer Karte im Maßstab 1:25 000 sind es vier Zentimeter. Höhenlinien verbinden alle Geländepunkte gleicher Seehöhe.

Kartenlesen will geübt sein.

Objekte, Höhenlinien ersetzen die (fehlende) dritte Dimension. Ganz wichtig beim Kartenlesen sind zwei Dinge: der eigene Standort und ein wichtiger Bezugspunkt, beispielsweise ein markanter Gipfel oder die Nordrichtung. Damit lässt sich das Kartenblatt nach der Natur ausrichten.

Da man sich bei Klettersteigtouren in der Regel auf markierten (oder gesicherten) Pfaden bewegt, ist eine Orientierung anhand der Karte verhältnismäßig einfach. Wegverzweigungen, Brücken, allein stehende Häuser, Almhütten usw. – alles auf dem Kartenblatt verzeichnet – dienen als Referenzpunkte. Über die Geländeneigung informieren die Höhenlinien: Je dichter sie stehen, umso steiler ist der Hang. Damit man hier eine zuverlässige Aussage erhält, ist allerdings eine Äquidistanz (Abstand) der Höhenkurven von maximal 20 Metern notwendig. Achtung: Wanderkarten privater Anbieter weisen oft nur ein rudimentäres Netz von Höhenlinien auf (Abstand bis zu 100 Meter!).

Klettersteigführer Ein aktueller Führer informiert umfassend über alle relevanten Aspekte einer Tour: Ausgangspunkt, Wegverlauf, Gehzeiten, Schwierigkeiten usw. In mehreren Verlagen sind entsprechende Publikationen erschienen (—>Anhang).

Höhenmesser Er hat eine Doppelfunktion und ist deshalb auf allen Bergtouren wichtig. Da Höhenmesser als Luftdruckmesser funktionieren, geben sie nicht nur die jeweilige Seehöhe an, sondern können (z. B. über Nacht) bequem als »Wetterfrosch« eingesetzt werden: steigender Luftdruck = gute Aussichten, sinkender Luftdruck = schlechte Aussichten (oder Föhn). Unterwegs sollte man seinen Höhenmesser an Vermessungspunkten jeweils kontrollieren und gegebenenfalls die Angabe korrigieren.

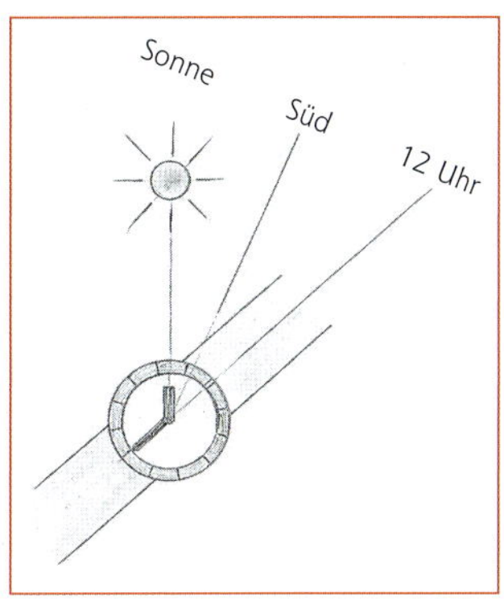

Kompass Er leistet wertvolle Hilfe bei der Festlegung der Himmelsrichtungen. Zusammen mit der Karte ist es leichter möglich, in unübersichtlichem, weglosem Gelände oder bei ungenügender Sicht (Nebel, Schneetreiben) die Orientierung zu behalten. Eine einfach Methode, die Himmelsrichtungen zu bestimmen, funktioniert mit Hilfe einer (Zeiger-)Armbanduhr – aber nur bei Sonnenschein!

Richtet man den Stundenzeiger auf die Sonne, liegt Süden stets in der Mitte zwischen zwölf Uhr und der jeweiligen, mit dem Stundenzeiger angegebenen Zeit.

WICHTIG

Bestimmung der Nordrichtung mit Hilfe einer Armbanduhr (mit richtigem Zifferblatt!): bei Sonnenschein kein Problem.

GPS Was bei einer Antarktis-Expedition oder in der Wüste Gobi überlebenswichtig sein kann, nämlich das Wissen um die exakte Position, erschließt sich dem Wanderer und Klettersteigler auch ohne GPS-Gerät. Das (sehr exakte Verfahren) ist im Gebirge ohnehin nur beschränkt, nämlich bei freier Sicht nach oben, einsetzbar. Im Steilgelände können zudem 20 Meter Horizontaltoleranz einem Höhenunterschied von hundert Metern und mehr entsprechen.

Gehen in weglosem Gelände

Auf Karrenfeldern, im Bergsturzgelände oder in leichtem Felsgelände sind Farbmarkierungen oft die einzigen Orientierungspunkte. Bei Nebel kann man sich da leicht verlaufen – also gut auf die Farbtupfer achten, notfalls zur letzten Markierung zurückgehen. Bei Schneefall kann es ratsam sein, umzudrehen (natürlich nicht beim Abstieg). Besser noch: durch gute Planung und Wetterbeobachtung unterwegs solche Situationen vermeiden!

Zustiege führen oft durch wegloses Gelände, sind auch nicht immer gut markiert.

Geröll, Schutt

Anstiege über Geröllhänge und durch »bewegliche« Steilrinnen sind bei Bergsteigern nicht unbedingt beliebt, verständlicherweise. Denn einerseits kann so ein Aufstieg ganz schön anstrengend sein, andererseits kriegt man dabei leicht den »Verleider«. Wer größere Blöcke als Tritte sucht, tut sich etwas leichter. Besondere Vorsicht ist bei schrägen Felsplatten mit Kiesauflage geboten: Die kleinen Steine wirken wie Kugellager!

Stöcke können zur Wahrung des Gleichgewichts, aber auch zum Anschieben durchaus nützlich sein.

Beim Abstieg geht man breitbeinig, sucht eher feinen Schutt und drückt die Absätze ins Geröll. Der Oberkörper ist leicht talwärts geneigt, um Stürze durch Rücklage zu vermeiden. In tiefem, nicht zu grobem Geröll kann man auch »abfahren«, was viel Zeit und Kraft spart. Auf diese Weisen ist es möglich, zwei-, dreihundert Höhenmeter in nur wenigen Minuten hinter sich zu bringen. Die »Abfahrt« im Laufschritt muss aber kontrolliert erfolgen, was bedeutet, man muss jederzeit stoppen können. Keinesfalls über Geröllhänge abfahren, die in Felsabbrüche übergehen!

Vorsicht – da kann's leicht nasse Füße geben!

WICHTIG

Abfahren im tiefen Geröll nur, wenn der Auslauf des Hanges einzusehen ist!

Blockwerk

»Blockhüpfen« kann eine ganz lustige Sache sein, verlangt aber eine gewisse Behändigkeit. Bergsturzgelände im Granitfels oder Gneis (nicht im Kalkgestein) setzt sich meistens aus mehr oder weniger großen, miteinander verkeilten Felsblöcken zusammen. Man springt von Stein zu Stein, immer mit Blick auf den übernächsten Landepunkt. Die Felsblöcke müssen allerdings trocken sein, weil sonst die Ausrutschgefahr zu groß ist. Bergstöcke sind beim »Blockhüpfen« nur hinderlich!

Blockhüpfen – eine (mehr oder weniger) beliebte alpine Disziplin

Schrofen

Weder Fisch noch Vogel. So ließen sich Schrofen charakterisieren: Felsen ja, dazwischen aber immer wieder Gras, auch loses Gestein. Schrofen können so steil sein, dass Absturzgefahr besteht. Bei Nässe sind

In leichtem Felsgelände sind Klettersteige nicht immer gesichert.

sie überaus gefährlich. Man begeht sie vorsichtig, stets bemüht, keine lockeren Steine loszutreten. Gruppen bleiben nahe zusammen, um die Steinschlaggefahr durch Voraussteigende zu minimieren.

Leichtes Felsgelände

Im Zustieg zu alpinen Klettersteigen ist oft (ungesichertes) leichtes Felsgelände zu passieren. Dabei gelten die Grundregeln: immer gute Tritte suchen, dabei möglichst viel Schuhsohle auf den Boden bringen (Reibung), die Steigarbeit den Beinen überlassen. Mit den Armen sorgt man in steilerem Gelände fürs Gleichgewicht, wobei die Griffe nicht zu hoch gefasst werden. Der Körperschwerpunkt sollte sich stets über der Standfläche (Füße) befinden.

Abklettern kann man in gut gestuftem, leichtem Felsgelände mit dem Gesicht zum Tal, schwierigere Stellen meistert man am besten mit dem Gesicht zum Berg.

Schnee- und Firnfelder

Vor allem im Frühsommer muss man auch auf Klettersteigtouren mit Altschneefeldern rechnen. In Hochlagen halten sich Firnfelder nach schneereichen Wintern oft sogar das ganze Jahr über. Auf viel begangenen Routen besteht meistens eine ausgetretene Spur.

Wo sie fehlt, muss eine geeignete Spur angelegt werden: Einen Anstieg bewältigt man am besten in Serpentinen, wenn's sehr steil wird, auch in der Falllinie. Dabei erweisen sich – wie auch beim Abstieg – Teleskopstöcke als sehr nützlich. Ganz wichtig sind ordentliche Tritte mit möglichst großer (Fußsohlen-)Auflage. Ist der Schnee zu hart, helfen nur Steigeisen und/oder Pickel. Hat man weder das eine noch das andere dabei, heißt es: umkehren!

WICHTIG

Viele Alpinunfälle haben ihre Ursache im Abgleiten auf Firn- und Schneefeldern. Im Spätsommer ist die Schneedecke an ihren Rändern und im Bereich von Bächen oft unterspült – man kann leicht einbrechen.

Auch für das »Abfahren« im weichen Schnee gilt: Der Auslauf muss im Blickfeld sein! Bei einem Sturz dreht man sich auf den Bauch und versucht, mit gespreizten Armen und Beinen die Fahrt abzubremsen.

Das Wetter

Von ihm hängt oft mehr ab als nur das, was später auf den Dias blau-grün prunkt oder ödgrau erscheint. Wer sein Bergerlebnis an großen alpinen Blitzableitern findet, tut deshalb gut daran, dem Geschehen in der Atmosphäre besondere Beachtung zu schenken. Natürlich geht's dabei nicht bloß um Blitz und Donner. Wer wird schon gerne verregnet, nur weil er am Abend vorher keinen Wetterbericht gehört hat?

Wetterprognosen bieten – wer wüsste es nicht? – allerdings keine Garantie, und vor allem bei Föhn oder geringen Druckunterschieden in der Atmosphäre hat unser Alpenklima oft Überraschungen auf Lager.

Prognosen (Radio, TV, Telefon, Internet) informieren über die Aussichten, die Wetterbeobachtung unterwegs hilft, böse Überraschungen zu verhindern. Wer schon einmal auf einem hochalpinen Klettersteig in ein Gewitter geraten oder bei Schneetreiben an vereisten Eisenteilen entlang über einen Grat abgestiegen ist, wird in Zukunft entschieden vorsichtiger sein.

WICHTIG

Vor jeder Bergtour informiert man sich über die Wetteraussichten, unterwegs behält man den Himmel im Auge.

Ein strahlend schöner Morgen bietet keinerlei Gewähr, dass es den ganzen Tag über sonnig bleibt, dass weder Gewitter noch Regen oder Schnee drohen. Als Vorboten einer Wetterverschlechterung gelten Morgenrot, fallender Luftdruck (lässt sich am Höhenmesser ablesen) und bestimmte Wolkenbilder (z. B. Schäfchenwolken nach längerem Schönwetter, Föhnfische und von Westen aufziehende Federwolken). Bilden sich bereits am Vormittag Haufenwolken, die dann rasch zu mächtigen Türmen anwachsen, sind Schauer, Blitz und Donner schon am frühen Nachmittag möglich (leicht instabile Wetterlage, nicht zwingend durchgreifende Verschlechterung).

Einige Wetterphänomene

Altocumulus *Schäfchenwolken leiten nach Regen oft eine längere Schönwetterphase ein. Erscheinen sie nach einer mehrtägigen Hochdrucklage am Himmel, ist ein Wetterumschwung in die andere Richtung meist nicht mehr fern.*

Azorenhoch *Dehnt sich dieses Hochdruckgebiet gegen die Alpen aus, bedeutet das meistens Schönwetter.*

Cumulus *Haufenwolken, sehr häufig in den Bergen, vor allem in der warmen Jahreszeit.*

Fernsicht *Sie ist in der kalten Jahreszeit wesentlich häufiger als im Sommer. Allerdings ist vor allem an den Alpenrändern eine Abnahme der Tage mit perfekter Fernsicht zu beobachten. Ursache: die zunehmende Luftverschmutzung.*

Föhn *Macht Kopfweh im Tal und klare Sicht auf den Gipfeln. Der Föhn ist ein (stürmischer) Fallwind, der mit wandernden Tiefdruckgebieten auftritt, vor allem in den Nordalpentälern für hohe Temperaturen sorgt und mit heftigen Niederschlägen auf der Alpensüdseite einhergeht. Flaut er ab, folgt meistens eine Wetterverschlechterung.*

Halo *Weiter, leuchtender Ring um die Sonne, oft nur punktuell sichtbar – deutet auf eine Wetterverschlechterung hin.*

Inversionslage *Temperaturumkehr in der Luft: kalt und meistens neblig in den Tälern, verhältnismäßig mild bei bester Fernsicht auf den Höhen. Tritt bei einer anhaltenden Schönwetterlage auf.*

Luftdruck *Hoher Luftdruck bedeutet in der Regel Schönwetter, tiefer Luftdruck Schlechtwetter.*

Nordföhn *Das Pendant zum Südföhn, er ist allerdings viel kälter, sorgt aber vor allem im Winterhalbjahr in den Südalpentälern gelegentlich für längere Schönwetterphasen.*

Relative Luftfeuchtigkeit *Sie gibt den Sättigungsgrad der Luft an, ihren Sättigungspunkt erreicht sie bei 100 Prozent. Je wärmer die Luft, desto mehr Feuchtigkeit kann sie aufnehmen.*

Schall *Wenn's kracht in den Bergen, lässt sich die Entfernung des Blitzeinschlages akustisch bestimmen. Der Schall breitet sich mit 330 Metern pro Sekunde aus: Drei Sekunden zeitlicher Abstand zwischen dem (sichtbaren) Blitz und dem (hörbaren) Schall ergeben eine Entfernung von einem Kilometer.*

Auch mitten im Sommer keine Seltenheit: Neuschnee an der Wilden Kreuzspitze (Pfunderer Berge)

Staulage *Am Gebirgsrand auftretene Wettersituationen, aufsteigende Luft (die sich dabei abkühlt) sorgt für anhaltende Niederschläge.*

Zwischenhoch *Es signalisiert eine meist nur sehr kurze Wetterberuhigung zwischen zwei Schlechtwetterphasen.*

Ein Wort zum Umweltschutz

Über die enormen Belastungen, denen die Alpen als »Playground of Europe« ausgesetzt sind, muss an dieser Stelle nichts weiter gesagt werden. Von den Besuchermassen darf wohl nur bedingt erwartet werden, dass sie – entgegen sonstiger Gewohnheiten – das Naturwunder Alpen nicht bloß konsumieren, sondern als Individuum sinnvoll erleben. Diese traurige Erkenntnis entbindet aber gerade den Bergsteiger keineswegs von der Mitverantwortung gegenüber seinen Bergen. Also bitte wenigstens dafür sorgen, dass der Müllhaufen nicht weiter anwächst! Was bereits herumliegt, braucht nicht ansteckend zu wirken, im Gegenteil: Ich habe es mir zur Gewohnheit gemacht, nicht nur die eigenen Abfälle, sondern auf jeder Tour ein zurückgebliebenes Exponat unserer Wegwerfgesellschaft wieder hinab ins Tal mitzunehmen. Diese kleine »Mühe«, von all jenen praktiziert, die sich als Berg- und Naturfreunde fühlen, müsste eigentlich eine erfreulich reinigende Wirkung auf Gipfel und Wegränder zeitigen ...

9 Gehen am Klettersteig

Endlich! Das Hoch »Elvira« verspricht für die nächsten Tage Stabilität in den Isobaren, der Rucksack ist gepackt, das Quartier reserviert, gut tausend Radlkilometer (und ein paar Wanderungen) haben Wadln und Kreislauf in akzeptable Form gebracht. Es kann also losgehen. Auf dem Programm stehen ein paar Dolomiten-Ferrate im Rosengarten und Latemar – eher leichtere Touren, gerade richtig, um sich an den Umgang mit Eisenteilen zu gewöhnen.

Der »richtige« Klettersteig

Es soll ja Freaks geben, die sich am liebsten jeden Klettersteig vornehmen würden. Der durchschnittliche »Ferratist« hat – bei dem opulenten Angebot – eher die Qual der Wahl. Und da ist es besonders wichtig, dass Begeher und Steig auch »kompatibel« sind. Es macht wenig Sinn, einen unerfahrenen Tourenpartner über eine Route zu quälen, die ihn eindeutig überfordert. Besonders wichtig ist vor allem bei Gruppen, dass bei der Tourenwahl auf die schwächeren Teilnehmer Rücksicht genommen wird. Also vorher Führer und Landkarten studieren, Gehzeiten und Anforderungsprofil abschätzen, mit einem Wort: planen.

Dabei sind auch Zustieg und Rückweg ins Kalkül einzubeziehen: Länge, Anforderungen (Steig, weglos, evtl. Schrofen- oder leichtes Felsgelände, Zustieg über Schneee oder Firn) (—> Kapitel 8 »Unterwegs in den Bergen«)

WICHTIG

Nach einer längeren Winterpause tut man gut daran, mit ein paar Eingehrouten zu beginnen, ehe man sich wieder an »schwereres Eisen« wagt. Auch die Beweglichkeit im felsigen Gelände muss erst wieder antrainiert werden.

Bin nicht schwindelfrei!

Der Blick in die bodenlose Tiefe, er gehört auf vielen Klettersteigen dazu, macht (für manche zumindest) ihren besondern Reiz aus: sicher am Abgrund, das kleine Abenteuer, wohliges Kribbeln im Bauch. Doch die Vorstellung, hoch über dem (sicheren) Boden auf ein paar Eisenstiften zu stehen, zu balancieren, kann auch eine ganz andere Reaktion auslösen: Bin ich schwindelfrei?

Natürlich gibt es (selten) organisch bedingte Störungen des Gleichgewichtssinns, doch ungleich häufiger ist ein Schwindelgefühl, dessen Wurzeln psychischer Natur sind: Angst. Und die kann man besiegen (meistens), mit viel Geduld und regelmäßigem Training. Allmähliche Gewöhnung an die Höhe (bzw. die Tiefe), verbunden mit der langsam wachsenden Gewissheit: Ich schaff's!

Ein beliebter, sehr luftiger Sportklettersteig: der »Reinhard-Schiestl« bei Längenfeld im Ötztal

WICHTIG

Angst vor der Tiefe ist ein ganz natürlicher, angeborener Reflex. Durch Training kann man sich an die Situation gewöhnen, das Schwindelgefühl besiegen. Dazu gehört auch eine verstandesmäßige Auseinandersetzung mit Risiken bzw. Sicherheit.

Selbstüberschätzung

WICHTIG

Statistisch ist menschliches Fehlverhalten die Unfallursache Nummer eins im Gebirge. Und vielfach war dabei Selbstüberschätzung mit im Spiel.

Bergsteigen lernt man nicht von heute auf morgen, und das gilt auch fürs Klettersteiggehen. Es ist ein verhängnisvoller Irrtum, zu glauben, das (sichernde) Eisen sei eine Versicherung gegen menschliche Unzulänglichkeiten, im Gegenteil: Manchmal verleitet es zu gefährlichen Fehleinschätzungen. Deshalb gilt: klein anfangen und erst nach und nach in höhere Schwierigkeiten einsteigen, nicht zu schnell zu viel Ehrgeiz entwickeln. Und auf keinen Fall vergessen: Der Spaß an der Sache ist wichtiger als ein (vielleicht zu hoch gestecktes) Ziel.

Kraft einteilen

Das Begehen von Klettersteigen setzt eine gute körperliche Verfassung voraus. Bei Müdigkeit oder Erschöpfung sinkt die Fähigkeit, Situationen objektiv einschätzen zu können, und die Psyche gerät leicht außer Kontrolle (Angst, Panik). Wer gut trainiert ist, kann auf unvorhergesehene Situationen ungleich kompetenter reagieren.

WICHTIG

Das Tempo sollte man richtig, das heißt nach der Tourenlänge und dem Konditionsstand, einteilen. Bei Gruppen ist das Tempo den schwächeren Teilnehmern anzupassen.

Auch wenn's richtig »brennt« unter den Schuhsohlen, sollte man längere Touren eher zurückhaltend beginnen und nicht zu früh durch hohes Tempo unnötig Kraft verbrauchen. Am Klettersteig selbst ist auf einen möglichst gleichmäßigen Bewegungsablauf zu achten – kein hektisches Emporturnen. Wer erst nach Griffen und Tritten schaut und dann weitergeht, tut sich leichter. Wer beim Steigen außer Atem kommt, ist zu schnell (oder schlecht trainiert).

Infos

Führt der Anstieg an einer bewirtschafteten Hütte vorbei oder benutzt man eine Seilbahn, empfiehlt es sich, Informationen über den Zustand bzw. die Begehbarkeit des Klettersteigs einzuholen. Manche Steige werden nach der Saison teilweise abgebaut (z. B. die Seile an steinschlaggefährdeten Querungen) oder gesperrt, weil eine regelmäßige Wartung erst ab Frühjahr wieder vorgenommen wird. Mitunter entdeckt man entsprechende Informationen auch am Beginn eines Hüttenweges oder an der Talstation einer Seilbahn. Im örtlichen Tourismusbüro gibt es oft Informationsblätter zu den Klettersteigen (Flyer). Manche Regionen (z. B. das Stubai) besitzen auch Prospekte, in denen ihre »Eisenwege« detailliert beschrieben sind.

WICHTIG

Es lohnt sich, bereits vor Antritt der Tour Infos über den Klettersteig einzuholen. Das geht übers Internet oder (besser, weil aktueller) per Telefon: Hüttenwirt, Seilbahn, Tourismusbüro.

Ausrüstung benutzen!

Grundsätzlich gilt: Klettersteigausrüstung am Einstieg anlegen. Geht das schlecht (kein Platz, abschüssiges Gelände), tut man das bereits vorher. Eventuell auch ein Stück zurückgehen. Bei erkennbarer Steinschlaggefahr legt man Gurt, Set und Helm in ausreichendem Sicherheitsabstand zu den Felsen bzw. zu dem gefährdeten Gelände an.

Keinesfalls Ausrüstung erst anlegen, wenn die Route anspruchsvoller wird. Nicht bei allen Klettersteigen ist der Einstieg so gelegt, dass er die »Spreu vom Weizen trennt«, also gewissermaßen als (erste) Schlüsselstelle. Mitten in der Wand oder an einem exponierten Grat kann das Anlegen der Ausrüstung sehr gefährlich sein (Absturzgefahr).

Sicherheit gewinnt der Klettersteigler durch seine (zeitgemäße!) Ausrüstung.

Gehen am Drahtseil

Grundsätzlich bewegt sich nur eine Person zwischen zwei Seilverankerungen! Wo das Drahtseil bloß durch eine Öse gezogen, aber nicht befestigt ist (keine Klemme), muss der Abstand entsprechend vergrößert werden. Das gilt sowohl im Steilgelände als auch bei Querungen.

Der Klettersteigler ist über das Set mit dem Sicherungsseil verbunden. Auf leichteren Passagen reicht es, einen Karabiner einzuhängen. Wo Absturzgefahr droht, sind beide Karabiner zu benutzen. Auf diese Weise ist der Ferratist auch beim Umhängen ständig gesichert. Dabei ist darauf zu achten, dass man während dieses Vorgangs einen möglichst sicheren Stand hat. Bei Steilpassagen (aufsteigend) umhängen, sobald die Verankerung in bequemer Griffweite ist:

Die Sturzhöhe entspricht dem Abstand zur nächsten Verankerung plus einen Meter (Set).

Seile können beschädigt sein und gebrochene Drähte vorstehen, was leicht zu Verletzungen führt (Handschuhe).

WICHTIG

In Steilpassagen ist es vorteilhaft, die Karabiner mit einer Hand am Drahtseil mitzuschieben. Beim Umhängen hat man sie dann gleich in Griffweite. Sie können sich so auch nicht an den Verankerungen verkeilen.

Sinnvolle Durchhänger

Französische Klettersteige sind in der Regel nach wesentlich höheren Sicherheitsstandards angelegt als die Mehrzahl ostalpiner Routen. Grundsätzlich dient das Drahtseil nur der Sicherung, der Klettersteigler findet überall ausreichend Tritte und Griffe: natürliche und – wo die fehlen – künstliche, eiserne. Das begleitende Fixseil ist nicht straff gespannt, sondern hängt durch. Im Falle eines Sturzes wird so der (gefährliche) Aufschlag des Karabiners auf der Verankerung vermieden, zudem der Fangstoß etwas abgemildert.

Sicherheits-Check

Wohl und Wehe des Klettersteiglers hängt (buchstäblich) an einem »Faden« – dem Drahtseil. Es ist seine Lebensversicherung, an ihm hangelt er sich entlang. Nun können Seile durch Steinschlag beschädigt oder angerostet sein, Verankerungen sich lösen. Meistens hat der Begeher überhaupt keine Möglichkeit, die Zuverlässigkeit seiner eisernen Sicherung zu testen: Die beschädigte Stelle liegt außerhalb seines Sichtfeldes, das Plastikband verrät nicht,

Nicht unbedingt nachahmenswert!

WICHTIG

Ob ein Klettersteig »gut in Schuss« ist, stellt man oft schon nach den ersten Seillängen fest. Entdeckt man dabei Sicherheitsmängel und beschädigte Teile, ist besondere Vorsicht geboten. Bei schwierigen Routen kann sogar eine Umkehr ratsam sein.

wie weit die Korrosion darunter bereits fortgeschritten ist, ob die Verankerung noch hält. Vor einer Prüfung nach dem Prinzip »Versuch und Irrtum«, wie sie früher in vielen Führern empfohlen wurde, ist eher abzuraten, wird man bei einem Bruch des Drahtseils doch in aller Regel das Gleichgewicht verlieren. Und das bedeutet im Steilgelände: extreme Absturzgefahr. Selbst ein kräftiger Armzug (ca. 50 kp) ist keinesfalls ein ernsthafter Test für die Sicherungen.

Bei leichteren Steigen lässt sich das Risiko dadurch mindern, dass man die Sicherungen wenig belastet, nach Möglichkeit überall »frei« klettert. In Steilpassagen oder an senkrechten Stellen, wo das Drahtseil gleichzeitig als Sicherung und Fortbewegungshilfe dient (Zug), ist ein (Rest-)Risiko auszuschließen, wenn man als Seilschaft mit konventioneller Partnersicherung geht.

Grashänge

Auf Klettersteigen sind oft auch Querungen oder An- bzw. Abstiege in steilen Grashängen mit Drahtseilen gesichert. Vor allem bei Nässe (Rutschgefahr) wird man dankbar sein für die Sicherungen. Allerdings ist zu bedenken, dass in diesem Gelände eine zuverlässige Verankerung der Seile besonders schwierig ist. Liegen sie praktisch auf dem Boden, erhöht sich (insbesondere im Abstieg) beim Umhängen durch die ungünstige Verlagerung des Körperschwerpunkts die Gefahr des Ausrutschens.

Rinnen, Schluchten

Oft müssen auf Klettersteigen Steilrinnen oder Felsschluchten durchstiegen werden. Dabei ist mit erhöhter Steinschlaggefahr und – als Folge davon – auch mit der Möglichkeit beschädigter Sicherungen zu rechnen. Für äußerst gefährlichen »Beschuss« sorgen mitunter auch unfreundliche »Bergkameraden«, die irgendwo über einem unterwegs sind. Sicherheitshalber sollte man deshalb eine Steilrinne erst betreten, wenn sie frei ist. Beim Abstieg wartet man mit dem Einsteigen, bis sich niemand mehr im gefährdeten Bereich befindet.

Gehen auf Felsbändern

Typisch für die meisten Sedimentgesteine ist ihre ausgeprägte Schichtung, die mal schräg, mal horizontal, bei extremen Verwerfungen auch vertikal sein kann. Diese Schichtbänder sind oft richtige »Straßen« – man denke nur an die »Strada degli Alpini« in den Sextener Dolomiten, an die »Ferrata Lipella« oder an die berühmte »Via delle Bocchette« in der Brenta. Technisch ist das Begehen von Felsbändern in der Regel problemlos, extrem ausgesetzte Passagen verlangen aber ein solides Nervenkostüm. Begleitende Drahtseile dienen der Sicherung, über Unterbrechungsstellen helfen in der Regel künstliche Tritte.

WICHTIG

Der Partner auf dem schmalen, exponierten Felsband gibt immer ein gutes Fotomotiv ab. Aber Vorsicht: Immer nur angeseilt fotografieren!

Über Felsbänder und Geröllterrassen verlaufen vor allem in den Dolomiten viele Klettersteige (»Sentiero Astaldi«).

Querung von Steilrinnen

Neuralgische Punkte an manchen Klettersteigen sind steile, oft schattige Steilrinnen, die es zu queren gilt. Hier halten sich vielfach bis in den Hochsommer harte Altschneeflecken, später im Jahr muss man unter Umständen mit Blankeis rechnen. Die (Seil-)Sicherungen sind durch den Schneedruck im Winter und Steinschlag einem extremen Verschleiß ausgesetzt. Deshalb wird man diese Passagen mit besonderer Vorsicht angehen: Sind die Sicherungen beschädigt, Verankerungen locker oder gar ausgerissen? Besteht eine Spur im Hartschnee?

Im Risikofall sollte man umdrehen, eine gefahrlose Querung ist dann nur mit Seilsicherung möglich.

Steigen im gestuften Felsgelände

Bei vielen Klettersteigen sind längere Abschnitte in gestuftem, also nicht extremem Felsgelände zurückzulegen, etwa an einem Wandvorbau, an einem Grat oder im Zustieg zu einer Scharte. Vielfach finden sich genügend Tritte und Griffe, sodass das begleitende Sicherungsseil ausreicht, zusätzliche künstliche Haltegriffe nicht erforderlich sind. Das hängt aber vom Anforderungsprofil der Ferrata ab. Ein leichter Klettersteig weist auch in diesem Gelände noch zusätzliche Fixpunkte auf, bei einer schwierigen Ferrata können auch die Drahtseile fehlen. Das sollte allerdings nur da der Fall sein, wo für die Begeher keine Absturzgefahr besteht.

Klettern mit Drahtseilsicherung

Gesicherte Passagen können natürlich auch »frei« geklettert werden, sofern der Begeher dazu in der Lage ist. Man sichert sich am mitlaufenden Drahtseil, benutzt es aber nicht zur Fortbewegung (kein Zug). Leichtere Steige in gestuftem Felsgelände eignen sich dafür natürlich eher. Ein Vorteil: Das Gefühl fürs Gelände wird geschult, man übt das richtige Klettern.

Vergleichsweise bequem: Steigen über Eisenbügel

Steigen auf Leitern

Die einfachste Variante des Steigens im Steilgelände. Probleme kann einzig die Höhe der Leiter bereiten (wie beispielsweise die an der »Via dell'Amicizia«), hängt sie allerdings nach außen, ist erhöhter Krafteinsatz (Arme) notwendig. Gesichert wird in der Regel am parallel laufenden Drahtseil (falls vorhanden). Bei einer Steigpause kann man auch einen Karabiner in eine Eisensprosse einhängen. Das Steigen geschieht im Wechselschritt (eine Sprosse mit der Hand, gleichzeitig eine mit dem Fuß). Wer Kraft sparen will, steigt mit beiden Füßen auf eine Sprosse, bevor er weiterklettert.

Das Gleiche gilt für längere Klammerreihen. Hier ist besonders darauf zu achten, dass man die Schuhsohlen sauber aufsetzt.

Steigen im sehr steilen bis senkrechten Fels

Senkrechte Passagen können ganz unterschiedlich schwierige Hindernisse darstellen, abhängig von der Sicherungsart. Kaum nennenswerte Probleme bietet

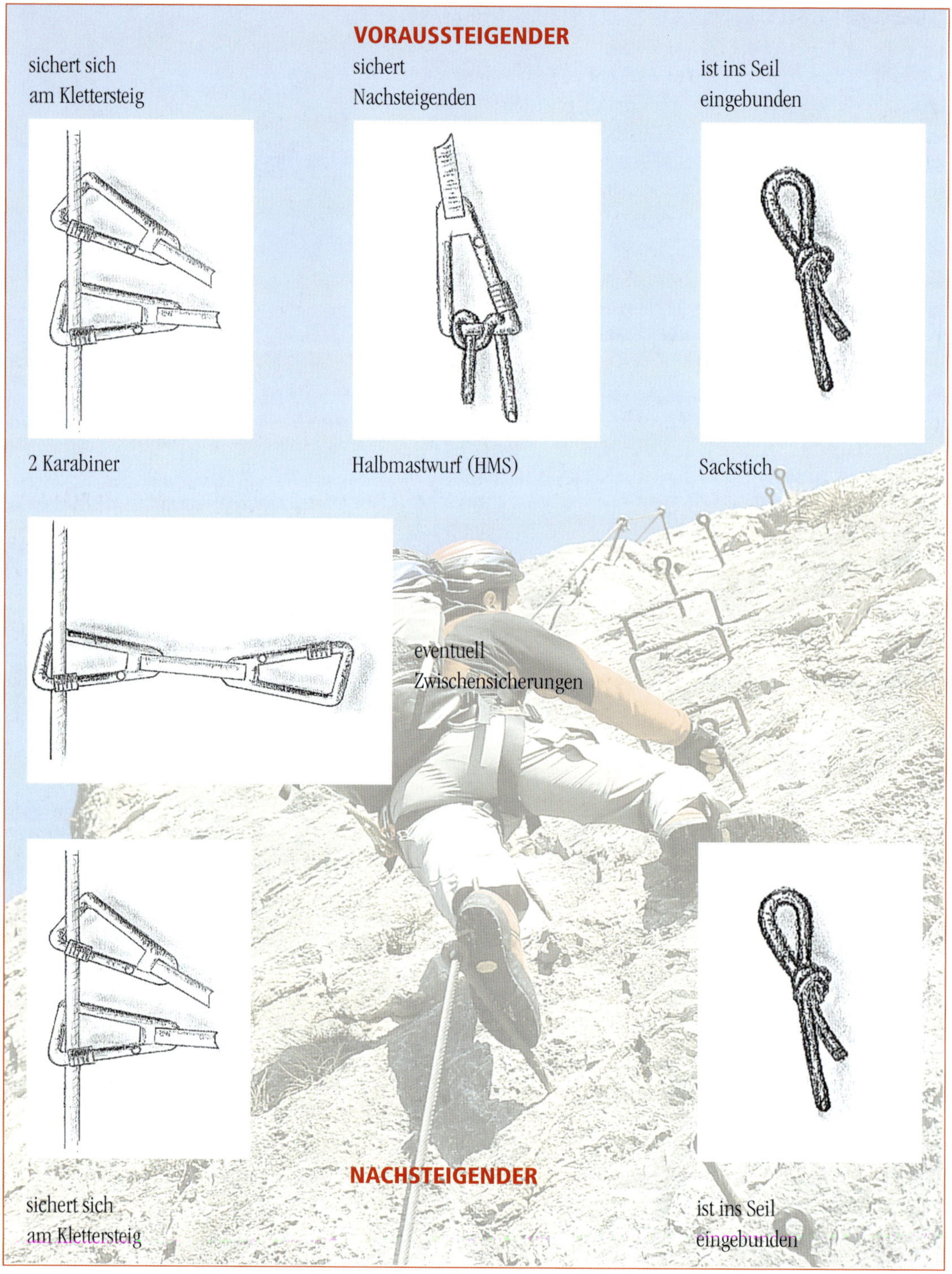
VORAUSSTEIGENDER
sichert sich
am Klettersteig
sichert
Nachsteigenden
ist ins Seil
eingebunden
2 Karabiner
Halbmastwurf (HMS)
Sackstich
eventuell
Zwischensicherungen
NACHSTEIGENDER
sichert sich
am Klettersteig
ist ins Seil
eingebunden

eine vertikale Leiter oder eine Klammernreihe. Ist bloß ein Drahtseil montiert und fehlen dazu ausreichend Tritte und Griffe, helfen nur Kraft und die richtige Technik. Der Körperschwerpunkt muss weg vom Felsen, d. h. man lehnt sich nach außen, um über den Schuhsohlen Druck zu erzeugen. Auf diese Weise wird ausreichend Reibung erzeugt, damit man nicht abrutscht. Im Bereich der Seilverankerungen sollten allerdings »Standplätze« bestehen – hier muss man eine Hand zum Umhängen freihaben.

Längere senkrechte Passagen, die bloß eine Drahtseilsicherung aufweisen, sind natürlich sehr Kraft raubend. Man wird unter Umständen Pausen einlegen müssen. Fehlen einigermaßen bequeme Standplätze, kann man sich an einer Verankerung auch »ins Seil hängen«.

Wichtig bei der Bewältigung solch steiler Felspassagen sind geeignete Schuhe, die keine zu steife Sohle aufweisen, sich also im Zehenbereich durchbiegen lassen. Dadurch wird die Auflagefläche und damit der Reibungsfaktor erhöht (—>Kapitel 7 »Die Ausrüstung«).

WICHTIG

Bei schwierigen Passagen heißt die Devise: »Ruhig Blut!« Also erst einmal schauen, Tritt- und Griffmöglichkeiten abschätzen, nach dem nächsten guten Stand suchen. Gleichmäßig gehen und möglichst mit Beinarbeit steigen!

Partnersicherung

Bei schwierigen Passagen empfiehlt sich unter Umständen eine zusätzliche Partnersicherung. Das geht bei französischen Klettersteigen ganz leicht, weil in der Regel alle Seilverankerungen mit »Sauschwänzchen« ausgestattet sind, die ein problemloses Ein- und Ausfädeln des Seils erlauben. Allgemein eignen sich aber die meisten Verankerungen als Zwischensicherung bzw. zur Einrichtung eines Standplatzes.

Bei Routen, die bloß mit einem Drahtseil ausgestattet sind, lässt sich auf diese Weise die (im Grunde bedenkliche) Zusammenlegung von Sicherung und Fortbewegungshilfe ausschalten. Bei einem Drahtseilbruch endet der Sturz im Seil, nicht mit dem Tod oder schwersten Verletzungen.

Zur Partnersicherung reicht ein Einfachseil (10–11 mm Ø), je nach Art der Drahtseilverankerungen benötigt man zuzsätzlich ein paar Karabiner. Damit kann der Vorsteigende die Sturzhöhe auf jeweils maximal den doppelten Abstand zwischen zwei Fixpunkten reduzieren.

WICHTIG

Seilsicherung muss geübt werden (»Trockentraining«), die entsprechenden Handgriffe sollten sitzen. Sonst verliert man am Klettersteig zu viel Zeit oder andere Ferratisti werden unnötig aufgehalten.

Wer einen Klettersteig als Seilschaft begeht, muss auf jeden Fall die Technik der Partnersicherung beherrschen (siehe auch schematische Darstellung auf der linken Seite)!

WICHTIG

Die heute übliche Sicherungstechnik ist in dem Praxisbuch »Bergsteigen« von Pepi Stückl und Georg Sojer (Bruckmann, München 2002) detailliert beschrieben.

Der Voraussteigende wird von seinem Partner gesichert, während des Kletterns legt er je nach Bedarf (und Möglichkeit) an Drahtseilverankerungen Zwischensicherungen. Hat er einen Standplatz erreicht, sichert er sich und lässt den Partner nachkommen. Der sammelt die Zwischensicherungen ein.

Überhänge

Hier gilt grundsätzlich das Gleiche wie im senkrechten Fels. Der Kraftaufwand ist durch die Verlagerung des Körperschwerpunktes allerdings erheblich größer, auch die psychische Belastung. Überhängende Passagen sind aber meistens mit künstlichen Griffen und Tritten ausgestattet (Leiter, Klammern, Eisenstifte) und vergleichsweise kurz. Auf Sportklettersteigen sind extreme Passagen dieser Art oft als Varianten angelegt. Bei alpinen Vie ferrate findet man sie in der Regel höchstens im Einstiegsbereich, z. B. an der »Tomaselli« oder beim »Johann«.

Die berühmte Hängebrücke am »Sentiero Dibona« im Cristallomassiv

Hängebrücken

Aus den französischen Klettersteigen sind Hängebrücken (les passerelles) kaum mehr wegzudenken. In der Regel handelt es sich um zwar schwankende, aber sehr solide Konstruktionen. Auf der zur Zeit längsten Hängebrücke überquert man den Gibidum-Stausee auf dem »Aletsch-Klettersteig«: 86 Meter von einem zum anderen Ufer!

Technisch bietet das Begehen einer Hängebrücke keine Probleme, und wer auf Klettersteigen herumturnt, ist ja auch schwindelfrei.

Seilbrücken

Zum »Gag-Sortiment« insbesondere talnaher Klettersteige im französischsprachigen Alpenraum gehören Zwei- und Dreiseilbrücken. Bei Letzteren (pont népalais

WICHTIG

Es betritt jeweils nur ein Klettersteigler die Seilbrücke!

Ziemlich wackelig: eine Zweiseilbrücke

oder pont himalayen) geht man auf einem Seil, zwei weitere Seile – jeweils links und rechts in Brusthöhe gespannt – helfen, das Gleichgewicht zu halten. Die Zweiseilbrücke (pont de singe = Affenbrücke) wird quer zur Seilrichtung begangen, wobei die Füße nebeneinander stehen und abwechslungsweise weitergeschoben werden. Meistens ist ein zusätzliches Sicherungsseil angebracht, in das man die Karabiner des Klettersteigsets einhängt.

Als weitere Variante ist der Holzsteg zu erwähnen: ein Balken (demi-tronc = halber Baumstamm), in der Regel etwa zwanzig Zentimeter breit, und ein auf Bauchhöhe parallel gespanntes Halteseil.

WICHTIG

Beim Begehen der Dreiseilbrücken muss man vor allem darauf achten, die Füße schräg zur Seilrichtung aufzusetzen. So steht man sicherer. Und nie vergessen: Karabiner zur Sicherung einhängen!

Tyroliennes

Seit jüngstem kann man auf dem einen oder anderen Klettersteig auch abfahren: an einer Tyrolienne. Die erforderliche zusätzliche Ausrüstung (Seilrolle, Schraubkarabiner und Bandschlinge) ist in der Regel am Entrée zur Ferrata zu mieten. Eine Ausnahme: Am »Aletsch-Klettersteig« ist die Seilrolle fest montiert,. sie wird jeweils vor der Fahrt zur »Bergstation« herübergezogen.

Regen

Sicherer Griff zum sichernden Eisen: am »Kaiser-Max-Klettersteig«

Was für jede Bergtour gilt, hat auf Klettersteigen besondere Geltung: Bei Schlechtwetter steigt das Risiko mindestens im gleichen Maß, in dem die Stimmung sinkt. Feuchtes bzw. nasses Metall ist rutschig, die Drahtseile lassen sich nicht mehr sauber fassen, es steigt die Gefahr, auszurutschen. Flechtenüberzogene Felsen (z. B. Gneis), die normalerweise beste Haftung bieten, sind nur mehr schwer zu begehen, glatte Platten (vor allem, wenn ein Sicherungsseil fehlt) tückisch.

Wie weiter?

Die Situation kennt wohl jede/r, der öfter in den Bergen unterwegs ist. Man steht vor einem steilen, beinharten Schneefeld, ein Drahtseil ist gerissen, Gewitterwolken türmen sich am Himmel oder die Schlüsselstelle des Klettersteigs macht Probleme. Weitergehen oder umkehren?

Da ist die berühmte Bergerfahrung gefragt. Die Situation will richtig eingeschätzt sein, das Risiko soll auf ein Minimum reduziert bleiben. Grundsätzlich gilt: Wer Zweifel hat, ob ein Weitergehen sinnvoll ist, sollte umdrehen. Kann sein, dass man auf dem Schneefeld nicht ausgerutscht wäre, vielleicht verziehen sich die dunklen Wolken ja wieder, aber trotzdem: Verzicht ist immer besser als ein unkalkulierbares Risiko. In den Unfallstatistiken des DAV kann man jedes Jahr nachlesen, was für gravierende Folgen Leichtsinn und Fehleinschätzung am Berg haben können.

Klick, klick! Die modernen Klettersteig-sets bieten optimale Sicherheit auf der Ferrata.

LEICHT ZU MERKEN – 10 REGELN FÜR KLETTERSTEIGLER

- Vor der Tour: Sich über die Wetteraussichten informieren; bei Gewitterneigung möglichst früh starten, besser die Tour verschieben.
- Tourenplanung dem eigenen Können und Konditionsstand anpassen. Im Frühling nicht gleich mit der schwierigsten Ferrata beginnen!
- Rucksack sorgfältig packen: Nichts vergessen!
- Ausrüstung nicht nur mitnehmen, sondern auch benutzen. Der Steinschlaghelm im Rucksack schützt bestenfalls die teure Kamera, nicht aber den Kopf.
- Am Klettersteig nach Möglichkeit klettern; das Drahtseil dient in erster Linie der Sicherung. Wo das nicht mehr möglich ist, darauf achten, dass ein Seilabschnitt jeweils nur von einem Bergsteiger benutzt wird.
- Sorgfältig gehen, Steinschlag vermeiden. In Rinnen und Schluchten nach Möglichkeit nur einsteigen, wenn sie »frei«, also keine anderen Bergsteiger unterwegs sind.
- Stets aufs Wetter achten. Bei Gewitter weg von Graten und Eisenteilen – wer geht schon gerne an einem riesigen Blitzableiter spazieren?
- Bei einem Wetterumsturz umdrehen! Selbst nur mäßig schwierige Klettersteige verwandeln sich bei Regen, Schneefall oder einem Temperatursturz (Vereisung) rasch in gefährliche Fallen.
- Kein blindes Vertrauen in Drahtseile, Haken und Verankerungen; sie können beschädigt oder locker sein. Drahtseile nicht unnötig auf Zug belasten.
- Defekte Sicherungen stets in der Hütte oder im Tal (bei der Polizei oder im Verkehrsbüro) melden!

Klettersteige mit Kindern

Kinder mögen Abenteuer. Das wissen die Eltern, und sie wissen natürlich auch, dass man den Nachwuchs leichter für die Erstürmung einer verwunschenen Burgruine oder eine Schluchten-Expedition als für eine Almwanderung begeistern kann. Oder für einen Klettersteig!

Voraussetzung ist natürlich, dass die Eltern als Verantwortliche über ausreichende Berg- und Klettersteigerfahrung verfügen, die Familie auch schon öfter zwischen Tal und Gipfel unterwegs war. Kinder besitzen in der Regel ausgezeichnete motorische Fähigkeiten, ein günstiges Kraft-Gewicht-Verhältnis (am Klettersteig vorteilhaft) und – sofern sie regelmäßig etwas Sport treiben – auch genügend Ausdauer.

Macht Spaß, so ein Klettersteig!

Ob Eltern ihre Kinder auf Klettersteige mitnehmen oder nicht, liegt allerdings allein in ihrem Ermessen. Verbindliche Empfehlungen kann man keine geben, zu unterschiedlich sind die Vorstellungen, ob das Begehen von Klettersteigen mit Kindern nun gefährlich sei oder nicht, zu unterschiedlich auch die bergsteigerischen Fertigkeiten bei Jung und Alt.

Wenn man mit Kindern auf Klettersteige geht, sind allerdings ein paar Punkte zu beachten:

- Kinder agieren auch in den Bergen spielerisch, lassen dabei oft die notwendige Vorsicht missen. Deshalb nimmt man kleinere Kinder in abschüssigem Gelände an ein kurzes Seil.
- Eine komplette Klettersteigausrüstung samt Helm ist selbstverständlich.
- Die Handhabung des Klettersteigsets muss vorher geübt werden.
- Kinder weder unter- noch überfordern! Merkt man, dass ein Kind Angst bekommt oder nicht weitergehen mag, sollte man auf jeden Fall umkehren. Andernfalls besteht auch die Gefahr, dass die Freude am Kraxeln für lange Zeit dahin ist.
- Zu lange, dadurch für Kinder sehr anstrengende Touren sind nicht ratsam.
- Klettersteige sind für Erwachsene angelegt (Ausnahme: einige Vie ferrate in den französischen Alpen); zu weit auseinander gesetzte Tritte (z. B. Eisenbügel) oder Griffe können für Kinder ein Problem sein.
- Bei der Planung berücksichtigen, dass Kinder ein anderes Zeitgefühl haben und mehr Pausen erforderlich sind.
- Eine leckere Brotzeit oder (noch besser) eine bewirtschaftete Hütte heben die Moral (und Motivation) des Nachwuchses.
- Etwas Fantasie entwickeln, für Abwechslung sorgen. Beispiel: Die Kinder testen den Klettersteigführer, den Papa dabei hat. Stimmt auch alles?
- Bei einer Wetterverschlechterung rechtzeitig umkehren. Dabei ist (vor allem bei Gewittergefahr) eine ausreichende Zeitreserve einzuplanen, damit man die Kinder beim Rückweg/Abstieg nicht unnötig antreiben muss.

Unterwegs am Klettersteig – was muss ich beachten? Vier Beispiele

Mindelheimer Klettersteig

Recht lange Kammüberschreitung in den Allgäuer Alpen, gut gesichert und viel begangen.

DER ZUSTIEG

Vom Parkplatz Schwendle (1160 m) führt eine Sandstraße ins idyllische Wildental zur Fluchtalpe (1390 m). Hier hält man sich links und folgt dem Weg, der in kurzen Kehren zum Waldrand ansteigt, dann in weiterem Zickzack an dem steilen Hang die Vorderwildenalp gewinnt (1). Nun etwas flacher in die Mulde unter der Hammerspitze und in ein paar Schleifen hinauf zu der weiten Senke des Fiderepasses (2035 m). Links steht etwas höher die Fiderepass-Hütte (2067 m). Aus der Wasserscheide auf markiertem Weglein über Geröll und Schrofen in die winzige Fiderescharte (2199 m). Dahinter kurz abwärts und rechts haltend am Grat zum Einstieg.

Steile, aber gut gesicherte Passage am »Mindelheimer Klettersteig«

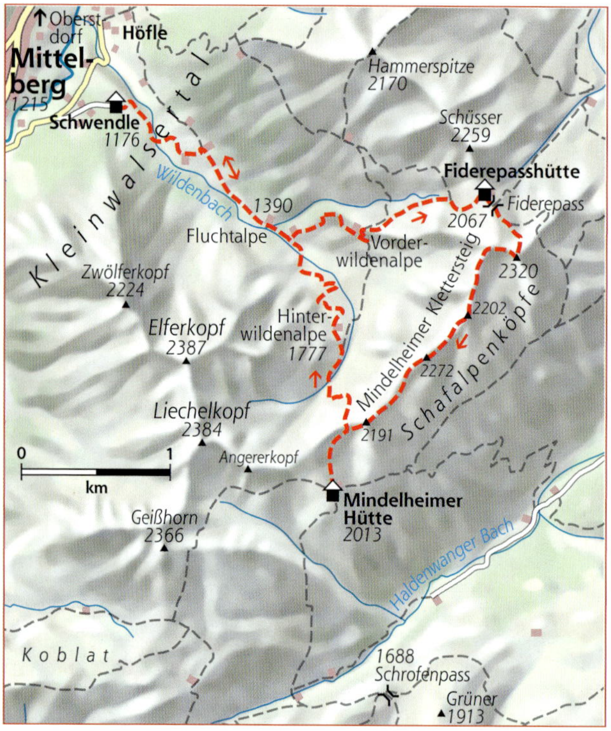

DIE ROUTE

Mit Hilfe solider Eisenklammern meistert man den Einstiegsüberhang (2); ein paar weitere Haken leiten anschließend auf einen Absatz. Nun leichter in griffigem Fels in eine senkrechte Rinne, die an Bügeln durchstiegen wird. Den Drahtseilen folgend in die Gratkerbe knapp rechts des Nördlichen Schafalpenkopfs (2320 m; Spur zum Gipfelkreuz, I) (3).

Am Kamm entlang zu einem Steilabbruch. Hier gut gesichert über gestufte Felsen absteigend zu einer Leiter, die hinter einem kleinen Turm ins Flache leitet. Weiter an dem breiten Rücken entlang, mit Hilfe einiger Klammern über einen kurzen, senkrechten Absatz hinunter (4). Eine solide Eisenbrücke (5) hilft über einen Grateinschnitt hinweg. Seilsicherungen führen an einer Rampe unter Überhängen abwärts; über eine senkrechte, mit Eisenklammern gangbar gemachte Wandstufe (6) geht's hinab in die Scharte zwischen dem Nördlichen und dem Mittleren Schafalpenkopf.

Der Anstieg zum Mittelgipfel startet recht rassig über steile Felsen; einige Eisenhaken liefern dabei zusätzliche Halte- und Trittpunkte. Einem engen Kamin entsteigt man rechts über Bügel, Drahtseile leiten in gestuftem Fels auf ein spitzes Köpfl. Jenseits mit Klammern an einer plattig-steilen Rampe abwärts, rechts um einen Felsturm herum und dann senkrecht (Haken, Seile) auf ein abschüssiges Band (7). Mit guten Sicherungen in origineller Wegführung über und um die zerklüfteten Gipfelzacken des Mittleren Schafalpenkopfs (2201 m). Eher gemütlich der Abstieg, erst an einem harmlosen Schrofenhang, zuletzt mit Hilfe von ein paar Klammern über eine Steilstufe in die Scharte (2104 m) vor dem dritten Gipfel.

Steiler dann der Gegenanstieg, der durch zwei mit Bügeln und Eisenstiften entschärfte Kamine verläuft. Ein Felsband (Drahtseil) führt schließlich zum Südlichen Schafalpenkopf (2272 m). Dahinter an dem breiten Bergrücken über harmlose Schrofen (8) abwärts und links zum Ansatzpunkt einer Steilrinne (rechts leichterer, markierter Alternativweg). Über eine Leiter geht's hinunter zu einer Rippe, über die man zum Felsfuß abklettert (gute Griffe, einige Eisenstifte) (9).

(1) Nicht zu schnell angehen – die Tour ist noch lang!
(2) Wie oft bei Klettersteigen: die schwierigste Passage gleich zu Beginn.
(3) Gelegentliche Pausen nicht vergessen – am besten natürlich gleich ganz oben am Gipfel.
(4) Mit dem Gesicht zum Fels einsteigen.
(5) Mit einem Drahtseilgeländer.
(6) Ein dankbares Fotomotiv: KlettersteiglerIn vor Bergkulisse.
(7) Vorsicht bei Nässe oder wenn Schnee liegt.
(8) Ist man schon lange unterwegs (und vielleicht) etwas müde, steigt die Gefahr des Stolperns auch im leichten Gelände.
(9) Steinschlaggefahr durch Nachsteigende: Helm!
(10) Vorsicht: Im Frühsommer können hier noch harte Schneereste liegen.

Über diesen Felsspalt hilft eine solide Brücke.

Anschließend führt die Wegspur ins Grüne. Letztes »Hindernis« am Weg ist dann das Kemptner Köpfl (2191 m): knapp 100 Höhenmeter zu dem felsigen Ausguck. Zuletzt über steinige Wiesen bergab in die Kemptner Scharte (ca. 2100 m). Zehn Gehminuten weiter südlich steht die Mindelheimer Hütte (2023 m).

DER ABSTIEG

Auf schön angelegtem Weg an einem felsigen Rücken (Drahtseile) im Zickzack abwärts ⑩, dann über den Geröllkegel in weiteren Kehren hinunter in den Boden der Hinterwildenalpe (1777 m). An der Almhütte vorbei und über eine markante Talstufe bergab zur Fluchtalpe (1390 m), wo man wieder auf den Anstiegsweg stößt. Auf ihm zurück nach Mittelberg-Schwendle.

Masarè-Rotwand-Klettersteig

Abwechlungsreiche Genussroute im Rosengarten, sehr beliebt.

DER ZUSTIEG

Mit dem Sessellift schwebt man in wenigen Minuten hinauf zur Paolina-Hütte (2115 m) (1). Ein sehr aussichtsreicher Höhenweg führt zum Christomannos-Denkmal (2349 m) und in weitem Bogen unter der Punta Masarè fast eben zur Rotwand-Hütte (2280 m) (2). Vom Schutzhaus (Tafeln) auf markiertem Weglein, zuletzt in leichtem Schrofengelände, auf die Punta Masarè (2585 m).

DIE ROUTE

Rechte Seite: luftige Querung am Klettersteig

Der »Masarè-Rotwand-Klettersteig« wartet immer wieder mit überraschenden Szenenwechseln und originellen Passagen auf.

Den Drahtseilen folgend zunächst leicht bergab, um einen ersten Gratturm herum und anschließend aufwärts gegen eine Scharte. Links durch eine Steilrinne auf eine exponierte Felsschulter und leicht auf den Torre II. Dahinter kurz am Kamm entlang, dann durch einen Felsspalt und an Eisenstiften in einem Kamin senkrecht hinunter in einen schmalen Grateinschnitt (3). Nun schräg ansteigend durch seine gestufte Ostflanke auf den Hexenturm (Tor de le Stries, 2607 m), dahinter gleich wieder abwärts zu einem Band und auf ihm in die nächste Scharte. Luftig aus dem Felswinkel heraus (4) und den Drahtseilen nach über die gegliederte Felsflanke abwärts zu einer Geröllrinne. Man quert sie (5) und folgt dem Weglein

zur Verzweigung unter dem Fensterlturm (2670 m). Rechts Zwischenabstieg durch einen knapp meterbreiten Spalt (Drahtseile, Leiter) zur Rotwand-Hütte ⑥.

Die Fortsetzung der Ferrata steigt im Rücken des Fensterlturms an zu einer Gratkante, wo man unvermittelt über einem senkrechten Abbruch steht. Luftig, aber mit guten Sicherungen schräg hinunter in eine schattige Rinne ⑦, wo ein Alternativzustieg von der Rotwand-Hütte mündet. Links aufwärts ins Blötzerjoch und – nur mehr teilweise gesichert – auf die Südabdachung der Rotwand (2806 m) und zum großen Gipfelkreuz.

Nordseitig am breiten Grat über harmlose Felsstufen (Drahtseile) ⑧ hinunter in den Vajolonpass (2560 m).

DER ABSTIEG

Aus der Scharte westseitig auf einer markierten Spur durch die breite Geröllrinne ⑨ abwärts zum viel begangenen »Hirzelweg« und auf ihm zurück zur Liftstation.

① Vorab Infos über die Betriebszeiten der Bahn einholen!
② In der Hütte bekommt man Auskunft über den Zustand des Klettersteigs.
③ Kreuzen ist hier nicht möglich; man schaut zunächst nach und verständigt sich dann, wer zuerst einsteigt.
④ Tolles Motiv fürs Erinnerungsfoto.
⑤ Vorsicht Steinschlaggefahr!
⑥ Bei einer Wetterverschlechterung oder Konditionsproblemen kann man die Tour hier abbrechen.
⑦ Düstere Rinnen und Felswinkel können unter Umständen vereist sein.
⑧ Weniger Geübte sichern sich auch in leichterem Gelände.
⑨ Das Absteigen in lockerem Geröll will geübt sein, auch das »Abfahren«.

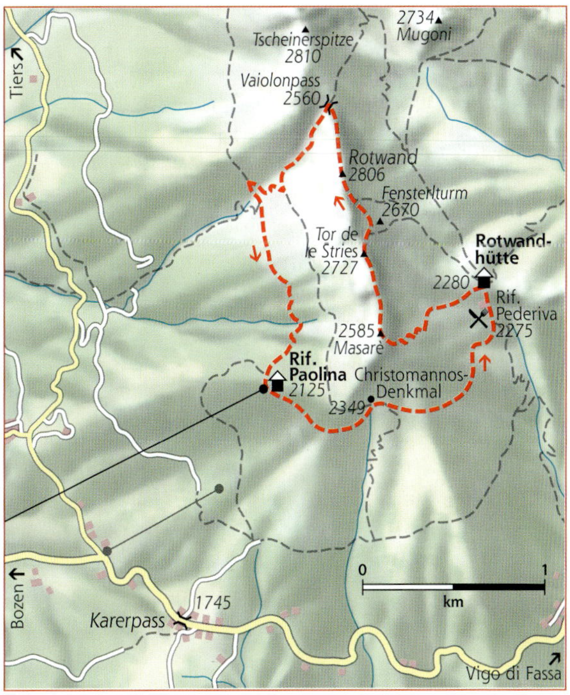

Braunwalder Klettersteig

Landschaftlich sehr lohnender, aus drei Abschnitten bestehender Klettersteig in den Glarner Alpen.

DER ZUSTIEG

Vom Restaurant Gumen (1901 m; Hinweisschild) auf markiertem Weg schräg aufwärts zum Gumengrat und an ihm links zum Einstiegstörl (2120 m) ①.

DIE ROUTE

Bestens gesichert über den felsigen Vorbau des Leitereggs, dann am Grat zunehmend steiler aufwärts. Luftig nach links, über einen tiefen Spalt ② und gleich danach durch eine Rinne senkrecht hinauf. Eine steile Verschneidung führt unter Überhängen auf einen grasigen Absatz. An Eisenbügeln über eine senkrechte Felsstufe, dann mit Drahtseilsicherung links zu einem recht ausgesetzten Eck. Weiter schräg hinauf zum Leiteregg (2310 m) mit der »Edelweißbank« und großer Schau über die Glarner Alpen.

Am »Braunwalder Klettersteig« gibt es zwei gesicherte Zwischenabstiege.

An dem Wiesenrücken leitet eine Spur leicht abwärts zum Fuß des Vorder Eggstocks, wo der erste Abschnitt der Ferrata endet, die Route sich gabelt: Der Zwischenabstieg führt, teilweise gesichert ③, über die markante Grasrampe zu Steilabbrüchen. Zwei solide Leiter helfen hinab zum Felsfuß. Nun links mit den Drahtseilsicherungen zurück zum Einstieg.

Der zweite Abschnitt des »Braunwalder Klettersteigs« steigt rechts haltend in dem zunehmend steileren Fels an zu einem luftigen Eck. Eine senkrechte Leiter hilft auf ein Horizontalband. Man folgt ihm kurz nach links zu einem steilen Kamin. An soliden Sicherungen anstrengend in gestufteres Gelände. Ein letzter Aufschwung leitet zum

① Im Herbst wird das Tor geschlossen: Klettersteig gesperrt. Diese Wintersperre erfolgt aus Sicherheitsgründen.
② Diese Passage ist leichter zu meistern, wenn man sich beim Spreizschritt etwas nach außen lehnt.
③ Unterhalb dieser Rampe verlaufen im Steilfels mehrere Routen eines Klettergartens. Es wurden deshalb Holztreppen (an Drahtseilen befestigt) angelegt, um Steinschlag und damit eine Gefährdung der Kletterer möglichst auszuschalten.
④ Die 16 Meter lange Konstruktion wurde von Bergfreunden aus der Stadt Charlotte (North Carolina, USA) finanziert – daher der Name.
⑤ Die Eggstöcke liegen innerhalb eines Pflanzenschutzgebietes.
⑥ Ganz wichtig: Keine Steine ablassen, die Absteigende gefährden könnten!
⑦ Die etwas wackelige Konstruktion besteht aus Drahtseilen.
⑧ Der Verlauf des letzten Anstiegs ist von der Scharte aus gut einzusehen, ein eventueller Rückzug nach etwa zwanzig Metern noch leicht möglich.
⑨ Wichtig ist in diesen Steilpassagen ein ruhiges, gleichmäßiges Steigen: Die Route im Auge behalten, nach den nächsten Griffen schauen und rechtzeitig umhängen.

Klettersteig Braunwald

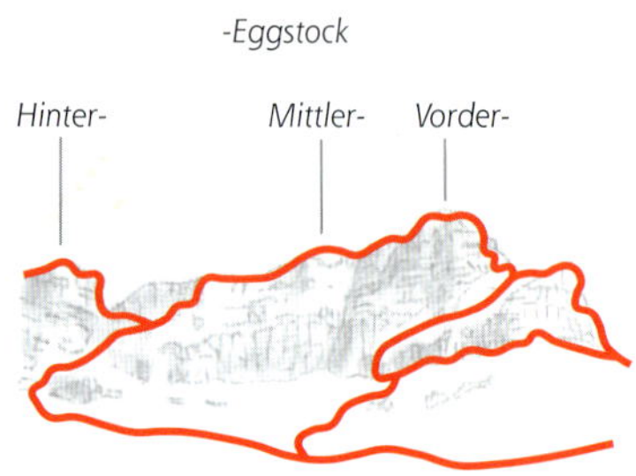

Der Aufstieg zum Leiteregg bietet packende Tiefblicke ins Linthtal.

Gipfel des Vorder Eggstocks (2449 m). Dahinter rechts des Kamms leicht abwärts und auf der »Charlotte Bridge« ④ sehr spektakulär über eine tiefe Scharte. Nach kurzer Querung in den Südabstürzen folgt die Route dem schmalen Felsgrat hinüber zur großen Blumenwiese des Mittler Eggstocks (2420 m) ⑤.

Vom Gipfel links mit Drahtseilsicherung kurz abwärts zu einer Verzweigung. Hier beginnt der zweite Zwischenabstieg. Er leitet über steile, felsdurchsetzte Wiesen ⑥ schräg abwärts zu senkrechten Abbrüchen. Eine zwanzig Meter lange »Strickleiter« ⑦ bildet das luftige Finale; eine deutliche Spur führt im Geröll hinunter zu dem quer verlaufenden Wanderweg.

Erfahrenen Klettersteiglern ist der letzte Abschnitt der Ferrata reserviert: sehr schwierig ⑧. Von der oben genannten Weggabelung leitet eine Spur in die Scharte vor der steilen Felsstirn des Hinter Eggstocks. An den soliden Sicherungen schräg links aufwärts und dann senkrecht nach oben. Ein kurzer Überhang verlangt absolute Konzentration und energisches Zupacken; ein leicht abdrängendes Eck völlige Immunität gegen schwindelnde Tiefe ⑨. Zuletzt leichter auf den abgeflachten Gipfel (2445 m).

DER ABSTIEG

Den blauweißen Pflöcken folgend über Wiesenhänge abwärts zum Bützi, wo man auf einen markierten Wanderweg stößt. Links über eine Geländestufe hinab und flach zurück zur Liftstation Gumen.

Via ferrata St-Pierre

Typisch französischer Sportklettergarten in den Felsen von St-Pierre hinter dem Ferienort Valloire (Savoyen). Teilbegehungen möglich.

DER ZUSTIEG

Er beginnt an der Straßenbrücke über die Valloirette (Schautafeln) und führt kurz zum Einstieg.

Die große Hängebrücke am Ende der »Ferrata St-Pierre II«

ST-PIERRE I

Den Sicherungen nach an der mäßig steilen, mit Bäumen bestandenen Felsflanke schräg aufwärts zu einem markanten Absatz (erster Zwischenausstieg). Dann geht's voll zur Sache: ① Die »Passage de plein gaz« führt, mit Eisenbügeln bestens gesichert, um eine überhängende Felsnase herum und dann senkrecht nach oben zu einem Absatz (zweiter Ausstieg). Rechts etwas abwärts zum Fuß der Gipfelwand und immer steiler, zuletzt leicht überhängend (Klammern, Leiter) auf den abgeflachten Rücken des Rocher St-Pierre (1582 m). Kurz nach rechts zum Wiedereinstieg ②: vom flachen Grasboden in die leicht überhängende Wand hinüber zur ersten Hängebrücke. Jenseits an ei-

① Die »Vollgas-Passage« ist, wie bei extremen Passagen auf französischen Klettersteigen üblich, mit Tritt- und Griffbügeln sowie einem Sicherungsseil versehen. Zügig steigen!
② Kostet etwas Überwindung, weil man sozusagen ins »Nichts« hinaussteigen muss. Griffbügel erleichtern den Übergang.
③ Eine kurze Zweiseilbrücke und ein Holzsteg mit Seilgeländer.
④ Bei der Querung nicht zu sehr am Felsen »kleben«, sich etwas nach außen lehnen. So hat man mehr Bewegungsfreiheit.
⑤ Hängebrücke, beiderseits solide verankert.
⑥ An dem dritten, parallel laufenden Seil hängt man die Karabiner ein.
⑦ Mit Eisenbügeln und Griffeisen ausgestattet.

nem Pfeiler senkrecht hinunter, anschließend durch einen Kamin wieder steil aufwärts, den tiefen Einschnitt zuletzt noch zweimal querend ③.

ST-PIERRE II

Die lange und extrem ausgesetzte Querung am »Petersfelsen« beginnt gut fünfzig Meter weiter südlich am Grat. Man steigt erneut ein in die leicht überhängende Wand und quert auf schmalen, teilweise etwas abdrängenden Bändern zu einem Pfeilereck ④. Auf Eisenbügeln und über eine senkrechte Leiter geht's hinunter zur ersten Passerelle (ca. 15 Meter lang) ⑤, die einen tiefen Einschnitt oberhalb einer Grotte überspannt. Jenseits an Klammern auf ein nächstes Horizontalband. An seinem Ende steil hinunter zu einer luftigen Zweiseilbrücke ⑥, anschließend in kurzer, sehr exponierter Querung ⑦ auf ein bequemes Band. Dann leiten die Sicherungen hinaus auf einen Gratrücken, an dem man absteigt zur großen Passerelle, die eine Spannweite von gut vierzig Metern aufweist. Durch einen steilen, aber gut gesicherten Kamin gewinnt man den Ausstieg unweit der Kapelle St-Pierre.

Holzbalkenbrücke am Ausstieg der »Ferrata St-Pierre I«

DER ABSTIEG

Auf Wiesenwegen zurück nach Valloire.

Zusammenfassung

Das Begehen von Klettersteigen setzt ganz spezielle Fähigkeiten voraus, die man – wie das Bergsteigen – durch »learning by doing« erwirbt: eine gute körperliche Verfassung, also Kraft und Ausdauer, eine gewisse Behändigkeit und natürlich Schwindelfreiheit. Sehr zu empfehlen sind Klettersteig-Kurse, wie sie von vielen Bergführer-Vereinigungen angeboten werden. Kein (gedruckter) Ratgeber kann das Üben im Gelände ersetzen, und das geschieht am besten unter kompetenter Anleitung. So lassen sich Fehler im Umgang mit dem Eisen eliminieren, bevor sie möglicherweise zur (gefährlichen) Gewohnheit werden.

Engelberg – ein Klettersteig-Dorado?[1]

Ein recht ungewöhnlicher Name, fürwahr: Engelberg. Denn nach des Volkes Meinung gehören Engel in den Himmel. Oft allerdings schweben sie in Kirchenkuppen herum, wenn sie sich nicht gerade als Schutzengel nützlich machen. Und so einen kann man immer gut gebrauchen, vor allem natürlich in den Bergen.

INTERESSANT

Der Titlis gehört zu den berühmtesten Aussichtsbergen der Innerschweiz. Von der Bergstation der großen Seilbahn spaziert man über den vergletscherten Gipfelhang in 40 Minuten zum höchsten Punkt.

Entstanden ist Engelberg – wen wundert's? – mit göttlichem Beistand. Um 1120 gründeten fromme Benediktiner am Nordfuß des Titlis ein Kloster, das sich prächtig entwickelte, dabei sakrales Streben, kulturelles Wirken und weltlichen Erfolg bestens zu verbinden vermochte. Immerhin blieb der Ort, stets unter den Fittichen des Klosters, bis 1798 mehr oder weniger unabhängig, seit dem 15. Jahrhundert mit den Eidgenossen verbündet.

Geschichte. Heute guckt man mehr aufs Geld, aber natürlich auch gen Himmel. Denn das Klosterdorf bildet gewissermaßen die Basis des »Unternehmens Engelberg«, das Kapital steht rundum und darüber: die Berge. Der berühmteste ist der Titlis (3239 m), und den kennt man sogar in Japan. Die kleinen Leute aus dem fernen Osten geben sich nämlich gerne das Jawort in alpiner Höhe, vor der weißen Pracht des Titlisfirns – und dem Himmel ganz nah.

Letzterer ist bekanntlich für alle da, auch für Bergsteiger. Die kommen sehr gern nach Engelberg. Manche wandern über den Jochpass oder über den Surenen, andere steuern mit schwererem Gepäck den Gross Spannort an. Ein beliebtes Gipfelziel war immer schon der Engelberger Rotstock, doch in jüngster Zeit ist er etwas aus der Mode gekommen. Das liegt am Rigidalstock (2593 m), denn der hat jetzt seinen Klettersteig. Das verspricht Action, ein bisschen Nervenkitzel, nicht bloß vier Stunden bergauf wandern, und eine tolle Aussicht gibt's auch.

Der »Rigidalstock-Klettersteig« startet über ein seilgesichertes Felsband.

Rolf war noch nie auf einem Klettersteig, die Susanne schon. Doch das ist schon ein paar Jahre her, und ob es ihr damals Spaß gemacht hat, weiß ich nicht mehr so genau.

»Flüg aber nöd abe!«, hat sie zu ihm gesagt (für Nichtschweizer: Fall nicht runter!), ein wenig besorgt geguckt, die leere Ovo-Tasse weggeräumt und zugeschaut, wie er seine Siebensachen zusammenkramt: den dicken Pulli, den Anorak, die Trinkflasche, den Helm (neu), den Klettergurt (neu) und das Salewa-Klettersteigset (auch neu). Beim Anstieg zum Einstieg hat der Rolf, Unternehmer und deshalb oft gestresst, dann ziemlich geschnauft, vielleicht lag es am fehlenden Training, möglicherweise hat er auch ein etwas mulmiges Gefühl gehabt, wie die Felsen da immer näher kamen, höher in den blauen Himmel wuchsen. Wir seilen uns an, per Ankerstich, was auch Anfängern keine Probleme mehr macht. Klick-klick, der Karabiner schnappt sich das dicke Drahtseil, und schon geht's los. Ein grünes Band leitet zur ersten Felsstufe, auf

[1] »Engels-Berge« von Eugen E. Hüsler in: »Bergsteiger« 9/2001, gekürzt

INTERESSANT

Der Klettersteig auf den Rigidalstock ist ideal für Anfänger: gut gesichert, nur mäßig ausgesetzt mit der anspruchsvollsten Stelle kurz nach dem Einstieg.

Tritten, größer als eine Schuhsohle, steigen wir hoch. Um ein Eck herum leiten die Seile in eine schmale, steile Rinne: die »Schlüsselstelle«.

»Zieh – einfach ziehen«, sag ich zum Rolf, packe das Drahtseil – und drüber bin ich. Beim zweiten Mal klappt es auch bei ihm, ich nicke, lächle anerkennend (»Guet!«), und dann klettern wir weiter, erst am Grat entlang, dann auf Eisenbügeln über eine plattige Wandstufe.

Rolf scheint die Turnerei zunehmend mehr Spaß zu machen. Er schnauft und schwitzt sich glücklich, hat überhaupt keine Angst mehr. Ich mach ein paar Fotos von ihm mit dem Titlis im Hintergrund und dem Spannort.

Und dann sagt der Rolf, was fast alle sagen, wenn sie oben sind: »Eifach toll, dä Chläterschteig, macht echt Spaß!«

Ich glaub's ihm, logisch, erzähle von meiner ersten Via ferrata, vor zig Jahren, damals in den Dolomiten. Und dass mich die Faszination dieser »Eisenwege« nicht mehr losgelassen

hat. Diagnose: süchtig. Wir gucken hinüber zum Titlis, an dem auch Drahtseile hängen, die ganz dicken der großen Seilbahn auf der Gletscherflanke, dünnere in der Südwand: noch ein Engelberger Klettersteig.

Am dritten bauen sie gerade, an der Fürenwand. »Soll eine ziemlich knackige Route werden«, berichte ich dem Rolf, »länger und steiler als heute.«

Wir sind gemütlich abgestiegen und mit der Seilbahn hinunter gefahren nach Engelberg. Rolf hat seine Susanne angerufen, ich bin im Bergführerbüro gewesen, habe nach dem Albin Amstutz gefragt. Der wär gerade nicht da, beschied die Heidi am Tresen, blond und mit roten Backen. Vermutlich hing er gerade in der Fürenwand und bohrte Löcher in den Schweizer Käse, pardon: Fels – für den neuesten Engelberger Klettersteig. Ich ruf ihn gelegentlich mal an, vielleicht ist die Route bald fertig, und dann gehen wir hin, »gäll Rolf!«

PS: Eine weitere Via ferrata ist bereits geplant: am Graustock (2662 m).

INTERESSANT

Klettersteiggehen ist Übungssache: Man lernt es durch Wiederholung, wobei die Schwierigkeiten sukzessive gesteigert werden.

Hochalpine Kulisse am Rigidalstock-Klettersteig; links der Gross Spannort

10 Objektiv – subjektiv: Die Schwierigkeit mit den Schwierigkeiten

Es ist fast wie in der Schule: Noten müssen her, Bewertungen, ein System halt, das den Klettersteigler über das informiert, was ihn zwischen Ein- und Ausstieg, zwischen Tal und Gipfel erwartet: leicht, mittel oder schwierig?

Das hört sich ganz einfach an, zunächst, ist in Wirklichkeit aber ziemlich schwierig (siehe Schule). Ein Beispiel: Was hat der »Jubiläumsweg« mit dem Klettersteig am Monte Albano gemeinsam? Die Eisenteile, richtig – und natürlich die steinerne Unterlage. Aber das ist dann auch schon alles. Bei Ersterem handelt es sich um eine hochalpine, sehr lange und nur teilweise gesicherte Gratüberschreitung, während am Monte Albano (580 m!) vor allem ein kräftiger Bizeps und absolute Immunität gegen schwindelnde Tiefblicke wichtig sind. Die Begehung des »Jubigrates« setzt alpine Erfahrung voraus, sicheres Gehen in ungesichertem Gelände (Schrofen), etwas Kletterkönnen (bis Schwierigkeitsgrad II) sowie eine tadellose Kondition. All das ist auf der »Via ferrata Monte Albano« überflüssig, noch mehr auf den vielen Sportklettersteigen in den Französischen Alpen, die sich jeder angehende Feuerwehrmann zutrauen darf. Doch spätestens an der »Passage de plein gaz«, einer leicht überhängenden Bügelreihe der »Ferrata St-Pierre«, stellt sich mit Blick nach unten die Frage: schwierig, sogar sehr schwierig?

»Mogst mi no?« Auf der »Via dell'Amicizia« am Gardasee

Angst vor der Tiefe. Wer kennt es nicht, das leichte Kribbeln, das einen an ausgesetzten Passagen beschleicht, bei manchen auch panische Reaktionen auslöst, wogegen es andere als emotionales Highlight empfinden – das kalkulierte Risiko, das vermeintlich »sichere« Abenteuer. Wer's ganz extrem haben will, springt gleich am Gummiseil von der Brücke. Alles subjektiv, behauptet die Logik – doch das individuelle Empfinden?

Klettersteigler sind in der Regel Hobbybergsteiger (oft nicht einmal das), jedenfalls keine Profis, selten gute Kletterer. Ihr alpines Rüstzeug variiert mindestens so stark wie die Qualität des Frühstückskaffees auf Berghütten: miserabel bis sehr gut. Manche, die sich am Drahtseil oder auf der Leiter völlig sicher fühlen, bekommen in ungesichertem Schrofengelände oder

Ein Klettersteig am »anderen« Ende der Alpen: die »Via ferrata Carminati« in den Seealpen

Klettersteiggeschichte, lebendig: der Autor vor bald 25 Jahren am Monte Albano. Jetzt gucke niemand auf die Ausrüstung …

auf einem abschüssigen Schneefeld erhebliche Schwierigkeiten.

Dennoch, eine Skala muss natürlich her, Noten sind wichtig (nicht nur in der Schule). Also nochmals von vorne. Wenn man eine Via ferrata als Kletterroute mit zusätzlich angebrachten (künstlichen) Steighilfen definiert, hängt ihre Bewertung vor allem von zwei Faktoren ab: dem Schwierigkeitsgrad der naturbelassenen Route (nach der Alpenskala) und der Art bzw. dem Umfang der angebrachten Eisenteile (Drahtseile, Haken, Leitern usw.). Mit zwei Ziffern ließe sie sich vergleichsweise leicht klassifizieren, beispielsweise V/D (Route im V. Grad mit Drahtseilsicherungen) oder III/DL (ein »Dreier«, versehen mit Drahtseilen und Leitern). Nicht berücksichtigt sind dabei allerdings Länge und Ausgesetztheit einer Route: Kondition und psychischer Faktor.

Alles ziemlich kompliziert. Also doch: leicht, mittel, schwierig?

Die objektiven Anforderungen

Die Anforderungen jeder Tour (und damit auch der Klettersteigtour) setzen sich aus zahlreichen, sehr unterschiedlichen Faktoren zusammen. Wer also eine Route bewerten will, muss sie ins Kalkül ziehen. Aus ihrer »Summe« ergibt sich dann der Schwierigkeitsgrad.

- Höhenlage: Tal, Mittelgebirge, Alpen, Hochalpen
- An- und Abstiegsleistung
- Geländebeschaffenheit und -neigung: Wald, Gras, Schrofen, Fels, Schnee, Eis
- Streckenlänge
- Wegverhältnisse am Zu- und Abstieg: gebahnte Wege, Spur, weglos
- Orientierung: markiert?
- Routenbeschaffenheit: Art und Umfang der Anlage
- Exposition der Route

Aus einer Beurteilung dieser Faktoren ergibt sich dann die Einstufung. Ihnen stehen bestimmte Fähigkeiten gegenüber, die ein Begeher mitbringen sollte: **Bergerfahrung, Kraft, Ausdauer und psychische Belastbarkeit.** Die Koordinaten jedes Klettersteigs lassen sich grafisch sehr schön auf dem »Hülser-Klettersteigkreuz« darstellen.

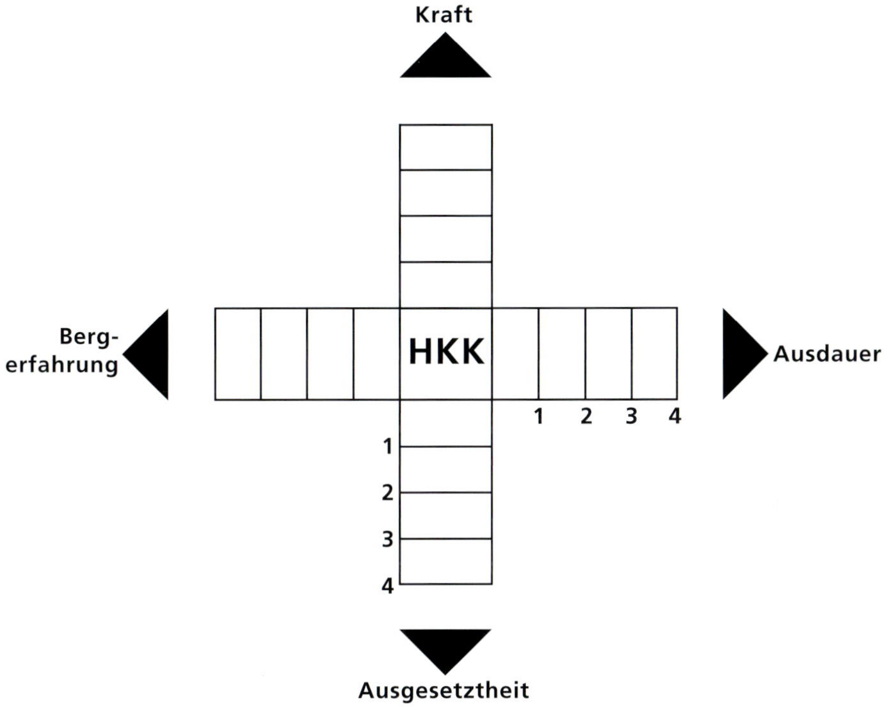

»Hüsler-Klettersteigkreuz« (HKK)

Seine vier Arme entsprechen den genannten Aspekten: nach links weisend Bergerfahrung, nach oben Kraft, nach rechts Kondition, nach unten Psyche. Unterteilt man jeden Arm in vier gleich lange Abschnitte (1 bis 4 = leicht bis sehr schwierig), entsteht ein exaktes Anforderungsprofil, aus dem sich jeder Klettersteigler die auf sein Können zugeschnittenen Touren heraussuchen kann. Je länger ein Arm, umso höher die entsprechenden Anforderungen.

In Frankreich ist man übrigens dabei, die bisher übliche Schwierigkeitsbewertung (F bis ED) durch ein ähnliches System zu ersetzen.[1]

Drei Beispiele:

Mittenwalder Höhenweg (Karwendel): ziemlich lange Gratroute in alpinem Gelände mit üppigen Sicherungen und nur wenigen ausgesetzten Passagen. Bewertung: 2–1–2–1

Via attrezzata Segata (Gardaseeberge): 100-Meter-Vertikale, mit Drahtseil und wenigen Haken versehen, kurze Überhänge, zweistündiger markierter Zustieg. Bewertung: 2–4–2–3

Jubiläumsweg (Wetterstein): große, hochalpine Gratroute mit ungesicherten Kletterstellen, viel Geschröf, teilweise ziemlich exponiert. Bewertung: 4–2–4–2

[1] »La Via Ferrata« von Robert Berger (@mphora, Paris 2001)

Die Schwierigkeitsskalen

Bis heute gibt es in den (Klettersteig-)Alpen keine einheitliche Schwierigkeitsbewertung – leider. Das mag zum Teil daran liegen, dass die Vie ferrate lange Zeit als Randerscheinung des Alpinismus ziemlich geringschätzig behandelt wurden. Angesichts der stetig wachsenden Klettersteiggemeinde wäre eine verbindliche Skala nur von Vorteil – statt PD, ziemlich schwierig, dort oder B/C im Osten der Alpen.

Das Ende der Stange: am »Sentiero SOSAT« in der Brenta

Die Hüsler-Schwierigkeitsskala

Sie ist sechsstufig, geht von »leicht« bis »extrem schwierig« und erlaubt eine erste Einordnung. Detaillierter über die zu erwartenden Schwierigkeiten informiert dann **HKK** (siehe Seite 141).

Leicht

Hier handelt es sich zwar nicht mehr um einen simplen Wanderweg, doch ist der Steig in aller Regel trassiert, die Sicherungen sind in Relation zur Geländebeschaffenheit komfortabel. Durchwegs große natürliche Tritte; wo sie fehlen, sind sie durch Stege, kurze Leitern und Eisenbügel ersetzt. Ausgesetztere Passagen weisen durchgehend Seil- oder Kettensicherungen auf. Für erfahrene Bergsteiger ist keine Selbstsicherung erforderlich.

Mittel

Man bewegt sich abschnittweise bereits in steilerem Felsgelände; die Routen sind aber recht aufwändig gesichert. Sehr steile und senkrechte Passagen werden mit Leitern und/oder Eisenbügeln entschärft; auch in weniger schwierigem Gelände sichern Drahtseile oder Ketten den Klettersteigler. Selbstsicherung auch für Geübtere ratsam!

Ziemlich schwierig

Die Route verläuft teilweise in steilem, auch ausgesetztem Felsgelände (ungesichert etwa III. Schwierigkeitsgrad); sie ist aber eher üppig gesichert. Selbstsicherung notwendig.

Schwierig

Steiles Felsgelände mit senkrechten Stellen, auch kleinen Überhängen, oft große Ausgesetztheit und nur mehr kleine Tritte bzw. Griffe. Auch an exponierten oder sehr steilen Passagen nur mit Drahtseilsicherung (Armkraft); künstliche Haltepunkte wie Haken oder Eisenbügel finden sich bloß an den schwierigeren Stellen.

Viele Gäste kommen über den Klettersteig: die Pisciadù-Hütte (2585 m)

Eine Ausnahme bilden die französischen Sportklettersteige, die in der Regel weit aufwändiger gesichert sind, aber auch exponiertere Abschnitte aufweisen. Hier fließt der Faktor »Mut/Angst« verstärkt ein.

Sehr schwierig

Klettersteige in extremem Felsgelände, vielfach lang und deshalb sehr anstrengend. Senkrechte bis leicht überhängende Passagen sind vielfach nur mit Drahtseilen versehen; künstliche Haltepunkte sind bloß an trittlosen oder maximal ausgesetzten Stellen montiert. Nur für erfahrene Klettersteigler, zusätzliche Partnersicherung empfehlenswert.

Extrem schwierig

Hier sind die wenigen echten »Gänsehautrouten« versammelt; etwas für die Extremen unter den Ferratisti mit starken Oberarmen und solidem Nervenkostüm. Bloß mit Drahtseilen versehene Routen in sehr steilem bis überhängendem Felsgelände, sehr anstrengend. Natürlich komplette Ferrata-Ausrüstung notwendig, evtl. Kletterschuhe (Reibung) und zusätzlich Partnersicherung.

Schwierigkeitsskala nach Paul Werner[1]

Sie setzt sich aus den klettersteigtechnischen Anforderungen (KS1 bis KS6) und den alpinen Rahmenbedingungen zusammen (A bis E, dazu S).

KS1 Abgesicherte trassierte Steige und einfache Klettersteige

Stellenweise durch steiles Felsgelände auf natürlichen Felsbändern oder künstlichen Weganlagen führende Steige. Sicherungen in Form von Stahlseilen, Ketten oder Geländern dienen vorwiegend nur gegen das Gefühl der Exponiertheit, werden aber technisch kaum benötigt. Ohne Sicherungen wären die Schwierigkeiten allenfalls mit I (UIAA-Skala) zu bewerten.

Gleich wird eingehängt.

KS2 Einfache Klettersteige

Mäßig steiles Felsgelände; Sicherungen in Form von Stahlseilen, Klammern, Trittstiften und Leitern dienen zur Fortbewegung. Ohne Sicherungen wäre Kletterei bei geringen Schwierigkeiten (I–II) erforderlich.

KS3 Mäßig schwierige Klettersteige

Steiles Felsgelände, überwiegend durch Stahlseile, Klammern und Trittstifte oder Eisenleitern gesicherte Steige. Gesicherte Abschnitte erfordern bereits ein gewisses Maß an Armkraft. Ohne Sicherungen wäre mäßig schwierige (II) oder mittelschwierige Kletterei erforderlich.

KS4 Schwierige Klettersteige

Sehr steiles Felsgelände, streckenweise senkrechte Wandpartien. Meist nur durch Stahlseile und gelegentliche künstliche Tritthilfen gesicherte, streckenweise sehr exponierte Führen. Die Bewältigung dieser Anlagen erfordert ein gehöriges Maß an Armkraft. Ohne Sicherungen wäre mittelschwierige (III) oder Kletterei mit großen Schwierigkeiten (IV) erforderlich. Für Ungeübte nicht zu empfehlen, allenfalls mit Sicherung durch sehr versierten Begleiter.

KS5 Sehr schwierige Klettersteige

Streckenweise extrem exponierte und im senkrechten, trittarmen Fels verlaufende, vorwiegend nur durch Stahlseile gesicherte Routen mit spärlichen künstlichen Tritthilfen; die schwierigsten Stellen erfordern Klettertechnik oder sehr große Armkraft. Ohne Sicherungen wäre z. T. sehr schwierige Kletterei (V – VI) erforderlich. Diese Klettersteige bzw. Passagen oder Varianten haben bereits »Sportcharakter«. Für Ungeübte unbedingt abzuraten, allenfalls mit Sicherung durch sehr versierten Begleiter.

KS6 Mäßig schwierige Klettereien (II) mit vereinzelten Sicherungen

Felsgelände von mäßiger Schwierigkeit (I, größere Strecken auch II). Bei hoch gelegenen Touren vielfach auch kombiniertes Gelände (steile Firnfelder, Gletscher). Selbstsicherung größtenteils nicht möglich. Beherrschung des II. Schwierigkeitsgrades auch im Allein-

[1] »Klettersteige Bayern-Vorarlberg-Tirol-Salzburg« von Paul Werner (Bergverlag Rother, München 2000)

gang unbedingt erforderlich, Schwindelfreiheit und Trittsicherheit Voraussetzung. Übergang zum traditionellen Klettern im ungesicherten Fels.

A

Leichte Bergwanderungen in Höhenlagen unter 2000 m; meist nur mit kurzen Klettersteigstellen (gute Probetouren für Klettersteiganfänger).

B

Lange Bergwanderungen in Höhenlagen zwischen ca. 2000 m bis 2700 m, meist nur kürzere Klettersteigstellen.

C

Lange Bergwanderungen in Höhenlagen zwischen ca. 2300 m bis 2700 m, auch mit längeren Klettersteigstellen, ausreichende Bergerfahrung erforderlich.

D

Lange Bergtouren, z. T. in hochalpinem Felsgelände, z. T. nur mit Übernachtung auf einer Berghütte möglich, auch mit langem, schwierigem Klettersteig; größere Bergerfahrung und Ausdauer sowie ausreichendes Orientierungsvermögen unbedingt erforderlich.

E

Hochalpine Touren in Höhenlagen um oder über 3000 m, die mitunter die Mitnahme und den Einsatz von Pickel und Steigeisen erforderlich machen (so genannte kombinierte Touren); teilweise mit Gletscherüberschreitung und entsprechender Sicherungstechnik. Gehen in Seilschaft streckenweise unerlässlich. Nur für sehr erfahrene Bergsteiger zu empfehlen.

Das Bild täuscht ein wenig: am (ganz leichten) Leiterweg zur Sustlihütte (Sustenpass)

S

»Sportklettersteige« mit extremen technischen Anforderungen, dafür in sehr niedriger Lage oder in Hüttennähe, keine nennenswerten Zustiege, Verzicht auf jegliches Gepäck möglich. Wetterbedingungen im Hinblick auf die Lage und geringe Zeitdauer des Klettersteigs berechenbar.

Schwierigkeitsskala nach Kurt Schall[1]

A = leicht

Einfache, gesicherte Wege. Flache (längere) oder senkrechte (kurze) Leitern und Eisenklammern zumeist im nicht sehr steilen Gelände. Vereinzelte Stellen können bereits ausgesetzt sein, aber einfach zu begehen (z. B. Felsbänder, kleine Hängebrücken). Das Gelände ist auch ohne Sicherungen leicht zu begehen (Ausnahme: Leitern über kleine Felsstufen) und weist gute Tritte und Griffe auf. Im Allgemeinen ist für trittsichere, schwindelfreie Geher noch keine Klettersteigausrüstung erforderlich. Für Kinder und Ungeübte gegebenenfalls ein kurzes Sicherungsseil.

B = mäßig schwierig

Bereits etwas steileres Felsgelände mit teilweise kleintrittigen, ausgesetzten Passagen. Senkrechte, längere Leitern, Eisenklammern, Trittstifte oder Ketten. Manche Passagen bereits anstrengend und kraftraubend. Ohne Versicherungen können die felstechnischen Schwierigkeiten bis zum II. und III. Schwierigkeitsgrad reichen.

Auch viele routiniertere Berggeher verwenden bereits eine Klettersteiggrundausrüstung. Für Anfänger und Kinder unbedingt Klettersteigausrüstung anzuraten und auf längeren Steigen ein kurzes Sicherungsseil.

Eiserne Route auf den höchsten Gipfel der Dolomiten: der Marmolada-Westgrat

C = schwierig

Steiles bis sehr steiles Felsgelände. Größtenteils kleintrittige Passagen, die fast immer ausgesetzt sind. Überhängende Leitern, Eisenklammern und Trittstifte, die auch etwas weiter auseinander liegen können (vor allem für kleinere Leute und Kinder!). Oft senkrechte, nur mit einem Stahlseil gesicherte Abschnitte. Teilweise schon sehr kraftraubend. Ohne Versicherungen würden manche seilgesicherte Passagen den III. oder IV. Schwierigkeitsgrad aufweisen.

Längere Anstiege in diesem Schwierigkeitsgrad zählen bereits zu den großen Klettersteig-Unternehmen. Ungeübten und Kindern nur mehr mit Seilsicherung durch einen erfahrenen Partner zu empfehlen. Selbstsicherung auch dem routinierten Berggeher sehr anzuraten.

D = sehr schwierig

Senkrechtes, oft auch überhängendes Gelände. Eisenklammern und Trittstifte liegen vielfach weit auseinander. Sehr ausgesetzter und steiler Fels, der in den meisten Fällen nur mit einem Stahlseil gesichert ist.

[1] »Klettersteige Österreich Ost« von Kurt Schall (Schall Verlag, Wien 2001)

Längere, senkrechte bis überhängende Passagen, wobei bereits ein gehöriges Maß an Armkraft erforderlich ist und auch einen guten, gesamtkörperlichen Trainingszustand voraussetzt. Manchmal in Kombination mit leichter Kletterei (I-II), die auch ohne Versicherungen bewältigt werden muss. Selbst für Geübte ist eine Klettersteig-Komplettausrüstung obligatorisch (Bergschuhe mit Profilgummisohle vorteilhaft!). Für Anfänger und weniger Geübte ungeeignet. Wird üblicherweise bereits im Seilschaftsverband begangen.

E = extrem schwierig

Extreme Anforderungen an Kraft, Trittsicherheit (Reibungs-Kletterschuhe!) und Schwindelfreiheit! Den Spezialisten vorbehalten. Dieser Schwierigkeitsgrad kommt bei Klettersteigen nur sehr selten vor. Seilschaftsverband praktisch obligat; zumeist kombiniert mit leichter Kletterei.

Ansonsten gelten alle Angaben im erhöhten Ausmaß wie unter »D« beschrieben.

Die neue Schweizer Wanderskala[1]

Neue sechsteilige Skala, allerdings nur beschränkt auf Klettersteige anwendbar.

T1 – Wandern

T2 – Bergwandern

T3 – Anspruchsvolles Bergwandern

Überwiegend noch Wegspur, weiß-rot-weiß markiert, ausgesetztere Passagen mit Drahtseilen oder Ketten gesichert, etwas alpine Erfahrung notwendig. Beispiel: Großer Mythen.

T4 – Alpinwandern

Teilweise weglos, weiß-blau-weiß markiert, Schrofen und leichtes Felsgelände, teilweise exponiertes Gelände, nur teilweise gesichert; alpine Erfahrung und Orientierungsvermögen erforderlich. Beispiele: Schreckhorn-Hütte, Lisengrat.

T5 – Anspruchsvolles Alpinwandern

Vielfach weglos, Kletterstellen bis zum Schwierigkeitsgrad II, anspruchsvolleres Gelände, Firnfelder, weiß-blau-weiß markiert; große Alpinerfahrung und elementare Kenntnisse im Umgang mit Seil und Pickel. Beispiel: Pizzo Campo Tencia.

T6 – Schwieriges Alpinwandern

Überwiegend weglos, nur selten markiert, anspruchsvolles, auch sehr exponiertes Gelände mit Kletterstellen bis zum Schwierigkeitsgrad II, Gletscher; sehr große Alpinerfahrung notwendig, dazu gute Kenntnisse im Umgang alpintechnischer Hilfsmittel. Beispiele: Ostegg-Hütte, »Via alta della Verzasca«.

[1] Im Jahr 2002 eingeführt durch den SAC

Schwierigkeitsskala Italien [1]

F = leicht (facile)

Wenig ausgesetzter, leichter Klettersteig mit längeren trassierten Wegabschnitten.
(Ferrata poco esposta, poco impegnativa con lunghi tratti su sentiero.)

Ein landschaftlich sehr reizvoller, nur wenig schwieriger Steig in den Monti Lessini: der »Sentiero Pojesi«

MD = mittel (media difficoltà)

Längerer, abschnittsweise auch ausgesetzter Klettersteig, der aber nur mäßigen Krafteinsatz verlangt und eher aufwändig gesichert ist.

(Ferrata anche lunga ed esposta, ma poco di forza e sempre facilita dagli infissi posti su di essa.)

D = schwierig (difficile)

Anspruchsvoller Klettersteig, auch mit kürzeren Überhängen, die erheblichen Krafteinsatz verlangen. Alpine Routen, bei der die Einschätzung objektiver Gefahren [Steinschlag und anderes] sehr wichtig ist.

(Ferrata che supera qualche breve strapiombo, con passagi atletici, vuoto continuo. Il pericolo (caduta di pietre o altro) viene specificato ogni volta e non aumenta la valutazione della difficoltà ma del rischio oggettivo.)

MD = sehr schwierig (molto difficile)

Klettersteig mit akrobatischen, technisch schwierigen Passagen, die viel Krafteinsatz und absolute Schwindelfreiheit verlangen.

(Ferrata con passaggi molto acrobatici, tecnici, che richiede forza nelle braccia ed assoluta mancanza di vertigini.)

ED = extrem schwierig (estrema difficoltà)

In einzelnen Passagen nochmals gesteigerte Anforderungen! Die extremem Stellen sollten als gefährlich gekennzeichnet sein, um Begeher aufmerksam zu machen; in der Regel kann man auf eine leichtere Alternativstrecke ausweichen.

(A volte riferito ad un solo passaggio volutamente creato ad arte per impegnare sopra ogni immaginazione il frequentatore. In questo caso vi è un segnale di pericolo prima di intraprendere il passaggio e comunque vi è sempra la possibilità di un passaggio alternativo.)

[1] »Un Gancio in mezzo al Cielo« von Lodovico Marchisio und Mauro Carena (Edizioni Arti Grafiche San Rocco, 2001)

Französische Schwierigkeitsskala

F = leicht (facile)

PD = wenig schwierig (peu difficile)

D = schwierig (difficile)

TD = sehr schwierig (très difficile)

ED = extrem schwierig (extrêmement difficile)

Neue französische Skala[1]

Sie unterscheidet zwischen den verschiedenen Typen von Klettersteigen.

Via ferrata école

Übungsklettersteig: Kurzer Klettersteig in leichtem, wenig ausgesetztem Gelände, ideal für Kinder und Anfänger.

(Parcours très court, sans engagement ni exposition, adapté à tout public, en particulier enfants et néophytes.[2])

Via ferrata sportive

Sportklettersteig: Eher kürzere Route in Talnähe, die Wendigkeit und eventuell auch Krafteinsatz verlangt.

(Parcours acrobatique, éventuellement athlétique, mais court, sans engagement ni exposition.)

Via ferrata sportive/montagne

Sportklettersteig im Gebirge: Gut gesicherte, technisch mehr oder weniger anspruchsvolle Route im Mittel- oder Hochgebirge, bei der objektive Gefahren wie Wettersituation und Steinschlag beachtet werden müssen. Unter Umständen sind auch verschneite Stellen, Rinnen usw. zu passieren; dazu verlangt die Länge der Kletterei erheblichen körperlichen Einsatz.

(Les itinéraires plutôt bien équipés mais se situant en moyenne ou haute montagne, soumis à une augmentation des risques objectifs (météo, chute de pierres) avec des exigences techniques complémentaires éventuelles: présence possible de couloirs ou traversées enneigés,

[1] entwickelt von Pascal Sombardier, Dominique Giard und Guillaume Vallot

[2] AFIT/SEATM - »Les Via ferrata en France« von Guillaume Vallot

Der schwierigste Klettersteig am Gardasee: die »Via Pisetta«

leur parcours peut être long, pas nécessairement difficile, avec un certain engagement physique cependant.)

Sportklettersteig: Lange, anstrengende, aber gut gesicherte Route, die größere Strecken ohne Ausstiegsmöglichkeiten aufweist, aber in der Nähe von Siedlungen angelegt ist. Meistens mit leichtem Zustieg und Rückweg; die alpinen Risiken halten sich in Grenzen.

(Les itinéraires sportifs, bien équipés, athlétiques et long, avec de longues portions sans échappatoire (engagement), mais à proximité de lieux habités, avec risques objectifs limités, accès et retour relativement aisés.)

Via ferrata aventure

Abenteuer-Klettersteig: Lange, in alpinem Terrain verlaufende Route, bei der objektive Gefahren – Steinschlag, Schnee, ungesicherte und exponierte Passagen – beachtet werden müssen. Alpine Erfahrung unerlässlich.

(Parcours long, pouvant être soumis aux dangers objectifs propres au terrain montagne (chute de pierres, enneigement, sections non câblées, exposées...) et nécessitant une compétence d'alpiniste ou de randonneur alpin.)

Dazu kommen vier Anforderungsaspekte, die jeweils mit den Ziffern 1 bis 4 (maximal) bewertet werden.

ATH – Körperliche Anforderungen: Definiert die Anzahl steiler Passagen sowie deren Länge. Dieses Kriterium ist auch für erfahrene Bergsteiger wichtig, die annehmen, dass »ein Klet-

[1] AFIT/SEATM - »Les Via ferrata en France« von Guillaume Vallot

tersteig immer leicht sei.« Es handelt sich um den wichtigsten Aspekt bei der Schwierigkeitsbewertung.

(aspects athlétiques: pénibilité liée au caractère de raideur des passages et à leur nombre associé à leur longueur. Ce critère est aussi valable pour le montagnard aguerri qui pense qu'une Via ferrata »c'est toujours tranquille«. Il constitue l'élément le plus déterminant de la difficulté.)

CIM – Psychologischer Aspekt der Routen – Angstfaktor: Ausgesetztheit des Klettersteigs, besonders Schwindel erregende Passagen. Zu beachten ist dabei, dass »eine Via ferrata atemberaubend exponiert sein kann, ohne notwendigerweise größere körperliche Anforderungen zu stellen.« Trotzdem können sich psychologische Aspekte auf die physische Leistungsfähigkeit auswirken, etwa in Form mehr oder weniger unkontrollierter Verkrampfungen ...

(caractère impressionnant du milieu – aspects psychologiques: caractère vertignieux, aérien, lié »au gaz«, au vide. À noter »qu'une Via ferrata peut être très impressionnante sans nécessairement requérir une importante dépense physique.«[1] Ces aspects psychologiques peuvent avoir une incidence sur la dépense énergétique, liée à une crispation plus ou moins contrôlée ...)

EQU – Sicherungen an der Route: Relation zwischen der Geländestruktur und der Art bzw. Dichte der angebrachten Sicherungen. Im Steilfels entscheidendes Kriterium für die Schwierigkeitsbewertung.

(Équipement – aspects liés au matérial en place: densité, nature discontinuité de l'équipement. Le niveau de l'équipement détermine de manière importante la difficulté, surtout dans une paroi raide.)

TER – Terrain: Routenabschnitte können auf angelegten Wegen, bewachsenen Bändern, schmalen Spuren, über Steilstufen, felsige Platten und überhängende Wände verlaufen.

(Terrain – aspects liés au milieu: itinéraires évoluant dans sentier aménagé, vires herbeuses, corniche étroite, gradins raides, dalles rocheuses, paroi surplombante.)

Mit diesem System – »Hüslers-Klettersteigkreuz«, der Gliederung in die vier Steigtypen nicht unähnlich – lassen sich die Anforderungen jeder Route exakt beschreiben.

Ausgesetzte Passage am »Baltschieder Klettersteig« (Wallis)

Zusammenfassung

Solange keine einheitliche Bewertung besteht, wird man sich mit den verschiedenen Schwierigkeitsskalen in Führern und Prospekten behelfen müssen. Im Kern sind sie sich alle ähnlich, und dass ein Klettersteig in Frankreich »difficile«, in Bayern »schwierig« und in Italien »difficile« ist, versteht ja jede/r. Es wäre allerdings sehr zu begrüßen, wenn man sich zu einer alpenweit verbindlichen Bewertung (mit einheitlichen Kriterien) entschließen könnte. Eine Aufgabe für die Alpenvereine?

Mit der Bahn zum Klettersteig: Andermatt, Ausgangspunkt der »Ferrata Diavolo«

11 Alpine und andere Gefahren

Bergsteigerische Aktivitäten, ganz egal welcher Art, beinhalten grundsätzlich gewisse Risiken. Für manche mag das den Reiz ihres Tuns zwischen Tal und Gipfel sogar noch steigern, für die meisten steht natürlich die Minimierung der Risikofaktoren im Vordergrund. Üblicherweise unterscheidet man zwischen objektiven Gefahren wie Steinschlag oder Wetterunbill und subjektiven Gefahren, die aus mangelnder Erfahrung bzw. unzureichender Ausrüstung resultieren. In der Regel führt aber die Verknüpfung beider Aspekte, etwa falsche Einschätzung der Wetterentwicklung, zu einer gefährlichen Situation. Deshalb muss man von einem objektiven Gefahrenpotenzial reden, das erst durch subjektives Fehlverhalten zum echten Risiko wird. Ein abschüssiges, buckelhartes Altschneefeld etwa ist nur dann eine Gefahr, wenn man es ungesichert betritt!

Klettersteiggehen ist grundsätzlich eine vergleichsweise sichere (aber nicht »ver«sicherte) alpine Spielart, doch dürfen auch hier die Risikofaktoren nicht unterschätzt werden. An erster Stelle steht dabei mangelnde Bergerfahrung, ein besonderes Risiko bilden – nomen est omen! – auf den »Eisenwegen« Gewitter bzw. Blitzschlag.

WICHTIG

Ganz wichtig auf Bergtouren ist die Fähigkeit, Gefahren rechtzeitig zu erkennen.

Steinschlag

Eine erhebliche Gefahrenquelle auf gesicherten Steigen ist der Steinschlag, er steht in der Liste der Unfallursachen ganz oben. Schuld daran ist aber nicht nur der Berg, der instabile. Oft sorgen »Bergkameraden« durch unsauberes Gehen für sehr gefährlichen »Beschuss« von oben. In so einem Fall hilft nur: Helm auf und rechtzeitig in Deckung gehen. Steilrinnen und Geröllschluchten sollte man nach Möglichkeit nur betreten, wenn niemand im kritischen Bereich unterwegs ist. Und natürlich wird man selbst nach Möglichkeit keine Steine lostreten ... Grundsätzlich gilt: Lieber einmal zu viel den Helm aufsetzen. Nur, in der Praxis sieht das halt manchmal etwas anders aus. Denn wie macht man seiner Freundin klar, dass Sicherheit vor Schönheit kommt, wo sie den »Kübel« doch so furchtbar hässlich findet?

WICHTIG

Steinschlag kann nicht nur am Klettersteig, sondern auch beim Zu- oder Abstieg auftreten, etwa auf Wanderwegen, die unterhalb von Felswänden oder Steilrinnen verlaufen.

Wetter

Schönes Wetter – schlechtes Wetter. Das kennt jeder Bergsteiger, und wie viele Wochenendtouren sind schon ins Wasser gefallen, buchstäblich? Natürlich kann man auch bei miesen Witterungsverhältnissen eine Hüttenwanderung unternehmen oder auf einen kleinen Mugel steigen. Oder halt trainingshalber die 500 Höhenmeter absolvieren.

Hier »riecht« es buchstäblich nach Steinschlag: auf der »Ferrata delle Barricate« in den Piemonteser Westalpen

Unfallursachen beim Bergsport

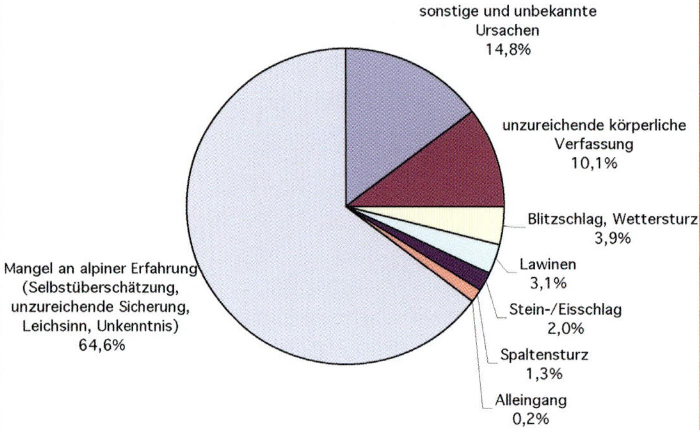

Unfallzahlen nach Bergsportdisziplin

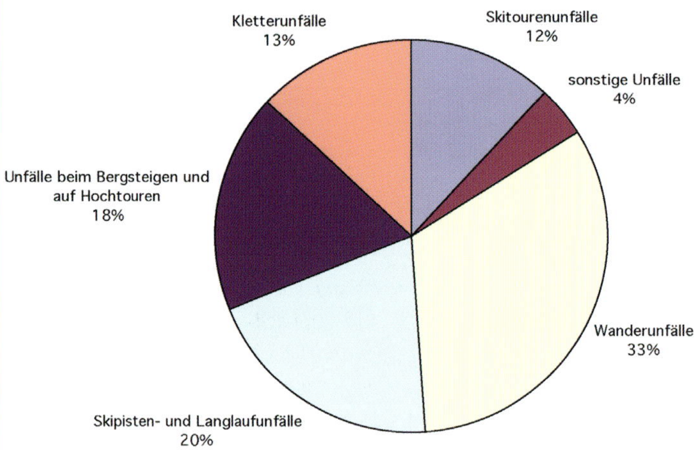

WICHTIG

Etwa drei Viertel aller Blitze entladen sich in der Atmosphäre, etwa ein Viertel zur Erdoberfläche. Höchste Blitzschlaggefahr wird durch die so genannte »stille« Entladung signalisiert: durch das »Elmsfeuer« (bläuliches Schimmern an Metallgegenständen) und Sträuben der Kopf- und Körperhaare.

WETTER

Viele Bergunfälle haben ihre Ursache in einer Missachtung atmosphärischer Warnsignale: Wolkenbildung, sinkender Luftdruck, Temperatursturz usw.

Wer aber auf eine alpine Via ferrata will, braucht zumindest ordentliches Wetter, nicht nur der Aussicht wegen. Auch wegen der Sicherheit. Denn – das darf man nicht unterschätzen, trotz all der Sicherungen! – Klettersteige verlaufen durch Absturzgelände, auch die Zu- und Abstiege oft noch im Fels oder über steile Schrofen.

Da genügt manchmal schon ein kurzer, heftiger Regenguss, um die Querung eines vermeintlich harmlosen Wiesenhanges über Felsabbrüchen in ein gefährliches Abenteuer zu verwandeln. Feuchte oder nasse Drahtseile bieten nur mehr schlechten Halt, und das gilt auch für schräge Schieferplatten oder mit Flechten überzogenen Gneisfels. Bereits leichter Schneefall lässt Farbmarkierungen verschwinden, aufziehender Nebel kann die Orientierung (z. B. auf Karrenfeldern oder Hochplateaus) erheblich erschweren. Da hilft dann manchmal nur eins: umkehren.

Gewitter

Nicht ganz zufällig sind Blitzableiter aus Eisen, und das sollten sich die Klettersteigler besonders gut merken. Denn ihr liebstes Sportgerät ist (auch) ein riesiger Blitzableiter. Das erweist sich als besonders gefährlich auf »eisernen« Überschreitungen, bei denen man auch den Abstieg über eine Ferrata nehmen muss. Also unbedingt stets auf die Wetterentwicklung (vor allem im Hochsommer!) achten, im Zweifelsfall rechtzeitig umkehren. Wird man trotzdem von einem Gewitter erwischt, heißt die Devise: weg von Eisenleitern und Drahtseilen – aber nur, wenn das ohne Absturzgefahr möglich ist! Zu meiden sind herausragende Geländepunkte wie Gipfel, Grate oder isoliert stehende Bäume, ebenso Wasser führende Gräben.

Felsnischen bieten zwar Schutz vor dem Regen, nicht aber vor Blitzschlag (so genannte Kurzschlussbrücke). Im freien Gelände nicht hinlegen, sondern sich nach Möglichkeit auf eine isolierende Unterlage (Rucksack) setzen, Schrittstellung vermeiden.

Beschädigte Sicherungen

Nicht ungefährlich auf Klettersteigen sind defekte Sicherungen, besonders gravierend kann sich das bei Drahtseilen auswirken. Eine wackelige Leiter oder eine ausgerissene Verankerung führen in der Regel nicht zu Unfällen (weil leicht zu erkennen), beschädigte Drahtseile, vor allem im Steilgelände oder auf schmalen, exponierten Felsbändern, sind eine sehr reale Gefahr. Verankerungen werden oft in viel zu großen Abständen gesetzt und nur teilweise auch mit Seilklemmen fixiert, sodass es unmöglich ist, Beschädigungen zu erkennen. Noch problematischer wird das bei Seilen, die mit Plastik ummantelt sind. Wenn erst einmal Feuchtigkeit unter die (leicht zu beschädigende) Kunststoffhaut gelangt, rostet das Seil sozusagen »unsichtbar« vor sich hin. Aus diesem Grund ist man in Frankreich mittlerweile von den – früher üblichen – mit Plastik ummantelten Seilen abgekommen. Viel besser, weil sehr griffig, sind dicke, aus mehreren Strängen bestehende Drahtseile (—>Kapitel 6 »Sicherungselemente auf Klettersteigen«).

Ausrüstungsmängel – eine echte Gefahr!

Ganz wichtig auf Klettersteigen ist die richtige Ausrüstung: Bei Steinschlag oder einem Ausrutscher bzw. Sturz im Steilgelände kann sie schwere Verletzungen verhindern oder gar den letalen Ausgang des Zwischenfalls verhindern. Das hat sich allerdings noch nicht überall herumgesprochen. Wer auf einem populären Klettersteig unterwegs ist, staunt über all die abenteuerlichen Sicherungsmodelle (die zum Teil sogar heute noch verkauft werden): uralte Klettergurte, Klettersteigsets ohne Seilbremse, schlichte Schnappkarabiner usw. Ein Unfall mit tödlichem Ausgang auf einem Schweizer Klettersteig (Sommer 2002) demonstriert, wie brutal sich Leichtsinnn rächen kann: An einer leicht überhängenden Stelle stürzte der Klettersteigler, seine – selbstgebastelte – Sicherung riss, und er fiel 80 Meter tief (—>Kapitel 7 » Die Ausrüstung«).

Fehlverhalten

Hauptrisikofaktor im Gebirge – darüber gibt es gar keine Zweifel – ist der bergsteigende Mensch bzw. sein Verhalten. Wie bereits eingangs erwähnt, besteht in der Natur zwar ein Gefahrenpotenzial, zur Bedrohung für den Alpinisten wird es aber erst durch dessen (Fehl-) Verhalten. Unfälle, die gewissermaßen »unvermeidlich« sind, muss man in der Statistik mit der Lupe suchen. Leichtsinn allerdings wird mitunter bestraft, kann sogar das Leben kosten. Deshalb ist das Wissen um die Gefahren in den Bergen so wichtig: um ihnen begegnen bzw. ausweichen zu können (—>Kapitel 8 »Unterwegs in den Bergen« und 9 »Gehen am Klettersteig«).

Glück gehabt

Bergsturz aus der Westwand des Cimòn della Pala

Spätsommer 1988. Ein traumhaft schöner Tag in den Dolomiten. Wir sind über die »Via degli Alleghesi« zur Civetta aufgestiegen, sitzen am Gipfel, knabbern an einer trockenen Semmel und genießen die Aussicht. Bald gesellt sich eine kleine Gruppe von Bergsteigern zu uns, aus Salzburg sind sie. Auf der »Tissi«, erzählen sie, hat's einen kleinen Zwischenfall gegeben: Steinschlag, aber nichts Schlimmes. Das Mädchen hatte einen Helm auf, doch ein Stein, vom Fels abgelenkt, traf sie trotzdem am Kopf – nur eine Platzwunde, beschwichtigt ihr Vater. Ja, Kopfweh hat sie auch und etwas schwindlig ist ihr halt.

Wir überreden die Fünf zum Abstieg, verständigen den Hüttenwirt im Rifugio Torrani – er hat ein Funktelefon, für Notfälle. Dann gehen wir weiter, steigen ein in die »Tissi«. »Horch!«, sagt Hildegard, wir sind mitten in der Wand. Ein Hubschrauber, im Anflug zur Torrani-Hütte ...

PS: Die »Via ferrata Tissi« war im unteren Teil stark beschädigt; Steinschlag hatte ein Dutzend Eisenklammern weggeschlagen; ein provisorisch angebrachtes Drahtseil half über den glatten, wasserüberronnenen Felsabbruch hinweg. Ein Jahr danach wurde die Route behördlich gesperrt. Inzwischen gibt es eine völlig neu trassierte »Via ferrata Tissi«.

INHALT EINER RUCKSACKAPOTHEKE

- Desinfektionsmittel
- Verbandspäckchen
- Mullkompressen (steril) und elastische Binden
- Dreiecktuch
- Heftpflaster
- Blasenpflaster
- Alu-Rettungsdecke
- Tape (Rolle)
- kleine Schere und Sicherheitsnadeln
- Schmerztabletten
- Einmalhandschuhe

Erste Hilfe am Berg

In Notfällen erste Hilfe zu leisten oder Hilfe zu organisieren, ist Bergsteigerpflicht. Wer einen entsprechenden Kurs absolviert hat, tut sich natürlich leichter, ist eher in der Lage, auch wirklich zu helfen. Unter Umständen kann ein Handy nützlich sein, der Empfang ist im Gebirge allerdings nicht überall gewährleistet. Nachstehend ein paar Tipps zur ersten Hilfe bei bergspezifischen Verletzungen bzw. Unfällen.

Die Rucksackapotheke

Unerlässlich für jede Erste-Hilfe-Leistung ist eine Rucksackapotheke mit Mindestausstattung. Wichtig dabei ist, dass sie regelmäßig erneuert wird (Medikamente haben ein Verfallsdatum!) und vor Nässe bzw. Hitze geschützt bleibt.

Ein Unfall ist passiert

Ganz wichtig: Keine Hektik oder gar Panikstimmung aufkommen lassen, möglichst sachlich bleiben. Erst überlegen, dann handeln.

- *Bergung* Der Verunfallte muss erst einmal aus dem Gefahrenbereich gebracht werden.
- *Erste Hilfe* Als Erstes sind lebensbedrohende Zustände wie Schock, Atemstillstand, Kreislaufversagen (Vitalfunktionen) zu beseitigen.

Ohnmacht: Verunfallten in Seitenlage bringen.
Atemstillstand: Ist der Atem weder hör- noch fühlbar, muss beatmet werden (Mund/Nase).
Herzstillstand: Sind weder Puls noch Atmung festzustellen, ist Herzdruckmassage in Verbindung mit Beatmung notwendig.

- *Hilfe holen bzw. Abtransport* Der Verunfallte ist bis zum Abtransport sachgemäß zu lagern. Bei Schwerverletzten kann ein improvisierter Transport mehr schaden als nützen, in so einem Fall wartet man besser auf die Bergrettung.

Sonnenbrand

Hier gilt grundsätzlich: Vorbeugen ist sinnvoller als heilen. Also ein Sonnenschutzmittel verwenden, Sonnenbaden im Hochgebirge (intensive UV-Strahlung!) vermeiden. Kopfbedeckung!

Sonnenstich

Dabei sind verschiedene Symptome zu beobachten (die evtl. erst mit zeitlicher Verzögerung auftreten): hochroter Kopf, Kopfschmerzen, Schwindelgefühle, Übelkeit, Bewusstseinsstörungen, Krampfanfälle.
Sofortmaßnahmen: Person in den Schatten bringen, Oberkörper hoch lagern, Vitalfunktionen überprüfen, Kopf und Nacken kühlen, in kleinen Schlucken trinken lassen.

EMPFEHLENSWERT

Alles Wissenswerte rund um die Hilfeleistung in den Bergen vermittelt das Buch »Erste Hilfe – Bergrettung« von Alexander Römer und Günter Durner, erschienen im AM-Berg-Verlag, Garmisch-Partenkirchen. Zahlreiche Fotos illustrieren die leicht verständlichen Texte. Fazit: sehr empfehlenswert!

Hitzschlag

Zu einem gefährlichen Wärmestau im Körper kann es durch hohe körperliche Belastung, hohe Luftfeuchtigkeit oder zu enge, luftundurchlässige Kleidung kommen. Die Symptome sind ähnlich wie beim Sonnenstich, charakteristisch weiter die trockene, heiße Haut am Körper, ein schneller, aber schwacher Puls, in schweren Fällen Bewusstlosigkeit.

Erste-Hilfe-Maßnahmen: wie beim Sonnenstich, dazu – sofern der Patient bei Bewusstein ist – elektrolythaltige Getränke (Salze, Mineralien) verabreichen, evtl. Körper durch kalte Tücher zusätzlich kühlen. Bei Bewusstlosigkeit für stabile Seitenlage sorgen, feuchte, kalte Tücher auf den Rumpf und Waden legen.

Schneefall im Spätsommer – ein Risikofaktor auf Bergtouren, und natürlich auch auf Klettersteigen.

Schock

Bei Unfällen muss grundsätzlich mit der Möglichkeit eines Schocks gerechnet werden. Sicht- und fühlbare Symptome sind Blässe, kalter Schweiß, schneller Puls. Sofortmaßnahmen sind wichtig, unter Umständen lebensnotwendig!

Beine hoch lagern (Schocklage), Patient versorgen (Schmerzen lindern, Blutungen stoppen), Patient beruhigen (Zuspruch sehr wichtig!) und warm halten, Getränke verabreichen, Vitalfunktionen überprüfen, schonender Abtransport.

Allgemeine Unterkühlung

Sie kann verschiedene Urachen haben, neben tiefen Temperaturen in Verbindung mit Nässe und/oder sturmartigen Winden auch Erschöpfung, Wassermangel oder unzulängliche Bekleidung. Erkennbar ist Unterkühlung durch Kältezittern, Schmerzen in Händen und Füßen, Verwirrtheit. Wichtige Erste-Hilfe-Maßnahmen sind trockene Kleidung auf die Haut, Schutz vor weiterer Auskühlung (wärmen, Windschutz). Patient möglichst nicht bewegen, zuckerhaltige Getränke verabreichen.

Hyperventilation

Meistens durch psychischen Stress (Angst!) ausgelöste Steigerung der Atemfrequenz, was zu Kribbeln in Händen, Füßen und Mund, Erstickungsgefühlen, eventuell sogar zu Muskelkrämpfen führen kann. Erste Hilfe: Atem erst anhalten, dann langsam und ruhig weiteratmen. Man kann auch eine Plastiktüte vor Mund und Nase halten; dadurch findet eine Rückatmung statt (man atmet die eigene, verbrauchte Luft wieder ein).

Unterzucker

Durch starke körperliche Belastung, verbunden mit ungenügender Nahrungszufuhr, kann es zu einem gefährlichen Absinken des Blutzuckerspiegels kommen. Folgen: Heißhunger, kalter Schweiß, Unruhe, Muskelzittern, Sehstörungen und Kopfschmerz. Nach einer ausreichenden Zufuhr von Kohlehydraten (z. B. Traubenzucker) bessert sich der Zustand in der Regel bald.

Alpines Notsignal

In einer ernsten Notlage kann mit diesem Signal Hilfe herbeigerufen werden: sechs akustische oder optische Zeichen pro Minute. Antwort: drei Signale pro Minute.

Jeder Wanderer oder Bergsteiger, der das »alpine Notsignal« vernimmt, ist im Rahmen seiner Möglichkeiten zur Hilfeleistung verpflichtet. Muss die Bergrettung auf der Hütte oder im Tal alarmiert werden, sind präzise Angaben von größter Wichtigkeit:

- Was ist passiert (Art des Unfalls, Zahl der Verletzten, evtl. Art der Verletzungen)?
- Wo ist es passiert (genaue Ortsangabe, evtl. Koordinaten auf der Landkarte)?
- Wann war der Unfall (Zeitpunkt des Unglücks)?
- Wie sieht es am Unfallort aus (Wetter, Gelände, Sichverhältnisse)?
- Wer macht Meldung (Personalien)?

Signale für die Luftrettung: Yes – brauche Hilfe, No – Hilfe nicht notwendig

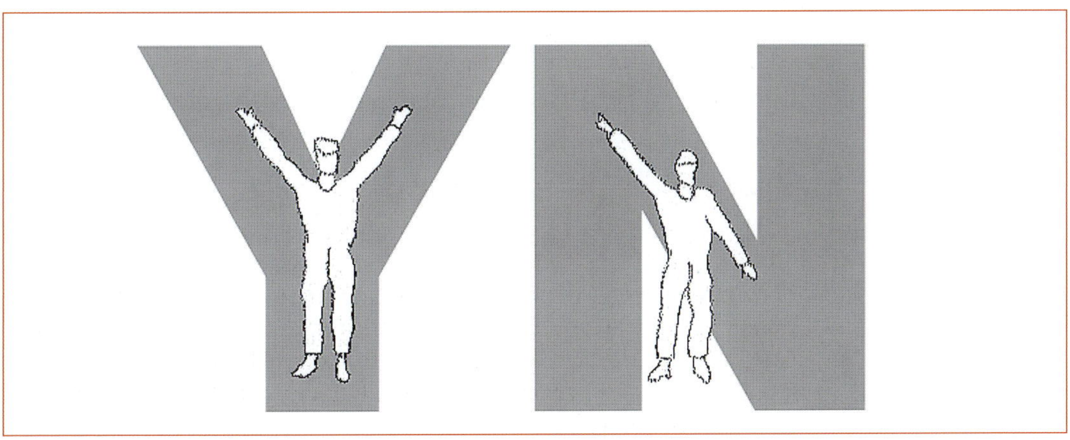

Nicht zur Nachahmung empfohlen: Abenteuer Julische Alpen

Die Geschichte liegt zwar schon einige Jahre zurück, sie ist aber ein gutes Beispiel dafür, dass auch Klettersteigtouren gelegentlich zu (nicht ungefährlichen) Abenteuern ausarten. Und auch dafür, dass man solche Unternehmungen nicht allein (!) durchführen sollte, dass gute Vorabinfos viel Ungemach verhindern können.

Ende Juni war's, ich erinnere mich, das Wetter top. Nach einer größeren Tour in den Steiner Alpen (bis heute so etwas wie ein »Geheim-geheim-Tipp« für die meisten Klettersteigler) war ich am Ponzakamm in Sachen Vie ferrate unterwegs. Informationsstand eher vage: Ich wusste von einer gesicherten Gratroute, von zwei Zustiegs-Klettersteigen am Strug und an der Veunza. Bei Letzterer sollte es sich um eine echte »Gänsehautroute« handeln, die wohl 1920 angelegt worden war und gleich den aufmunternden Namen »Via della Morte« bekam. Nach einer (geglückten) Rettung aus Bergnot wurde sie kurzerhand umgetauft: »Via della Vita« hieß das Objekt meiner Begierde nun – wohl ein gutes Omen. Der Zustieg erfolgte, das wusste ich, von den Weißenfelser Seen über die Zacchi-Hütte. Anschließend auf einer Wegspur südlich in die Geröllkare unter der Veunza. Eine Verzweigung: links oder rechts? Ich nahm die rechte Spur, die unter dem Felsfuß auf einen riesigen Schutthang führte. Mühsam arbeitete ich mich bergan, frei nach des Bergsteigers liebster Schrittfolge: zwei vor, einen zurück. Einziger Stimmungsaufheller: Zoys'sche Glockenblumen, die sich mitten im beweglichen Untergrund an einen Felsen klammerten. Ob ich auf dem richtigen Weg war?

Einer der zahlreichen Klettersteige im Grenzbereich Italien-Slowenien führt auf die Hohe Ponza.

WICHTIG

Klettersteigtouren in schwierigem alpinen Gelände sollte man prinzipiell nie allein unternehmen! Passiert etwas, ist die Hilfe fern – und das Handy funktioniert möglicherweise nicht.

Ein Farbtupfer, sehr verblasst zwar, aber immerhin, später dann der Einstieg in die Felsen. Und da tauchten auch schon die ersten Sicherungen auf, ziemlich antiquiert, auch erheblich ramponiert, doch die Route war nur wenig ausgesetzt: keine Gefahr. Ich stieg zügig höher, erreichte den Grenzgrat, bald auch den Gipfel. Dann klärten Karte und Kompass mich auf: falscher Weg, falscher Gipfel. Ich war versehentlich über den (aufgelassenen) Klettersteig dem Strug (Strugova, 2265 m) aufs Haupt gestiegen ...

Natur am Wegrand: die Krainer Lilie, ein Endemit der Julischen Alpen

Also weiter, der Tag war noch lang. Der nach dem Ersten Weltkrieg von einer italienisch-jugoslawischen Grenzkomission angelegte Steig folgte, da und dort gesichert, dem felsigen Kamm – ich wurde zum echten Grenzgänger. Die Veunza rückte allmählich näher, wuchs dabei unnahbar steil in den blauen Himmel. An der nächsten, namenlosen Scharte wandte sich die Spur in ihre steile, zerklüftete und von Steinschlag gezeichnete Nordflanke – Apokalypse pur. Dort hinauf? Ich zögerte kurz, startete dann durch, wollte die gefährliche Passage so schnell wie möglich hinter mich bringen. Eine senkrechte Felsstufe war mit einem Doppelseil entschärft, dazu steckten einige Eisenstifte – manche arg verbogen – im Fels.

Geschafft! Ich war oben am Gipfel der Veunza (2340 m): totale Einsamkeit vor dem großen Panorama. Ein paar Dohlen umkreisten mich, pickten Apfelstückchen. Es wurde Zeit für den Abstieg, die Sonne stand bereits weit rechts vom Jalovec. Schrofen, ein paar alte Sicherungen (schon wieder!), schließlich in roter Farbe an den Fels gepinselt: »Via della Vita«. Leichte Felsstufen leiteten auf ein schmales Band, ein solides Drahtseil sorgte für Sicherheit. Der anschließende Steilabstieg: nichts für ängstliche Gemüter, die Sicherungen aber waren neu und verlässlich. Leichte Euphorie kam auf – das Schwierigste hatte ich hinter mir. Tief drunten im schattigen Karwinkel war eine Spur auszumachen, eine halbe Stunde vielleicht noch, schön gesichert. Denkste! Ein paar rostige Seile, zerfetzt, ausgerissene Haken – vorsichtig stieg ich ab über schmale Bänder und durch enge Kamine, das Altmetall wies den Weg. Hoch in den Felsen rumpelte es, dann rauschten Felsbrocken, begleitet von Geröll und Sand, herunter. Nur weg hier! Ein letzter Kamin, ein paar leichte Felsen noch – endlich unten!

WICHTIG

Gerade bei Touren in eher abgelegene Alpenregionen, wo nur wenige Bergsteiger unterwegs sind, ist eine zuverlässige Vorabinformation besonders wichtig.

WICHTIG

Offensichtlich durch Steinschlag gefährdete Passagen bringt man immer so schnell wie möglich hinter sich.

Klettersteigparadies Julische Alpen: die Nordabstürze des Mangart-Massivs

Ja, unten. Vor mir eine Schneemauer, buckelhart, im Rücken die Wand. Randkluft nennt sich das, eine richtige Falle ohne Steigeisen und Pickel. Hätte ich doch ... Ich bin herausgekommen, irgendwie über die Kante gerobbt, die die Trennlinie darstellte zwischen einem weichen Bett und einem wenig gemütlichen Biwak unter freiem Himmel. Zwei Stunden später serviert Signora Laura im Albergo »Edelweiß« dem frisch geduschten, hungrigen Schweizer einen mächtigen Teller Pasta. Es dämmert schon, dunkel schimmert der glatte Spiegel des Unteren Weißenfelser Sees, und die letzten Sonnenstrahlen an den Gipfelfelsen der Veunza sind längst verglommen. Kalt wird's da oben an der »Via della Vita«, kalt und sehr ungemütlich.

PS: Slowenien dürfte bald EU-Mitglied sein, die Grenze oben an der Ponza-Kette dann endgültig Geschichte. In zwei, drei Jahren soll ein neuer Tourenführer über die Julischen Alpen erscheinen – und vorher sieht mich die »Via« wieder. Natürlich gut vorbereitet, mit allem Notwendigen im Gepäck und aktuellen Infos über den Zustand der Route.

WICHTIG

Beschädigte Sicherungen gehören zu den objektiven Gefahren am Klettersteig. Viele ostalpine Routen bedürften dringend einer Sanierung!

WICHTIG

Nur eine Ausrüstung »für alle Fälle« bewahrt den Bergsteiger auf großen, selten gemachten Touren vor bösen Überraschungen.

12 Sinnvolles Training

Klettersteiggehen ist Sport, Bergsport, und als solcher an bestimmte Voraussetzungen gebunden: Fitness, Kraft und psychische Belastbarkeit. Alle diese Faktoren kann (muss) man trainieren, im eigensten Interesse: Denn die schönste Tour macht überhaupt keine Freude, wenn man dabei Angst hat, sich überfordert fühlt oder hinterher völlig kaputt ist. Über die psychischen Belastungen (Höhenangst, Schwindel) und ihre Überwindung informiert Kapitel 9 »Gehen am Klettersteig«.

Natürlich spielen alle drei Faktoren zusammen: ein guter Fitnessstand wirkt sich auf das Selbstbewusstsein aus, wer souverän an eine Aufgabe herangeht, hat auch weniger Angst.

Beim physischen Training gilt es, zwischen drei Komponenten zu unterscheiden:

- Kondition
- Kraft
- Beweglichkeit

Bei einem guten Training greifen die verschiedenen Bereiche ineinander über: das Laufen im Gelände fördert auch die Beweglichkeit, das Krafttraining (in eingeschränktem Maß) den Kreislauf. Für den Klettersteigler ist vor allem eine allgemeine Fitness wichtig. Von ihm werden keine Höchstleistungen verlangt, sondern Ausdauer und Kraft auf kurzen Teilstrecken (Bizeps!). An erster Stelle beim Training steht die Kondition.

Ein ideales Training fürs Bergsteigen bilden Sportarten, bei denen gleichermaßen Kondition und Beweglichkeit verbessert werden.

Kondition

Dabei ist die richtige Dosierung wichtig. Wird mit dem Training übertrieben, ist das genau so kontraproduktiv wie zu wenig Einsatz. Entscheidend sind neben der Trainingsintensität die Erholungsphasen, bei Anfängern jeweils mindestens ein Tag. Dreimal pro Woche ein Training mit gleichmäßiger Belastung führt bald zu einer erheblichen Verbesserung der Ausdauerwerte. Man sollte auf Abwechslung achten: eine größere Runde mit dem Rad (wobei es keine Rolle spielt, ob man auf dicken oder dünnen Reifen rollt, Hauptsache, es macht wirklich Spaß),

GANZ NEU: NORDIC WALKING

Es tauchen ja immer wieder neue Methoden des Körpertrainings auf, gelegentlich aus dem Land der unbegrenzten Möglichkeiten. Nordic Walking hat seine Wurzeln in Finnland, es entstand als eine Form des Sommertrainings für den Skilanglauf: Gehen mit Stöcken – aber keineswegs an Stöcken! Durch den Einsatz von Fiberglas-Stöcken bei diesem schnellen Gehen werden fast alle der 650 Muskeln des menschlichen Körpers (auch die Lachmuskeln?) beansprucht, dazu wird der Kreislauf bereits bei mittlerer Intensität ausreichend trainiert. Mit etwa 120 Schritten pro Minute ist man bereits sehr gut unterwegs. Wichtig ist ein kräftiger rhythmischer Einsatz der Stöcke. Übrigens: Wer schon immer gerne mit intensivem Stockeinsatz im Gelände unterwegs war, vor allem bergauf, hat dieses »nordische Gehen« instinktiv als gutes Ausdauer- und Krafttraining verstanden – ganz ohne Anleitung.

Radeln (egal ob mit dünnen oder dicken Reifen) ist ein gutes Training für Bergsteiger – und ein toller Sport sowieso.

ein paar Dutzend Bahnlängen im Schwimmbad und ein Waldlauf. So kommt man gut bis zum Wochenende, und da ist dann ja eine Tour fällig, vielleicht der »Arlberger«, wenn das Wetter mitspielt ...

Radeln trainiert die Ausdauer besonders gut, und wer seine Ausflüge mit dem Mountainbike unternimmt, tut (vor allem bei den Abfahrten) zusätzlich etwas für seine Beweglichkeit. Wie auch bei Ausfahrten mit dem Rennrad ist es besser, intensiv, dafür nicht zu lange zu traninieren: eine bis (maximal) drei Stunden pro Einheit, aber möglichst mit ein paar Steigungen.

WICHTIG

Eine gute körperliche Verfassung vermindert das Unfall- und Verletzungsrisiko, schafft also Sicherheitsreserven auf dem Klettersteig.

Kraft

Sportklettersteige verlangen oft vollen Einsatz, gilt es doch bei manchen Routen, Überhänge zu meistern oder längere senkrechte, nahezu trittlose Passagen. Das geht nur mit Kraft, und die erwirbt man nicht sitzend am PC. Die Jugend ist da im Vorteil. Wer noch mit Elvis seine Teenagerzeit vertanzt hat, muss etwas nachhelfen, um die altersbedingte Rückbildung der Muskulatur zu kompensieren. Also ran an die Hanteln, möglichst regelmäßig, d. h. täglich, aber ohne gleich zu übertreiben. Es reicht durchaus, wenn man jeweils ein paar Serien von 20 Wiederholungen bei mittlerer Beanspruchung durchführt. Nicht vergessen: Wir wollen zwar fit sein, sind aber keine Spitzensportler!

Beweglichkeit

Beweglichkeit ist beim Gehen in weglosem Gelände ebenso wichtig wie auf dem Klettersteig. Balancieren auf Felsblöcken, der Überkopfgriff zum Eisenhaken oder das »Abfahren« im tiefen Geröll – all das verlangt koordinierte Bewegungen und schnelles Reagieren. Zur Erhaltung der allgemeinen Beweglichkeit hat sich das *Stretching*, das langsame, gefühlvolle Dehnen der Muskultatur, außerordentlich bewährt. Regelmäßig ausgeübt, verhindert es auch weitgehend das altersbedingte »Einrosten« des Bewegungsapparats!

Hochseilgärten

Moderne Klettersteige warten mehr und mehr mit artistischen Elementen auf: Brücken, Tyroliennes, Stahlnetzen. Das hat mit Bergsteigen kaum mehr etwas zu tun, sollte aber trotzdem trainiert werden. Am besten geht das auf einem der vielen Hochseilgärten, die es mittlerweile gibt. Da kann man das Balancieren auf schmalen Stegen, das Hangeln zwischen Bäumen oder das luftig verwegene Schweben an einer Tyrolienne üben. Hochseilgärten sind auch gute Trainingsplätze für jene, die an Höhenangst leiden. Ein regelmäßiger Abstecher zwischen die Baumwipfel verhilft den meisten nach und nach zum locker-selbstbewussten Blick in die Tiefe.

Treppensteigen ist gut für die Kondition – auch draußen in der Natur.

Rhein
Bodensee
Zürich
Rhein
26
Aare
Bern
42
22
23
44
43
45
Finsteraarhorn
4274
Le Léman
Piz Bernina
4049
Genève
Rhône
41
21
Mont Blanc
4807
Monte Rosa
4634
Lago
di
Como
Adda
Lyon
46
24
47
Milano
Rhône
Isère
Po
Grenoble
25
49
Torino
Barre
des Écrins
4102
48
50
Monviso
3841
Durance
Nice
Mittelmeer

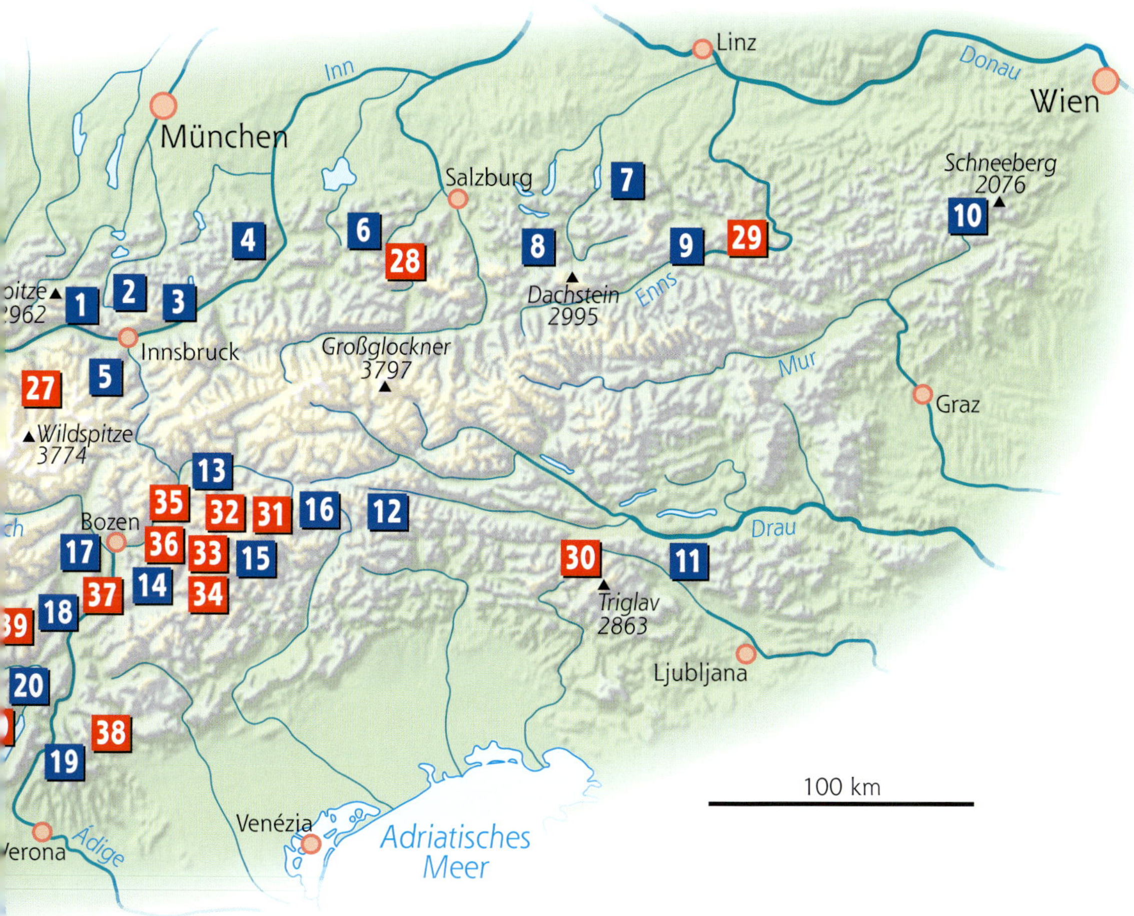

13 Für die Praxis: 50 ausgewählte Klettersteige

Von der Theorie in die Praxis: auf die Leiter und hin zum Drahtseil! Der luftig sichere Balanceakt kann beginnen, die Ausrüstung ist komplett, ihre Handhabung erläutert und verstanden – jetzt ruft der Berg. Auf den folgenden Seiten wird eine Auswahl von Routen vorgestellt, die sich besonders gut für Einsteiger eignet. Dabei wird bei jedem »Eisenweg« auf die jeweilige Besonderheit hingewiesen: auf dem einen kann man »Tiefe« gut trainieren, dort ist Ausdauer gefragt, bei einem anderen Steig sicheres Gehen in ungesichertem Schrofengelände. Denn eines ist ganz gewiss: Übung erst macht den Meister – auch beim Klettersteiggehen.

Für Einsteiger

1 Alpspitz-Ferrata

Wo? Die ebenmäßig gebaute Felspyramide der Alpspitze erhebt sich südlich von Garmisch-Partenkirchen im Wettersteinmassiv.
Ausgangspunkt Bergstation der Osterfelder-Seilbahn (2033 m).
Verlauf/Gehzeiten Osterfelder – »Alpspitz-Ferrata« – Alpspitze (2628 m; 2½ Std.) – Oberkar – »Nordwandsteig« – Osterfelder (4 Std.)
Charakteristik Opulent gesicherte Route auf einen der schönsten Gipfel der Bayerischen Alpen; der Abstieg ins Oberkar verlangt dann einen sicheren Tritt. Insgesamt eine Tour mit (zu?) viel Eisen, aber auch mit großen Aus- und Tiefblicken.
Sicherungen Die Route ist mit Eisenbügeln und -stiften sowie Drahtseilen fast durchgehend gesichert.

2 Mittenwalder Klettersteig

Wo? Aussichtsreicher Kammweg im Westen des Karwendels mit Seilbahn-»Aufstieg«.
Ausgangspunkt Bergstation der von Mittenwald ausgehenden Karwendelbahn (2224 m).
Verlauf/Gehzeiten Karwendelbahn – »Mittenwalder Klettersteig« – Sulzleklammspitze (2321 m) – Tiroler Hütte (2153 m; 2½ Std.) – Brunnsteinhütte (1523 m) – Mittenwald (5½ Std.)
Charakteristik Sehr beliebte Höhenroute, überall bestens gesichert und nur mäßig exponiert. Nicht zu unterschätzen ist der lange Abstieg.
Sicherungen Rund 1500 Meter Drahtseil, 70 Leiternmeter und ein paar Holzstege.

3 Felix-Kuen-Weg

Wo? Kleiner Klettersteig an der Karwendel-Nordkette.
Ausgangspunkt Hinterhornalm (1522 m), 12 km von Hall in Tirol (Mautstraße).
Verlauf/Gehzeiten Hinterhornalm – »Felix-Kuen-Weg – Hundskopf (2243 m; 2 ½ Std.) – Ostgrat – Hinterhornalm (3¾ Std.)
Charakteristik Kurzer, gut gesicherter Klettersteig. Wichtig: der Zugang durch die Nordflanke des Hundskopfs muss schneefrei sein!
Sicherungen Drahtseile und eine kurze Leiter.

Am Brünnstein

4 Julius-Mayr-Weg

Wo? Der Brünnstein erhebt sich im Südosten des Mangfallgebirges.
Ausgangspunkte Tatzelwurm (764 m) an der Ostrampe der Sudelfeldstraße (13 km von Bayrischzell) oder das Gasthaus Rosengasse (1125 m).
Verlauf/Gehzeiten Tatzelwurm/Rosengasse – Brünnstein-Haus (1342 m) – »Julius-Mayr-Weg« – Brünnstein (1619 m; 2¾ Std.); Abstieg via Brünnstein-Haus oder Himmelmoosalm (4¼ Std.)
Charakteristik Beliebte Wanderrunde mit überraschend felsiger Gipfelüberschreitung. Origineller Felsdurchschlupf am »Julius-Mayr-Weg«.
Sicherungen Stiegen und Drahtseile.

5 Lustige-Bergler-Steig

Wo? Die Marchreisenspitze gehört zu den Kalkkögeln, die sich südwestlich der Landeshauptstadt Innsbruck erheben.

Ausgangspunkt Axamer Lizum (1564 m), Skistation, 15 km von Innsbruck. Alternativ auch die Liftstation am Birgitzköpfl (2053 m).

Verlauf/Gehzeiten Axamer Lizum – Halsl (1992 m; 1 Std.) – »Lustige-Bergler-Steig« – Marchreisenspitze (2620 m; 3½ Std.); Abstieg auf dem gleichen Weg (6 Std.)

Charakteristik Landschaftlich sehr abwechslungsreiche Route mit packenden Aus- und Einblicken. Leichte, gesicherte Passagen.

Sicherungen Drahtseile, ein paar Eisenbügel.

6 Wagendrischlhorn-Klettersteig

Wo? Das Wagendrischlhorn erhebt sich als einer der Hauptgipfel der Reiteralpe zwischen Lofer und der Ramsau.

Ausgangspunkt Gasthaus Mayrberg (900 m), 5 km von Lofer.

Verlauf/Gehzeiten Mayrberg – Mayrbergscharte (2053 m) – Klettersteig – Wagendrischlhorn (2251 m; 4 Std.) – Traunsteiner Hütte – Alpasteig – Obermayrberg – Mayrberg (8½ Std.)

Charakteristik Recht große Runde über die Reiteralpe mit recht steilem, aber gut gesichertem Anstieg von der Mayrbergscharte.

Sicherungen Drahtseile, einige Eisenstifte.

Unter dem Gipfel des Wagendrischlhorns

7 Naturfreundesteig

Wo? Gmunden liegt am Nordrand des Salzkammerguts, am Abfluss des Traunsees. Hausberg des Städtchens ist der markante, frei stehende Felsgipfel des Traunsteins.

Ausgangspunkt Ostufer des Traunsees; Parkplatz 6 km von Gmunden.

Verlauf/Gehzeiten Traunseeufer – »Naturfreundesteig« – Traunsteinhütte (1570 m; 3 ½ Std.) – Traunstein (1691 m; 4 Std.) – Lainaugraben – Traunseeufer (6¼ Std.)

Charakteristik Schön angelegter, aber nur teilweise gesicherter Anstieg über dem Traunsee. Packende Tief- und Fernblicke, auch hinaus ins flache Land.

Sicherungen Drahtseile, Eisenbügel und -tritte, eine Leiter.

8 Schöberl-Klettersteige

Wo? Beim Schöberl handelt es sich um eine unbedeutende Erhebung an der Nordabdachung des Hohen Dachsteins (2995 m).

Ausgangspunkt Endstation der von Obertraun ausgehenden Dachstein-Seilbahn auf der Gjadalm (1788 m).

Verlauf/Gehzeiten Gjaidalm – Simony-Hütte (2206 m) und zurück 4½ Std., »Schöberl-Klettersteige« 1 bis 1½ Std.

Charakteristik Klettersteiggarten am Schöberl (2422 m) mit drei gut gesicherten Routen: Südanstieg leicht, »Kamin-Pfeiler-Steig« mittel; »Via Steinbock« sehr ausgesetzt, für Anfänger nicht unbedingt geeignet (hier braucht's bereits etwas Erfahrung!).

Sicherungen Drahtseile, Haken und Eisenbügel.

Leicht und gut gesichert: der Südostgrat des Warschenecks

9 Warscheneck-Südostgrat

Wo? Das Warscheneck erhebt sich als Eckpfeiler des Toten Gebirges nordwestlich über dem Pyhrnpass.

Ausgangspunkt Wurzeralm (1427 m), Bergstation der von der Pyhrnstraße ausgehenden Standseilbahn.

Verlauf/Gehzeiten Wurzeralm – Frauenkar (1 ¾ Std.) – Widerlechnerstein (2107 m) – Klettersteig – Warscheneck (2388 m; 3 ¼ Std.) – »Toter Mann« – Rote-Wand-Scharte – Brunnsteiner See (1422 m; 5 ¼ Std.) – Wurzeralm (5 ¾ Std.)

Charakteristik Landschaftlich sehr abwechslungsreiche Runde mit einem leichten, bestens gesicherten Anstieg zum großen Panorama.

Sicherungen Drahtseile, Eisenbügel.

10 Alpenvereinssteig und Teufelsbadstubensteig

Wo? Das Große Höllental liegt an der Nordseite der Rax.

Ausgangspunkt Weichtalhaus (547 m) an der Höllentalstraße, 9 km ab Reichenau.

Verlauf/Gehzeiten Weichtalhaus – »AV-Steig« – Höllentalaussicht (3 ½ Std.) – Ottohaus (1644 m; 4 Std.) – Wachthüttlkamm – »Teufelsbadstubensteig« – Weichtalhaus (6 ½ Std.)

Charakteristik Recht lange, mit viel Eisen gespickte Runde über dem wildromantischen Großen Höllental. Bei beiden Steigen handelt es sich um »antike« Anlagen aus der Frühzeit des Bergtourismus; Steinschlaggefahr am »Teufelsbadstubensteig«!

Sicherungen Mehrere Leitern, Drahtseile, alte Eisengriffe und -stäbe.

11 Hochstuhl-Klettersteig

Wo? Der Hochstuhl ist höchster Gipfel des lang gestreckten (Grenz-)Kamms der Karawanken.

Ausgangspunkt Parkplatz im Bärental (ca. 1150 m), 10 km von Feistritz im Rosental.

Verlauf/Gehzeiten Bärental – Klettersteig – Hochstuhl (2237 m; 3 ½ Std.) – Klagenfurter Hütte (1664 m) – Bärental (5 ½ Std.)

Charakteristik Schöne Gipfelüberschreitung mit gesichertem Anstieg (ca. 400 Höhenmeter).

Sicherungen Drahtseile, einige Haken.

12 Via dei Camosci und Austriaweg

Wo? Die Porze ist ein markanter (Grenz-)Gipfel im Westteil des Karnischen Hauptkamms.

Ausgangspunkt Im Obertilliacher Tal, Parkplatz beim Klapfweiher (1700 m), 7 km von Obertilliach.

Verlauf/Gehzeiten Klapfweiher – Porzehütte (1942 m) – Tilliacher Joch (2094 m; 1 ¼ Std.) – »Via dei Camosci« – Porze (2599 m; 3 Std.) – »Austriaweg« – Porzescharte (2362 m) – Klapfweiher (4 ¾ Std.)

Charakteristik Abwechslungsreiche Gipfelüberschreitung auf ehemaligen Kriegssteigen; von der Porze großes Panorama.
Sicherungen Drahtseile.

13 Günther-Messner-Gedächtnissteig

Wo? Die Aferer Geisler sind den (viel berühmteren) Geislerspitzen nördlich vorgelagert – fast wie der Zahme dem Wilden Kaiser.
Ausgangspunkt Zanser Alm (1680 m) im innersten Villnößtal, 20 km von der Brennerstraße.
Verlauf/Gehzeiten Zanser Alm – Kofelwiesen (2 Std.) – »Günther-Messner-Steig« (Wälscher Ring, 2646 m) – Schlüterhütte (2297 m; 5¾ Std.) – Zanser Alm (7¼ Std.)
Charakteristik Lange und deshalb recht anstrengende Runde an den Aferer Geisler mit mehreren gesicherten Abschnitten. Große Schau auf die Geislerspitzen.
Sicherungen Drahtseile, eine acht Meter hohe Leiter.

14 Sentiero attrezzato »Campanili del Latemar«

Wo? Der Hauptkamm des Latemar bildet die Felskulisse des berühmten Karersees bei Welschnofen.
Ausgangspunkt Bergstation des Oberholz-Liftes (2101 m); Talstation in Obereggen (1561 m), 23 km von Bozen.
Verlauf/Gehzeiten Oberholz – Gamsstallscharte (2560 m) – Rotlahnscharte (2620 m; 3½ Std.) – Klettersteig – Große Latemarscharte (2650 m; 4½ Std.) – Gamsstalljoch – Oberholz (7 Std.)
Charakteristik Landschaftlich hervorragende Route an der Südflanke des Latemar-Hauptkamms, überwiegend aus Querungen bestehend.
Sicherungen Drahtseile, eine senkrechte Leiter.

Packende Felskulisse am Latemar-Klettersteig

15 Sentiero Ra Gusela und Ferrata Averau

Wo? Nuvolau und Averau sind zwei »kleine«, aber sehr dankbare Gipfelziele im Südwesten von Cortina d'Ampezzo.
Ausgangspunkt Passo Giau (2233 m), Übergang vom Ampezzano nach Selva di Cadore.
Verlauf/Gehzeiten Passo Giau – »Sentiero Ra Gusela« – Nuvolau (2574 m; 1½ Std.) – Forcella Nuvolau (2413 m) – Klettersteig – Averau (2649 m; 3 Std.) – Klettersteig – Forcella Nuvolau – Passo Giau (4½ Std.)
Charakteristik Beim »Sentiero Ra Gusela« handelt es sich um ein leichtes gesichertes Steiglein, die »Ferrata Averau« setzt bereits etwas Erfahrung im Umgang mit Eisen voraus.
Sicherungen Drahtseile, ein paar Eisenbügel, eine Leiter.

16 Klettersteig Sextener Rotwand

Wo? Die Sextener Rotwand ist der »Zehner« in der berühmten Sextener (Gipfel-) Sonnenuhr.
Ausgangspunkt Bergstation der von Sexten-Moos ausgehenden Gondelbahn auf den Rotwandwiesen (1910 m).

Verlauf/Gehzeiten Rotwandwiesen – Rotwandköpfe (2345 m) – Klettersteig – Sextener Rotwand (2936 m; 3½ Std.), Abstieg auf dem gleichen Weg (gesamt 5¾ Std.)
Charakteristik Dolomiten pur an einem leichten Klettersteig; vom Gipfel großes Panorama.
Sicherungen Drahtseile und einige Leitern.

17 Roèn-Klettersteig

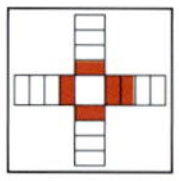

Wo? Der Monte Roèn ist der höchste Gipfel des lang gestreckten Mendelkamms.
Ausgangspunkt Enzianhütte (1409 m) südlich des Mendelpasses bzw. Bergstation des Mendel-Sessellifts (1579 m).
Verlauf/Gehzeiten Enzianhütte – Halbweghütte – Malga Romeno – Überetscher Hütte (1773 m; 2¼ Std.)– Klettersteig – Monte Roèn (2116 m; 3¼ Std.) – Malga Romeno – Enzianhütte (5¼ Std.)
Charakteristik Leichter Anstieg auf einen großen Aussichtsgipfel.
Sicherungen Drahtseile.

18 Sentiero attrezzato Burrone-Giovanelli

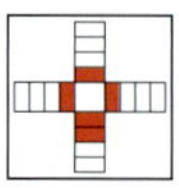

Wo? Beim Burrone handelt es sich um eine grandiose Schlucht am Südrand des Mendelkamms unweit von Mezzocorona.
Ausgangspunkt Picknickplatz an der Klammmündung, wenig außerhalb von Mezzocorona (Zufahrt).
Verlauf/Gehzeiten Picknickplatz – »Burrone-Steig« – Manzi (858 m; 1¾ Std.) – Monte (891 m; 2¼ Std.) – Mezzocorona (219 m) – Picknickplatz (4¼ Std.)
Charakteristik Einmaliger Klammsteig, fantastische Kulisse. Der Abstieg bietet eine schöne Aussicht über das Etschtal.
Sicherungen Mehrere Leitern, Drahtseile, einige Eisenbügel.

Steile Passage am »Sentiero Pojesi«

19 Sentiero alpinistico Angelo Pojesi

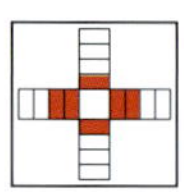

Wo? Die »Piccole Dolomiti« erheben sich zwischen dem Etschtal (Val Lagarina) und dem Straßenpass Pian delle Fugazze (1162 m).
Ausgangspunkt Rifugio Revolto (1336 m) im oberen Val d'Illasi, Anfahrt von Süden ab Tregnano (317 m) etwa 25 km.
Verlauf/Gehzeiten Rifugio Revolto – Passo Pértica (1552 m; ¾ Std.) – »Sentiero Pojesi« – Costa Media (2098 m; 3¾ Std.) – Passo Pértica – Rifugio Revolto (5½ Std.).
Verlängert man die Tour zur Cima Carega (2259 m), ergibt sich eine Gesamtgehzeit von etwa 7½ Std. – sehr lohnend!
Charakteristik Richtiger Abenteuerpfad in weitgehend unberührter Natur; nur wenig begangen; längere gut gesicherte Abschnitte.
Sicherungen Drahtseile, Eisenklammern, zwei kurze Eisenstege.

20 Sentiero del Colodri

Wo? Die berühmten Kletterfelsen erheben sich nördlich von Arco über dem Sarcatal.
Ausgangspunkt Arco-Prabi (90 m), Camping- und Parkplatz.
Verlauf/Gehzeiten Prabi – Klettersteig – Colodri (350 m) – Laghel – Arco – Prabi (2¼ Std.)
Charakteristik Kurzer Trainingsklettersteig oberhalb des Trimmpfades von Arco mit steilem Finale, ideal auch für Familien.
Sicherungen Drahtseile und einige Eisenhaken

21 Direttissima – Cecilia – Sinigaglia

Wo? Die Grignetta, südlicher Hauptgipfel der Grigne, erhebt sich über dem Leccheser Becken des Lago di Como.
Ausgangspunkt Piani Resinelli (1280 m), Sport- und Erholungsgebiet, von Lecco über Ballabio 16 km auf guten Straßen.
Verlauf/Gehzeiten Piani Resinelli – Rifugio Porta (1425 m) – »Direttissima« – »Sentiero Cecilia« – Grignetta (2177 m; 3½ Std.) – »Cresta Sinigaglia« – Piani Resinelli (5½ Std.)
Charakteristik Landschaftlich einmalige Gipfelüberschreitung: Dolomitenzauber über dem Comer See! Und vom Gipfel genießt man ein Panorama, das vom Monviso über den Montblanc und das Finsteraarhorn bis zum Ortler reicht.
Sicherungen Ketten, Eisenstifte und eine Leiter.

Dolomitzauber über dem Comer See: Felstürme an der Grignetta

22 Rigidalstock-Klettersteig

Wo? Das Klosterdorf Engelberg liegt südlich von Luzern mitten in den Innerschweizer Bergen.
Ausgangspunkt Bergstation des Brunni-Sessellifts (1860 m).
Verlauf/Gehzeiten Brunni – Einstieg (2380 m) – Rigidalstock (2593 m; 2¼ Std.), Abstieg nur über den Klettersteig (3½ Std.)
Charakteristik Landschaftlich sehr dankbarer, bestens gesicherter Klettersteig; ideal für Einsteiger.
Sicherungen Drahtseile, Eisenklammern.

23 Schwarzhorn-Klettersteig

Wo? Das Schwarzhorn erhebt sich nördlich über der Großen Scheidegg bzw. Grindelwald.
Ausgangspunkt Bergstation der First-Grindelwald (2167 m).
Verlauf/Gehzeiten First – Chrinnebode – Große Chrinne (2635 m) – Klettersteig – Schwarzhorn (2928 m; 3 Std.) – Südgrat – Chrinnebode – First (5 Std.)
Charakteristik Gipfelüberschreitung vor der Eiger-Nordwand: Berner Oberland pur!
Sicherungen Drahtseile, ein paar Eisenstifte und drei Leitern.

Der Aufstieg zum Mont Chétif weist leichte gesicherte Passagen auf.

24 Sentiero attrezzato Mont Chétif

Wo? Noch ein Belvedere, in diesem Fall vor dem Montblanc.
Ausgangspunkt Ortsteil La Villette (1198 m) des italienischen Ferienortes Courmayeur.
Verlauf/Gehzeiten La Villette – »Sentiero attrezzato« – Mont Chétif (2343 m; 3½ Std.) – Pra Neiron (1897 m) – Dolonne (1212 m) – La Villette (5¾ Std.)
Charakteristik Gipfelüberschreitung vor der einmaligen Kulisse des Montblanc-Massivs mit längeren gesicherten Passagen im Anstieg.
Sicherungen Ketten, Tritteisen.

25 Via ferrata de Poingt Ravier

Wo? Valloire (1401 m) liegt in der Maurienne, an der Nordrampe der berühmten Galibier-Passstraße.
Ausgangspunkt An der Brücke über die Valloirette (Infotafeln).
Verlauf/Gehzeiten Aufstieg über die Ferrata, Abstieg vom Gipfelchen (1696 m) über den Weiler Poingt Ravier (1644 m); insgesamt 2 Std.
Charakteristik Leichter Sportklettersteig mit zwei Ausstiegsvarianten; bestens für Anfänger und Familien geeignet.
Sicherungen Eisenbügel, Tritteisen und Drahtseile.

Blüten aus Eisen – Kurioses rund um Klettersteige[1]

Auch für Ferrata-Freaks gibt's ein paar Steige, die man nicht unbedingt »gemacht« haben muss. Etwa jenen am Glungezer. Ja, richtig: Glungezer, 2677 Meter hoch, Tuxer Berge. Felsen hat es da nicht gerade viel, aber »wo ein Wille ist, ist auch ein Weg«. In diesem Fall eine Ferrata, an die Nordflanke des bekannten Ski- und Wanderberges geheftet. Dazu war kein allzu großer Aufwand erforderlich, aber eine gute Spürnase, entdeckt man an dem Geröllhang doch kaum nennenswerte Felsbauten, geschweige denn einen ordentlichen Grat, der sich für das Unterfangen eignen würde. So entstand eine »ferrata curiosa«, die sich im Zickzack durchs Gelände schwindelt. Mal quert sie von einem Felsblock zum nächsten, dann steigt man sogar ab zur Andeutung eines Gratrückens, der aber alsbald wieder im Blockgewirr versinkt, bis der Route schließlich knapp unter dem Gipfel endgültig die Luft ausgeht ...

Nun, solch unglückliche Kreationen sind aber keineswegs eine österreichische, etwa gar Tiroler Spezialität. Einen ähnlichen Ruf hat längst auch die »Alpspitz-Ferrata« abbekommen, weil man da vor lauter Eisen den Berg kaum mehr sieht. Ein Meisterstück lieferten auch die Erbauer einer Ferrata in der Comer-See-Region ab, die am Südgrat des Monte Due Mani eine Route sicherten, von der man alle paar Meter auf den parallel verlaufenden Wanderweg ausweichen kann – da wird mancher die »mani« über dem Kopf zusammenschlagen.

[1] »Exotisches« von Eugen E. Hüsler in: »Bergsteiger« 5/1992

Da braucht's schon etwas Erfahrung

26 Mindelheimer Klettersteig

Wo? Großzügige Gratroute in den Allgäuer Alpen, Anreise über Sonthofen zum Kleinwalsertal.
Ausgangspunkt Schwendle (1160 m), Ortsteil von Mittelberg im Kleinwalsertal. Zufahrt ab Mittelberg, auch mit dem »Walserbus«.
Verlauf/Gehzeiten Schwendle – Fluchtalpe (1390 m) – Fiderepasshütte (2035 m; 2¾ Std.) – Fiderescharte (2199 m) – »Mindelheimer Klettersteig« – Schafalpenköpfe (2320 m) – Kemptner Scharte (6 Std.) – Fluchtalpe – Schwendle (8½ Std.)
Charakteristik Spannende, recht alpine Gratüberschreitung mit viel Auf und Ab, zahlreichen originellen Passagen und einem kleinen Überhang zum Auftakt. Wichtig: eine ordentliche Kondition.
Sicherungen Eisenbügel und -stifte, Drahtseile sowie eine kleine Brücke.

27 Jubiläums-Klettersteig Lehner Wasserfall

Wo? Längenfeld liegt im mittleren Ötztal, 17 km von Ötz.
Ausgangspunkt Parkplatz beim Weiler Lehn (1159 m); hier große Infotafel.
Verlauf/Gehzeiten Gesamt etwa 1½ Std.
Charakteristik Ein typischer Sportklettersteig, gut 150 m hoch, bestens gesichert. Steiler Auftakt an senkrechter Wand, dann längere Querung bis in die Nähe des Lehner Wasserfalls; Achtung: Ausstiegsvariante (Drei-Meter-Überhang) nur für Oberturner!
Sicherungen Eisenbügel, Tritteisen und Drahtseile.

28 Wildental- und Südwand-Klettersteig

Wo? Das Persailhorn erhebt sich am Südrand des Steinernen Meers über dem weiten Talboden von Saalfelden.
Ausgangspunkt Bachwinkl, Häusergruppe außerhalb von Saalfelden (744 m).
Verlauf/Gehzeiten Bachwinkl – Wiechenthaler-Hütte (1707 m; 2¼ Std.) – »Wildental-Klettersteig« – Persailhorn (2330 m; 4½ Std.) – »Südwand-Klettersteig« – Wiechenthaler-Hütte (6½ Std.) – Bachwinkl (8 Std.)
Charakteristik Genussklettersteige mit einigen recht originellen Passagen: viel Eisen und noch mehr Aussicht am Weg!
Sicherungen Drahtseile, Eisenbügel und -stifte, mehrere Leitern.

Luftige, gut gesicherte Querung am Südwand-Klettersteig

29 Buchstein-Südbandsteig

Wo? Der Große Buchstein gehört zu den Hauptgipfeln der Gesäuseberge, die sich beiderseits der malerischen Klamm zwischen Admont und Hieflau erheben.
Ausgangspunkt Gstatterboden (577 m), Häusergruppe im Gesäuse.

Verlauf/Gehzeiten Gstatterboden – Buchsteinhaus (1546 m; 3 Std.) – »Südbandsteig« – Großer Buchstein (2224 m; 5 ½ Std.) – Westschlucht – Buchsteinhaus – Gstatterboden (8 ½ Std.)
Charakteristik Recht spektakulärer Klettersteig mit packenden Tiefblicken zur Enns, recht langer Zustieg.
Sicherungen Eisenhaken, Drahtseile.

30 Mala Mojstrovka, Nordwand-Klettersteig

Wo? Die Mojstrovka erhebt sich westlich über dem Straßenpass Vršič im slowenischen Teil der Julischen Alpen.
Ausgangspunkt Vršič (1611 m), Übergang von Kranjska gora nach Bovec.
Verlauf/Gehzeiten Vršič – »Nordwand-Klettersteig« – »Mala Mojstrovka« (2332 m; 2½ Std.) – Vršič (3¾ Std.)
Charakteristik Gut angelegter Steig durch die markant gegliederte Nordwand der Kleinen Mojstrovka, auf »slowenische Art« gesichert (ungesicherte Abschnitte mit leichter Kletterei).
Sicherungen Eisenstifte und Drahtseile.

Steilpassage am großen Höhenweg: der »Sentiero Dibona«

31 Sentiero ferrato Ivano Dibona

Wo? Das Cristallomassiv erhebt sich zwischen Cortina d'Ampezzo und dem Misurinasee.
Ausgangspunkt Liftstation an der Forcella Stounies (2918 m), an der Straße von Cortina zum Passo Tre Croci (Rio Gere, 1698 m).
Verlauf/Gehzeiten Forcella Stounies – Cristallino d'Ampezzo (3008 m) – Forcella Granda (2874 m) – Forcella Padeón (2760 m) – Forcella Alta (2 ½ Std.) – Forcella Bassa (2417 m) – Col dei Stombi (2168 m; 4½ Std.) – Val Padeón – Ospitale (1474 m; 6 Std.)
Charakteristik Lange Kammroute mit einigem Auf und Ab, die den ehemaligen italienischen Stellungen am Westgrat des Cristallomassivs folgt. Landschaftlich einmalig; nur bei sicherem Wetter gehen!
Sicherungen Drahtseile, einige Leitern und eine 27 m lange Hängebrücke.

32 Cirspitze V

Wo? Der lang gestreckte Drachenrücken der Cirspitzen erhebt sich nördlich über dem Grödner Joch.
Ausgangspunkt Grödner Joch (2121 m), Straßenpass zwischen dem Grödner Tal und dem Hochabtei (Alta Badia).
Verlauf/Gehzeiten Grödner Joch – Liftstation Dantercëpies (2298 m) – Klettersteig – »Cir V« (Kleine Cirspitze, 2520 m; 1 ½ Std.) – Ostschlucht – Dantercëpies – Grödner Joch (2½ Std.)
Charakteristik Kurze, aber recht rassige Ferrata an der fünften Cirspitze; ideale Übungsroute.
Sicherungen Dicke Drahtseile, eine kurze Leiter und zwei Eisenstifte am Gipfelkopf.

33 Pisciadù-Klettersteig

Wo? Die Pisciadùhütte steht auf dem großen Terrassenband auf der Nordseite der Sellagruppe.
Ausgangspunkt Parkplatz (1956 m) in einer Schottergrube an der Ostrampe der Grödner-Joch-Straße.
Verlauf/Gehzeiten Grödner-Joch-Straße – »Pisciadù-Klettersteig« – Pisciadùhütte (2585 m; 2½ Std.) – Val Setùs – Grödner-Joch-Straße (3½ Std.)
Charakterisik Absoluter Klettersteig-Klassiker in den Dolomiten: kurzer Zustieg, fester Fels, grandiose Kulisse. Oft Kolonnensteigen; vor dem schwierigeren zweiten Abschnitt kann man auskneifen.
Sicherungen Drahtseile, Eisenbügel und -stifte sowie eine kurze Leiter. Finaler Gag ist die berühmte Hängebrücke im Rücken des Exnerturms.

34 Via ferrata Franco Gadotti

Wo? Die Valacia-Gruppe erhebt sich über den Tälern von San Nicolò und San Pellegrino.
Ausgangspunkt Malga Crocifisso (1526 m) im Val San Nicolò, 4 km von Pozza di Fassa.
Verlauf/Gehzeiten Malga Crocifisso – Baita Monzoni (1792 m) – Bivacco Zeni (2090 m; 2 Std.) – »Ferrata Gadotti« – Sas Aut (2555 m) – Valacia (2637 m; 5½ Std.) – Rifugio Vallaccia (2275 m) – Baita Monzoni – Malga Crocifisso (7¼ Std.)
Charakteristik Landschaftlich sehr abwechslungsreiche Ferrata mit längeren, aber nur mäßig exponierten, gesicherten Passagen am Sas Aut. Von der Valacia großes Panorama, im Frühsommer üppige Flora mit einigen Raritäten.
Sicherungen Drahtseile, einige wenige Eisenstifte.

35 Santnerpass-Klettersteig

Wo? Die Hauptkette des Rosengartens mit den berühmten Vajolettürmen erhebt sich über dem Tierser Tal.
Ausgangspunkt Bergstation des Laurin-Sessellifts bei der Rosengarten-Hütte (2339 m).
Verlauf/Gehzeiten Rosengarten-Hütte – Klettersteig – Santnerpass (2745 m; 2 Std.) – Gartl – Vajolethütte (2243 m; 2¾ Std.) – Tschagerjoch (2630 m) – Rosengarten-Hütte (5¼ Std.)
Charakteristik Dolomiten pur bei dieser doppelten Überschreitung des Rosengarten-Hauptkamms; einmalig der Blick aus dem Gartl auf die Vajolettürme. Eher sparsam gesichert die Ferrata mit einigen leichten Kletterstellen (und unangenehm glatt polierten Felsen).
Sicherungen Drahtseile, Haken und eine Leiter.

36 Masarè-Rotwand-Klettersteig

Wo? Die Rotwand steht im Südteil des Rosengarten-Hauptkamms; ihr letzter Gipfel ist die Punta Masarè.
Ausgangspunkt Bergstation des Rosengarten-Sessellifts bei der Paolina-Hütte (2125 m); Talstation westlich unterhalb des Karerpasses (1745 m).
Verlauf/Gehzeiten Paolina-Hütte – Christomannos-Denkmal – Rotwand-Hütte (2280 m) –

Punta Masarè (2585 m; 1¾ Std.) – Klettersteig – Rotwand (2806 m) – Vajolonpass (2560 m; 4¾ Std.) – »Hirzelweg« – Paolina-Hütte (6 Std.)
Charakteristik Genussroute (Kulisse!) am Zackengrat zwischen Punta Masarè und Vajolonpass: viel Auf und Ab, gut gesichert, zum Teil aber recht ausgesetzt. Vor der Rotwand Zwischenabstieg zur Rotwand-Hütte (gesichert).
Sicherungen Drahtseile, Eisenbügel und -stifte.

37 Fennberg-Klettersteig

Wo? Margreid liegt im Südtiroler Etschtal, nahe der Grenze zum Trentino.
Ausgangspunkt An der Straße Margreid (226 m) – Roverè della Luna.
Verlauf/Gehzeiten Straße – Klettersteig – Unterfennberg (1051 m; 3 Std.) – Margreid (4½ Std.) – Straße (5¼ Std.)
Charakteristik Abwechlsungsreicher, mit einigen Steilpassagen gewürzter Anstieg aus dem Etschtalboden zur Mittelgebirgsterrasse des Fennbergs. Faszinierend die Tiefblicke, weniger schön der Rückweg auf Asphaltunterlage ...
Sicherungen Leitern, Eisenstifte und Drahtseile.

38 Sentiero delle cinque Cime (Sentiero attrezzato Falcipieri)

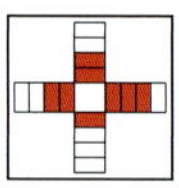

Wo? Der Pasubiostock erhebt sich östlich über dem Straßenpass Pian delle Fugazze (1162 m), der Rovereto mit Schio verbindet.
Ausgangspunkt Bocchetta Campiglia (1216 m), Zufahrt vom Passo Pian delle Fugazze.
Verlauf/Gehzeiten Bocchetta Campiglia – »Sentiero delle cinque Cime« – Baita Laita (1881 m) – Cima Cuaro (1939 m) – Monte Forni Alti (2023 m) – Passo di Fontana d'Oro (1875 m; 4 Std.) – Cimòn del Soglio Rosso (2040 m) – Cima dell'Osservatore (2027 m) – Rifugio Achille Papa (1928 m; 5½ Std.) – »Strada delle 52 Gallerie« – Bocchetta Campiglia (7¾ Std.)
Charakteristik Aussichtsreiche Überschreitung von fünf Gipfeln im Soglio-Rosso-Kamm mit längeren gesicherten Passagen. Vor und nach dem Monte Forni Alti Zwischenabstiege zur »Straße der Galerien« möglich. Ein Erlebnis für sich ist der Rückweg durch die Tunnelstrecke (Taschenlampe)!
Sicherungen Drahtseile, ein paar Haken und eine senkrechte, etwa 12 m hohe Leiter.

39 Sentieri Benini – SOSAT – Bocchette Centrali (Via delle Bocchette)

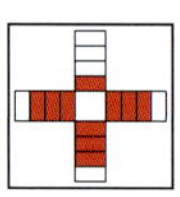

Wo? Madonna di Campiglio (1522 m) liegt im Westen der Brenta-Dolomiten.
Ausgangspunkt Bergstation der Gondelbahn am Grostèpass (2446 m); Talstation unterhalb des Passo Campo Carlo Magno.
Verlauf/Gehzeiten Passo del Grostè – »Sentiero Benini« – Bocca del Tuckett (2649 m; 3½ Std.) – Rifugio Tuckett (2272 m; 4¼ Std.) – »Sentiero SOSAT« – Rifugio Alimonta (2591 m; 7½ Std.) – »Sentiero delle Bocchette Centrali« – Bocca di Brenta (2549 m; 11 Std.) – Rifugio Brentei (2182 m) – Rifugio Vallesinella (1513 m; 14 Std.)
Charakteristik Landschaftlich einmalige Zwei-Tage-Tour am Brenta-Hauptkamm; Höhepunkt ist dabei der zentrale Abschnitt des »Bocchette-Wegs« mit dem Felsmonolithen des Campanile Basso (Guglia).
Sicherungen Drahtseile auf den vielen Horizontalbändern, Leitern an den Felsstufen.

Die »Via delle Bocchette« – der schönste Höhenweg in den Alpen?[1]

Mit der Brenta hat es, zugegeben, bei mir nicht gerade gut angefangen. Von einer ersten Annäherung blieben kaum positive Eindrücke: schlechtes Wetter, Nebel und total überfüllte Hütten. Auf einer (harten) Bank bei permanenter Beschallung (Schnarchen, Räuspern, »Du, ich muss mal« usw.) hatte ich immerhin jede Menge Zeit, um über den (fehlenden) Zusammenhang zwischen Nacht, Erholung und Schlaf in randvollen Alpenrifugien nachzudenken. Dazwischen war (erfolgloses) Schäfchenzählen angesagt. Ein zweiter Anlauf, der ganz dem legendären »Bocchette-Weg« und der (womöglich noch bekannteren) Guglia galt, fand bei Blitz und Donner ein feuchtes Ende. Hartnäckigkeit führt (dachte ich) doch zum Ziel, und tatsächlich: Beim dritten Anlauf war mir das Wetter hold. Weder eine Bauchlandung am Aufstieg noch ein paar Nebelschwaden konnten mich bremsen: »Via delle Bocchette« begangen, Guglia gesehen und abgelichtet. Dass ausgerechnet der Film mit dem steinernen Ewigkeitsphallus dann spurlos verschwand, war fast schon eine Marginalie, passte aber wunderbar in mein Brenta-Album.

Auf den berühmten Felsbändern der Brenta: am »Sentiero delle Bocchette Centrali«

Ein paar Jahre später. Wieder Brenta-Fieber, es ist bereits Ende September, die Hütten haben dicht gemacht, die rotweiß karierten Hemden sind verschwunden, die leeren Wein- und Bierflaschen ins Tal befördert, und an der Talstation der Seilschwebebahn zum Grostèpass hängt ein Schild: »Chiuso«.

Dafür ist der Himmel offen, blau und wolkenlos, und es macht uns überhaupt nichts aus, dass wir jeden Morgen erst einmal hinaufsteigen müssen zum Brentakamm, zu den berühmten Felsbändern. Die Kondition stimmt, und jeder Anstieg ist Ouvertüre zum Hauptgang, einem Abschnitt der »Via delle Bocchette«. Und noch heute, wenn ich in den Erinnerungen krame, mir die Bilder aus jenen Tagen anschaue, weiß ich ganz sicher: Kein Meter, keine Minute war verschenkt auf diesen Wanderungen durch die Brenta, auf dem schönsten Höhenweg weit und breit.

[1] »Im rechten Winkel« von Eugen E. Hüsler in: »Bergsteiger« 11/1993

40 Sentieri Susatti – Foletti – Camminamenti

Wo? Der Rocchetta-Stock erhebt sich westlich über dem obersten Gardasee bzw. dem Städtchen Riva.
Ausgangspunkt Biacesa (418 m) an der Straße von Riva zum Lago di Ledro.
Verlauf/Gehzeiten Biacesa – »Sentèr dei Bech« – »Sentiero Susatti« – Cima Capi (909 m; 2½ Std.) – »Sentiero Foletti« – San Giovanni (858 m) – »Sentiero dei Camminamenti« – Cima Rocca (1089 m; 4 Std.) – Bocca Sperone (987 m) – Biacesa (5½ Std.)
Charakteristik Sehr animierte Runde mit packenden Tiefblicken auf den Gardasee und interessanten gesicherten Passagen. Taschenlampe für die Stollen an der Cima Rocca vorteilhaft. Verschiedene Teilbegehungen und Varianten möglich.
Sicherungen Haken, Drahtseile, Eisenschienen am »Sentiero Foletti«.

41 Via ferrata Zucco di Sileggio

Wo? Der Zucco di Sileggio ist ein Ausläufer der Grigne in bester Position über dem Ostufer des Comer Sees.
Ausgangspunkt Sonvico (386 m), Vorort von Mandello del Lario am Eingang ins Valle Meria.
Verlauf/Gehzeiten Sonvico – Santa Maria (664 m; ¾ Std.) – Zucco di Tura (1051 m) – Zucco di Sileggio (1365 m; 3¼ Std.) – Bocchetta di Verdascia (1267 m) – Valle Meria – Sonvico (5¼ Std.)
Charakteristik Sehr abwechslungsreiche Überschreitung in den Ausläufern des Grigne-Massivs; vom Gipfel große Schau über den Lario.
Sicherungen Einige Kettensicherungen, dazu am Gipfelaufbau zwei senkrechte, gut 20 m hohe Leitern – luftig!

Bestens gesichert: der »Braunwalder Klettersteig«

42 Braunwalder Klettersteig/1. und 2. Abschnitt

Wo? Die Eggstöcke erheben sich östlich über dem autofreien Ferienort Braunwald (1256 m) im hinteren Glarnerland.
Ausgangspunkt Bergstation des Gumen-Sessellifts (1901 m).
Verlauf/Gehzeiten Gumen – Einstieg – »Braunwalder Klettersteig« – Leiteregg (2310 m; 1¾ Std.) – Vorder Eggstock (2449 m) – Mittler Eggstock (2420 m; 3¼ Std.) – Gumen (4½ Std.)
Charakteristik Landschaftlich großartige, optimal angelegte Route mit ein paar spektakulären Passagen, so der 16 m langen »Charlotte Bridge« und der senkrechten »Strickleiter« am Ausstieg. Achtung: Der dritte Abschnitt des »Braunwalder Klettersteigs« über den Hinter Eggstock ist sehr schwierig und nur für erfahrene Klettersteigler!
Sicherungen Bestens gesicherte Route mit Haken, Eisenbügel, ein paar Leitern, einer Hängebrücke und einer Strickleiter aus Drahtseilen.

43 Ferrata Diavolo

Wo? Die Gotthardstraße führt zwischen Göschenen und Andermatt durch die Granitschlucht der Schöllenen.
Ausgangspunkt Suworow-Denkmal (1405 m) bei der Teufelsbrücke.

Verlauf/Gehzeiten Teufelsbrücke – »Ferrata Diavolo« – Tüfelstalboden (1860 m; 1¾ Std.) – Andermatt (1447 m; 2½ Std.) – Teufelsbrücke (2¾ Std.)
Charakteristik Aufwändig gesicherter Klettersteig in den Granitfelsen der Schöllenenschlucht. Packende Tiefblicke auf die Reuss, Straße und Bahnlinie.
Sicherungen Eisenbügel, Haken, Drahtseile und eine Leiter.

44 Tälli-Klettersteig

Wo? Die lang gestreckte Felsenmauer der Gadmerflue erhebt sich nördlich über dem Dörfchen Gadmen (1206 m) an der Sustenpass-Westrampe.
Ausgangspunkt Parkplatz Lägerrain (1590 m), Zufahrt von der Sustenstraße.
Verlauf/Gehzeiten Lägerrain – Tällihütte (1717 m; ½ Std.) – Einstieg (2060 m) – »Tälli-Klettersteig« – Gadmerflue (2540 m; 4 Std.) – Sätteli (2119 m) – Lägerrain (7 Std.)
Charakteristik Der »Tälli« bietet neben packenden Felsszenerien Aussicht auf zahlreiche Drei- und Viertausender der Urner und Berner Alpen. Recht lange Route (rund 500 Höhenmeter) in teilweise steilem Felsgelände.
Sicherungen Eisenbügel und -stifte, einige Leitern und 1200 m Drahtseil.

Am »Tälli-Klettersteig« in der Gadmerflue

45 Rotstock-Klettersteig

Wo? Der dunkle Zackengrat des Rotstocks schließt westlich an die weltberühmte Eiger-Nordwand an.
Ausgangspunkt Station Eigergletscher (2320 m) der Jungfraubahn; Anfahrt von Grindelwald oder Lauterbrunnen via Kleine Scheidegg (2061 m).
Verlauf/Gehzeiten Station Eigergletscher – »Eiger-Trail« – Wart (ca. 2300 m) – Klettersteig – Rotstock (2663 m; 2 Std.) – Station Eigergletscher (2¾ Std.)
Charakteristik Ganz im Schatten der Eiger-Nordwand steht diese kleine Ferrata. Sie führt durch eine Felsschlucht auf den schönen Aussichtsgipfel.
Sicherungen Drahtseile, einige Leitern, am Abstieg Kletterseile.

46 Via ferrata du Roc du Vent

Wo? Der Straßenpass Cormet de Roselend verbindet Albertville mit Bourg-St-Maurice.
Ausgangspunkt Refuge du Plan de la Laie (1818 m) an der Straße zum Cormet de Roselend, 36 km von Albertville.
Verlauf/Gehzeiten Refuge du Plan de la Laie – Einstieg (ca. 2090 m) – Klettersteig – Roc du Vent (2390 m; 2 Std) – Seilbrücke – »Vire des Bouquetins« – Tunnel – Refuge du Plan de la Laie (4½ Std.)
Charakteristik Sehr abwechslungsreiche Überschreitung des eigenartigen, »gespaltenen« Gipfels; die sehr luftige, 19 m lange Dreiseilbrücke kann durch das »Cheminée« umgangen werden. Taschenlampe für den Tunnel!
Sicherungen Eisenbügel, Drahtseile und eine Dreiseilbrücke.

47 Via ferrata du Plan du Bouc

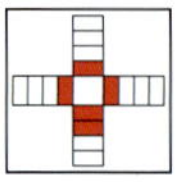

Wo? In das obere Champagny-Tal führt von Moûtiers in der Tarentaise via Bozel und Champagny-en-Vanoise eine ordentliche Straße.
Ausgangspunkt Kapelle Notre-Dame de la Compassion (1445 m) an der Talstraße.
Verlauf/Gehzeiten Kapelle – Einstieg (1520 m) – Klettersteig – Plan du Bouc (1920 m; 2 Std.) – La Chiserette (1457 m) – Kapelle (3 Std.)
Charakteristik Üppig gesicherter Anstieg über einen steilen Grataausläufer unterhalb des Plan du Bouc. Sehr schön die Kulisse der Vanoise-Berge.
Sicherungen Eisenbügel, Drahtseile und eine Leiter.

48 Via ferrata de l'Aiguillette du Lauzet

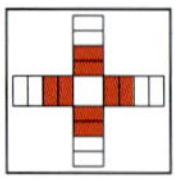

Wo? Monêtier-les-Bains (1470 m) liegt an der Straße von Briançon zum Col du Lautaret.
Ausgangspunkt Pont de l'Alpe (1710 m) oberhalb von Monêtier an der Straße zum Lautaret-Pass.
Verlauf/Gehzeiten Pont de l'Alpe – Alpe du Lauzet (1940 m) – »Via ferrata de l'Aigiullette du Lauzet« – Nebengipfel (2611 m; 3¾ Std.) – Col de l'Aiguillette (2534 m) – Col du Chardonnet (2638 m) – Alpe du Lauzet – Pont de l'Alpe (6 Std.)
Charakteristik Alpine Ferrata vor der großen Kulisse des stark vergletscherten Pelvoux-Massivs mit einigen originellen Passagen wie ein enger Felsspalt (»boite de lettre«) und luftige Querungen.
Sicherungen Eisenbügel, Tritteisen und Drahtseile.

49 Via ferrata del Rouas

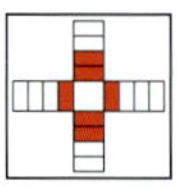

Wo? Bardonecchia ist ein bekannter Piemonteser Ferienort; er liegt am Osteingang der Frejus-Tunnels.
Ausgangspunkt Pian del Colle (1420 m), 4 km von Bardonecchia via Melezet.
Verlauf/Gehzeiten Aus zwei Teilstrecken bestehender Sportklettersteig in den Felsen von Les Rouas; 1½ bis 2 Std.
Charakteristik Optimal gesicherter Sportklettersteig mit einer »Variante atletica«.
Sicherungen Eisenbügel und Drahtseile, eine Hängebrücke und eine (ganz kurze) Zweiseilbrücke.

50 Via ferrata des Vigneaux/Voie du Colombier

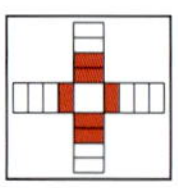

Wo? Les Vigneaux (1113 m) liegt am Eingang ins Vallouise; Zufahrt von L'Argentière-la-Bessée 5 km.
Ausgangspunkt Parkplatz (und Kassahäuschen!) außerhalb von Les Vigneaux an der Straße nach Prelles.
Verlauf/Gehzeiten Eine große Tafel informiert über den Verlauf der beiden Klettersteige; Gehzeit etwa 3 Std.
Charakteristik Bei der »Voie du Colombier« handelt es sich um eine mäßig schwierige, gut abgesicherte Route. Sie nimmt zunächst mit der (erheblich anspruchsvolleren) »Voie de la Balme« einen gemeinsamen Verlauf. Packende Tiefblicke und Aussicht übers Tal der Durance.
Sicherungen Eisenbügel, Tritteisen, Drahtseile und eine Leiter.

Einer der ersten Klettersteige im Briançonnais: die »Ferrata des Vigneaux«

EINE »BURG« IN FESSELN – KLETTERSTEIGE AN DER SELLA[1]

Wenn von der Sellagruppe die Rede ist, hört man stets Ausrücke wie »Burg«, »Festung« oder »Bastion«; dass da die »Eroberer« nicht weit sein können, versteht sich eigentlich fast von selbst. Und recht wehrhaft gibt sich das Massiv schon: mauerumgürtet, mit Türmen besetzt. Sogar die natürlichen Zugänge sind mehr Schluchten als Täler. Immerhin, die Eroberer kommen nicht in Eisenrüstungen, nicht in schimmerndem Grau, sondern bunt gewandet, solcherart ihre Harmlosigkeit demonstrierend. Ihr Gewinn ist ein ideeller – halt oben sein, den Berg, den Fels bezwingen. Etwas Eisen bleibt trotzdem im Spiel: Die Außenmauern der »Burg« sind mit Haken gespickt, und an ein paar Stellen ziehen auch Drahtseile über den Fels, sind Eisenklammern und Leitern angebracht: Klettersteige, die berühmt-berüchtigten Vie ferrate, von manchen verdammt, für viele andere der direkte Weg in den siebten Bergsteigerhimmel.

[1] Beitrag von Eugen E. Hüsler in den ÖAV-Mitteilungen 3/1991

Anhang

Literatur zum Thema

Eugen E. Hüsler, Hüslers Klettersteigatlas Alpen, mit 700 gesicherten Routen, Bruckmann Verlag, München 2002
Paul Werner, Klettersteigatlas Alpen, Bergverlag Rother, Ottobrunn 1997
Eugen E. Hüsler, Erlebnis Klettersteig, Bruckmann Verlag, München 2002
Eugen E. Hüsler, Hüslers Klettersteigführer Dolomiten, Bruckmann Verlag, München 2001
Eugen E. Hüsler , Hüslers Klettersteigführer Westalpen, Bruckmann Verlag, München 2001
Eugen E. Hüsler, Hüslers Klettersteigführer Gardasee, mit Brenta Bruckmann Verlag, München 2002
Paul Werner, Klettersteige Bayern – Vorarlberg – Tirol – Salzburg, Bergverlag Rother, Ottobrunn 1999
Horst Höfler/Paul Werner, Klettersteige Dolomiten, Bergverlag Rother, Ottobrunn 2000
Kurt Schall, Klettersteige Österreich Ost, Schall-Verlag, Wien 2001
Kurt Schall, Klettersteige Österreich West und Süd, Schall-Verlag, Wien 2001
Pascal Sombardier, Dolomiten-Klettersteige, BLV, München 2001
Gérard Papandréou, 72 Nouvelles Via Ferrata in den Alpen, in den Pyrenäen und auf Korsika, Édisud, Aix-en-Provence 2000
Gérard Papandréou, 107 Via Ferrata in den Alpen, Editions Didier Richard, 2001
Pascal Sombardier, Les Nouvelles Randonnées du Vertige, Editions Glénat, 1997
Robert Berger, La Via Ferrata, @mphora, Paris 2001
Lodovico Marchisio/Mauro Carena, Un Gancio in mezzo al Cielo, Edizioni Arti Grafiche San Rocco, 2001
Pepi Stückl/Georg Sojer, Bergsteigen – Praxisbuch für alle Spielarten des Alpinismus, Bruckmann Verlag, München 2002
Karl Schrag, Alpin Lehrplan 1: Bergwandern und Trekking, BLV-Verlag, München
Stefan Winter, Richtig Bergsteigen, BLV Sportpraxis Top/BLV, München)
Alexander Römer/Günter Durner, Erste Hilfe – Bergrettung, AM-Berg Verlag, Garmisch-Partenkirchen 2002
Pit Schubert, Alpine Seiltechnik, Bergverlag Rother, Ottobrunn 2000
Durrer, Jacomet, Wiget, Erste Hilfe für Wanderer und Bergsteiger, SAC-Verlag, Bern 2000
Christof Schellhammer , Seilkunde, Bruckmann Basic, Bruckmann Verlag, München 2003
Andreas Reimer, Wolfgang Taschner, Bergwandern, Bruckmann Basic, Bruckmann Verlag, München 2003
Claus G. Keidel, Bergwetter, Bruckmann Basic, Bruckmann Verlag, München 2003
Peter Albisser, Wetterkunde für Wanderer und Bergsteiger, SAC-Verlag, Bern 1998
Ruedi Meier, Bergsteigen mit Kindern, SAC-Verlag, Bern 1995
Pit Schubert, Sicherheit und Risiko in Fels und Eis, Band 1 und Band 2, Bergverlag Rother, Ottobrunn 2003

Wetterprognosen ab Telefon

Deutschland: 0190/60-11 (Alpenwetter), -16 (Gardasee), -17 (Schweizer Alpen), -18 (Ostalpen), -19 (Bayerische Alpen), -21 (Österreich, Schweiz, Oberitalien, Französische Alpen); AV-Wetterbericht 089/29 50 70
Österreich: 0900/91/15 66 80 (Alpenwetter), 15 66 82 (Ostalpen)
Schweiz: 0900/55 21 68 (Schweizer Alpen).
Sehr zuverlässig ist der offizielle Schweizer Wetterbericht mit Prognosen für Alpennord- und Alpensüdseite (passt gut für Südtirol/Gardasee); aus Deutschland Tel. 0041/848 800 162 (mit Fünf-Tage-Vorhersage).

Einige Internetadressen

Deutscher Alpenverein (DAV)	www.alpenverein.de
Österreichischer Alpenverein (ÖAV)	www.alpenverein.at
Schweizer Alpenclub (SAC)	www.sac-cas.ch
Südtiroler Alpenverein (AVS)	www.alpenverein.it
Bergsteiger	www.bergsteiger.de
Alpin	www.alpin.de

Alpine Fachausdrücke in deutsch-italienisch-französisch

deutsch	italienisch	französisch
Abstieg	discesa	descente
Abzweigung	deviazione	bifurcation
Alp	malga, alpe	vacherie, alpe
Aufstieg	salita	montée
ausgesetzt	esposto	exposé
Band	cengia	vire
Bergrettung	socorso alpino	secour alpin
Bergschuhe	scarpa di montagna	chaussure de la montagne
Besteigung	ascencione	ascension
Biwak	bivacco	biouvac
brüchig, locker	friabile	fragile
Drahtseil	corda fissa	corde fisse
Dreiseilbrücke	ponte népalais	pont népalais
Durchquerung	traversata	traversée
Felsen	rocca, roccia	roche
Felsnadel	guglia, gusela	aiguille
Fenster	finestra	fenêtre
Flanke	versante	versant
Führer	guida	guide
Geröll	ghiaio	éboulis
Gipfel	vetta	sommet
Gletscher	ghiacciaio	glacier
Grenze	confine	confin
Grat	cresta	crête
Gratturm	gendarme	gendarme
Haken	chiodo	piton
Handschuh	guanto	gant
Helm	casco	casque
Hilfe	aiuto	aide (secour)
Hochplateau	altopiano	haut-plateau

deutsch	**italienisch**	**französisch**
Höhe	altezza	altitude
Höhenunterschied	dislivello	dénivellation
Hütte	rifugio	refuge
Kamin	camino	cheminée
Kante	spigolo	arête
Karabiner	moschettone	mousqueton
Kette	catena	chaîne
Klettern	arrampicare	éscaler
Kletterroute	via	voie
Klettersteigbremse	dissipatore	absorbeur
Kompass	bussole	bussole
leicht	facile	facile
Leiter	scala	échelle
links	sinistra	gauche
markiert (Weg)	segnalata	balisé
Nord	nord	nord
Normalweg	via normale	voie comune
Ost	est	est
Pass	passo	col
Pfeiler	spigolo	pilier
Platte	lasta	plat
Quelle	sorgente	source
rechts	destra	droite
Richtung	direzione	direction
Rinne	canalone	couloir
Riss	fessura	fissure
Route	itinerario	itinéraire
Rucksack	zaino	sac
Runde	giro	tour
Scharte	forcella	brèche
Schlucht	canale, gola	gorge
schwierig	difficile	difficile
See	lago	lac
Seil	corda	corde
Seilbahn	funivia	téléphérique
Selbstsicherung	auto-assicurazione	auto-assurance
Sicherung	ascensione	ascension
Spalt	fissura	fissure
Steigeisen	ramponi	crampons
Steinmann	ometto	cairn
Süd	sud	sud
Talschluss	conca	cirque
Turm	torre, campanile	tour

deutsch	italienisch	französisch
Überhang	strapiombo	surplomb
Verschneidung	diedro	dièdre
Wand	parete, croda	paroi
Wasser	acqua	eau
Weg	sentiero	chemin, sentier
West	ouvest	ouest
Zweiseilbrücke		pont de singe

Lex Klettersteig

Vorschlag für Richtlinien zum Bau und Unterhalt von Klettersteigen

Definition

Klettersteige (Via ferrate) sind Kletterrouten, deren Schwierigkeit durch die Anbringung künstlicher Fortbewegungshilfen (Eisenbügel, Haken, Leitern usw.) reduziert wird. Dabei ist grundsätzlich zwischen zwei Varianten zu unterscheiden: beim »ostalpinen« Typus ist das Drahtseil oft gleichzeitig Sicherung und Steighilfe, bei der »französischen« Via ferrata nur Sicherung.

Grundsatz

Beide Möglichkeiten sollen trotz des unterschiedlichen Sicherheitskonzeptes toleriert werden, eine entsprechende Kennzeichnung wäre aber empfehlenswert.

Klettersteige müssen nach den aktuellen Sicherheitsstandards angelegt werden, d. h. Material und Installation entsprechen diesen Anforderungen. Wünschenswert wäre ein alpenweit gültiger TÜV für den Bau von Klettersteigen.

Bauplatz Alpen

Neue Klettersteige sollen möglichst in touristisch bereits erschlossenen bzw. genutzten Regionen angelegt werden, also in Talnähe oder im Umfeld von Hütten bzw. Seilbahnen. Davon profitieren bestehende touristische Infrastrukturen, und es werden keine Besucher durch Klettersteige in relativ unberührte Bergregionen gelockt.

Naturschutz

Keine Klettersteige in Naturschutzgebieten, in ökologisch sensiblen Regionen und in alpiner Wildnis! Zu berücksichtigen sind bei der Anlage von neuen Klettersteigen auch die Zugangswege.

Sicherheit, Wartung

Beim Bau neuer Klettersteige muss vorab geklärt sein, wer für Wartung (und damit Sicherheit) der Anlagen zuständig ist. Für die Wartung der Vie ferrate kann von den Begehern auch eine Gebühr erhoben werden.

REGISTER

(Kursive Seitenzahlen verweisen auf Abbildungen.)

IMPRESSUM

Ein kostenloses Gesamtverzeichnis erhalten Sie beim
Bruckmann Verlag
D-81664 München

Lektorat: Sabine Klingan, Solveig Michelsen
Layout: BUCHFLINK Rüdiger Wagner, Nördlingen
Kartografie: Christian Rolle, Umweltkartografie und Geoinformationstechnik, Holzkirchen
Skizzen: Eugen E. Hüsler
Herstellung: Thomas Fischer

Alle Angaben dieses Werkes wurden vom Autor sorgfältig recherchiert und auf den aktuellen Stand gebracht sowie vom Verlag geprüft. Für die Richtigkeit der Angaben kann jedoch keine Haftung übernommen werden. Für Hinweise und Anregungen sind wir jederzeit dankbar. Bitte richten Sie diese an den Autor:
Eugen E. Hüsler
Ostener Straße 5
83623 Dietramszell
Fax: 08027/90 45 31

Bildnachweis: Titelbild: Am neuen Greitspitz-Klettersteig, Ischgl (Bild: E. Hüsler)
Umschlagrückseite: Ferrata des Demoiselles du Castagnet, Französische Seealpen (Bild: J. Frank)
Daniel Anker: S. 8; Egon Feller: S. 150; Jürgen Frank: S. 26, 28, 29, 37, 38, 41, 42/43, 55, 79, 82 o., 86, 98 o., 121; Peter Hoff: S. 11, 124, 181; Manfred Kostner: S. 27, 51, 120, 149, 176; Bernd Ritschel: S. 32, 33, 76, 94, 96 o., 98 u., 99, 110, 113, 114, 117, 119, 122, 123, 163, 164; Tourismusbüro Ramsau/Dachstein: S. 34; VTB Braunwald: S. 150; alle übrigen Bilder stammen vom Autor.

Die Deutsche Bibliothek – CIP Einheitsaufnahme
Ein Titeldatensatz für diese Publikation ist bei der Deutschen Bibliothek erhältlich.

Printed in Italy by Printer Trento S.r.l.
ISBN 3–7654–3975–4